MÉMOIRES

JUSTIFICATIFS

DE LA

COMTESSE DE VALOIS DE LA MOTTE

Comtesse de Valois
de la Motte.

MÉMOIRES

JUSTIFICATIFS

DE LA

COMTESSE DE VALOIS

DE LA MOTTE

ÉCRITS PAR ELLE-MÊME

AVEC FIGURES

MDCCLXXXIX

PRÉFACE

—

Ces Mémoires de Mme la Comtesse de La Motte, écrits pour sa justification dans l'affaire du Collier, et publiés à Londres en 1789, ont certes le caractère de la plus parfaite authenticité, et paraissent le récit le plus simple, le plus exact des faits, tels qu'ils ont existé.

Mais qui donc pourra jamais se prévaloir de reconnaître la vérité au milieu de tant de versions, de tant d'assertions de tous les genres ?

Comment faire jaillir la lumière de ce chaos d'intrigues ?

Parmi un si grand nombre de documents, s'en est-il trouvé un seul permettant d'écarter tous les doutes, en établissant d'une façon constante, l'innocence des uns, la culpabilité des autres ? Aucun!... et si des mémoires ont relaté des détails certains sur cette affaire, leurs auteurs se sont justement réservé le droit de nous les présenter sous la forme qui leur conviendrait le mieux.

En effet, Mme Campan, par exemple, nous parle dans ses écrits de la Comtesse de La Motte, du cardinal de Rohan, mais son dévouement à la Reine ne lui implique-t-il pas la plus sévère partialité?

II

Weber dans ses Mémoires, peut-il nous rappeler Marie-Antoinette en un autre langage que celui dicté par son cœur, lui, son compagnon d'enfance, le fils de sa nourrice, son frère de lait ?

Mme de La Motte devint-elle la triste victime de son affection pour la Reine et de son attachement au cardinal de Rohan, ou bien, Marie-Antoinette fut-elle le jouet d'un complot infâme tramé contre son honneur ? Voilà ce que nous n'apprendrons jamais !

Différents auteurs ont apprécié les faits et les ont racontés si diversement, que nous nous proposons de les présenter au lecteur, dans toute leur simplicité, sans y ajouter rien, et seulement pour leur servir de note explicative aux mémoires qui vont suivre.

Nous croyons d'abord, du plus haut intérêt de faire connaître comment ces mémoires ont été conservés, alors que plusieurs assurent qu'ils ont été brûlés à Sèvres par ordre du roi.

« En effet, écrit Bertrand de Motteville, M. de
» la Porte avait été chargé d'acheter la totalité de
» l'édition imprimée d'après le manuscrit de Mme
» de La Motte. Au lieu d'en détruire tous les
» exemplaires sur-le-champ, ou de les faire mettre
» au pilon, il les avait renfermés dans un des cabi-
» nets de son hôtel. Les progrès rapides que fai-
» sait l'esprit de révolte, les nouveaux excès aux-
» quels se livraient chaque jour la populace de

» Paris, firent craindre à l'intendant de la liste
» civile une irruption chez lui, il eut peur que le
» peuple n'enlevât ces mémoires, et donna l'ordre
» de les brûler avec toutes les précautions et le
» secret nécessaires. Le commis qui reçut cet ordre
» en confia l'exécution au nommé Riston, intri-
» gant dangereux, sujet détestable, qui se trou-
» vant chargé d'une commission intéressant le roi
» et dont le mystère annonçait l'importance, s'oc-
» cupa moins de la bien remplir que de faire pa-
» rade de cette marque de confiance ».

C'est ainsi qu'on pût substituer à ces mémoires
certaines pièces, certains registres du comité au-
trichien.

Jeanne de Saint-Rémy de Valois naquit en
1756. Les premières années de sa vie furent celles
d'une misérable enfant du peuple. Son père, petit-
fils de Henri II, roi de France, après s'être mésal-
lié, mourut de misère et presque de faim dans un
hôpital, à l'Hôtel-Dieu.

Jeanne, d'abord repoussée, puis abandonnée par
sa mère, se trouva sans ressources, sans appui,
sans autre conseil que celui de son plus jeune
frère. Mais le sceau des Valois la marquait au
front, et du sang royal l'animait ; elle ne se laissa
pas abattre et ne donna pas place au désespoir.

Ambitieuse, elle résolut de reconquérir les biens
follement dissipés par son père ; femme, elle songea
à s'assurer un titre pouvant s'allier sans honte à

son noble nom de Valois ; elle épousa en 1782 le comte de La Motte, fils de bonne maison, officier sans valeur comme sans fortune.

La jeune comtesse, soit par une suite d'intrigues savamment combinée, soit par une sorte de sympathie attirante qu'elle savait inspirer, peut-être pour ces deux raisons, se vit bientôt entourée des plus puissantes protections.

Mme de Boulainvilliers avait donné le signal, mais la mort étant venue la surprendre peu de temps après, Jeanne de Valois évoqua le souvenir de cette grande dame et s'en servit comme d'une lettre d'introduction auprès du cardinal de Rohan.

Une supplique que Mme de La Motte adressa publiquement et à genoux devant la Reine pendant une promenade dans les galeries de Versailles, la fit connaître de Marie-Antoinette, qui dès lors s'intéressa à sa fortune.

Le prince de Rohan, alors en disgrâce à la cour, vit bientôt en cette petite-fille de roi l'instrument nécessaire à ses projets despotiques ; il résolut de se l'attacher pour préparer sa réconciliation avec la fille de Marie-Thérèse et obtenir le titre de premier ministre, qu'il convoitait depuis longtemps déjà.

Mme de La Motte était bien la femme la plus habile à servir les desseins du grand aumônier ; jeune, jolie, spirituelle, intrigante autant que de nature tenace, ne craignant point les portes fermées tant qu'il reste une issue, elle sollicitait vingt fois la même faveur, sans dépit, et toujours avec la même grâce.

Enfin, parvenue jusqu'à la Reine, et après quelques-unes de ces entrevues charmantes dont elle parle dans ses Mémoires, Jeanne de Valois obtenait de Marie-Antoinette un premier billet pour le cardinal, auquel celui-ci fit succéder une lettre, qui bientôt devait être suivie de beaucoup d'autres, et constituer cette correspondance si compromettante, que nos lecteurs retrouveront textuellement dans la dernière partie de cet ouvrage (1).

Rohan écrivit d'abord avec déférence, comme il le devait à sa Reine, et plus tard, en d'autres termes. Il osa même solliciter un entretien particulier.

---

(1) M. Louis Lacour, dans ses notes précédant les Mémoires du comte de La Motte, s'exprime ainsi :

« On a suspecté l'authenticité des lettres de Marie-Antoinette au
» cardinal de Rohan, on a même nié que Mme de La Motte ait été
» admise dans la faveur de la reine.

» Il est pourtant difficile de s'expliquer une si longue suite de
» faux de la part d'une femme spirituelle, il est vrai, mais la
» veille encore fort ignorante du langage des cours, faux qui
» s'adressaient à un diplomate distingué, à un homme doué de
» connaissances diverses, à un habitué de Versailles, depuis son
» jeune âge, à un grand seigneur qui avait toutes les facilités et
» le plus grand intérêt de s'assurer s'il n'était pas dupé. Et
» comment expliquer qu'une pareille fraude ait pu se continuer,
» durant une année entière, sans que le cardinal se soit informé
» de la vérité ».

VI

C'est ainsi qu'on put voir par une nuit de l'été de 1784, quelques personnes se diriger furtivement vers les allées du parc de Versailles.

Une femme dont la taille et la démarche pouvaient être celles de Marie-Antoinette, se détacha du groupe et pénétra dans l'un des bosquets, celui d'Apollon.

Bientôt, un homme, le cardinal de Rohan, vint l'y rejoindre et tomba à ses pieds; cette jeune femme alors détacha une rose de son corsage et la tendit au prince, mais à ce moment précis, et avant qu'elle ait pu ajouter une parole, Mme de La Motte intervint : on avait entendu du bruit; ce fut du moins le prétexte d'une si brusque séparation.

La comtesse voyait enfin se réaliser ses rêves ambitieux; aussi dévouée aux caprices de la reine qu'aux intérêts du cardinal, elle avait su tout oser, tout entreprendre, pour conserver son rôle de trait-d'union qui la rendait toute-puissante.

Déjà son luxe faisait bruit; sa fortune, qu'elle étalait orgueilleusement aux yeux de ceux qui l'avaient connue pauvre, excitait les envieux et suscitait la haine; et cependant elle ne devait pas s'arrêter là, elle voulut plus encore, ce fut sa perte : à la conquête d'une toison d'or, elle trouva l'uniforme d'une galérienne.

A quelque temps de là, les joailliers du roi Bœhmer et Bossange reçurent la visite de Mme de

La Motte, que vint leur annoncer que le cardinal de Rohan était chargé par Marie-Antoinette d'acheter leur collier ; puis elle les prévint « de se tenir sur leurs gardes, et de prendre toutes leurs précautions ».

Le prince se rendit, en effet, chez les joailliers, et leur demanda de lui faire voir le grand collier en diamants, disant qu'il était envoyé pour en connaître le prix. On lui donna celui de l'estimation, 1,600,000 livres. Rohan ajouta alors que bientôt il leur ferait connaître le résultat de son intermédiaire, mais que toutefois, s'il ne lui était pas permis de nommer l'acquéreur, il prendrait avec eux des *arrangements particuliers*.

Bœhmer et son associé mandés quelques jours après chez le grand aumônier, celui-ci leur soumit les propositions suivantes, qu'ils acceptèrent : le collier serait livré au prix de 1,500,000 livres environ, et de six mois en six mois il serait effectué un paiement de 400,000 livres à partir du 1er août 1785.

Les négociations ainsi réglées, les joailliers portèrent le grand collier chez le cardinal de Rohan le 1er février 1785. Celui-ci leur montra les propositions qu'ils avaient acceptées, signées : *approuvé Marie-Antoinette de France*.

Le prince leur dit encore que la Reine avait traité directement avec lui, et leur versa 30,000 livres à titre de premier à-compte d'intérêts.

VIII

Le soir de ce même jour, le grand aumônier remit le précieux écrin à Mme de La Motte, alors à Versailles. Il se trouvait à peine depuis une demi-heure chez elle, que Desclos, le valet de confiance de Marie-Antoinette, fit passer un billet contenant l'ordre de lui remettre le fameux collier, ce qui fut fait aussitôt.

D'après les avis de la comtesse, Bœhmer et Bossange s'enquirent des suites de leur marché ; ils se rendirent à Versailles, où rien ne leur fit supposer que la reine n'était pas en possession du collier. Le cardinal les invita même à adresser leurs remercîments à Marie-Antoinette, ce qu'ils firent.

La princesse reçut cette lettre de Bœhmer sans surprise, la lut et la brûla comme un papier sans valeur.

Rohan, toujours calme, ne s'émeut ni de l'insistance des joailliers, ni des bruits que la malveillance répand sur lui à leur propos ; ce fut lui-même qui leur apprit que la reine ne pouvait effectuer le premier paiement, et qui leur donna 30,000 livres pour les nouveaux intérêts.

Cependant, les ennemis du cardinal découvrirent sans peine la négociation dont il s'était chargé, et organisèrent une cabale à la tête de laquelle se trouva le baron de Breteuil, qui ne voulut pas négliger cette occasion de perdre le prélat et eut avec la reine, à ce sujet, un entretien tenu secret.

Le 15 août, jour de l'Assomption, le grand

aumônier devait officier dans la chapelle du château de Versailles. Déjà il avait revêtu ses habits pontificaux, lorsqu'un huissier vint lui dire que le roi le mandait dans son cabinet.

Le roi, la reine et M. de Breteuil s'y trouvaient réunis :

— « Vous avez acheté des diamants à Bœhmer, dit le roi, s'adressant au cardinal.

— « Oui, sire.

— « Qu'en avez-vous fait ?

Monsieur de Rohan hésita un instant.

— « Je croyais, Sire, dit-il enfin; que ces diamants avaient été remis à la Reine ».

Et ce disant, il sortit de sa poche un portefeuille dans lequel était une lettre signée *Marie-Antoinette de France*, que lui avait remise Madame de La Motte.

Le Roi jeta les yeux sur cet écrit et répondit avec humeur :

— « Ce n'est là, ni l'écriture de la Reine, ni sa
» signature. Comment, vous, un prince de la mai-
» son de Rohan, un grand aumônier de France,
» avez-vous pu croire que la Reine signait ainsi.
» Personne n'ignore que les Reines ne signent
» que leurs noms de baptême. »

Le cardinal se troublait de plus en plus, balbutiant quelques mots inintelligibles. Le roi qui

X

s'en aperçut l'engagea à se retirer un instant et à écrire sur le champ ce qui était nécessaire à sa justification.

Après un quart d'heure environ, Monsieur de Rohan remit un papier à sa Majesté qui lui intima l'ordre de sortir.

Il obéit et trouva, à la porte de la chambre du Roi, un lieutenant aux gardes qui l'arrêta, et le fit conduire à la Bastille.

Le cardinal put cependant remettre à un valet de confiance un mot écrit au crayon pour être aussitôt porté à l'abbé Georgel, son secrétaire, et dans lequel il lui ordonnait de faire disparaître tout ce qui pourrait le compromettre.

Le lendemain de l'incarcération du prince, Madame de La Motte fut arrêtée à Bar-sur-Aube, où, malgré l'inquiétude que lui causaient les rumeurs publiques, elle n'en continuait pas moins sa vie luxueuse, ses réceptions et ses fêtes.

Après certaines déclarations, Monsieur et Madame de Cagliostro furent également arrêtés.

Monsieur de la Motte, une demoiselle d'Oliva, accusée d'avoir joué un rôle dans la scène du bosquet, et enfin le sieur Retaux de Villette qui aurait apposé les fausses signatures de Marie-Antoinette, sur l'ordre de la comtesse, furent inculpés dans l'affaire du collier.

L'émotion que causa dans Paris l'arrestation

du Cardinal fut indicible. On en donna les motifs les plus singuliers, et·le véritable, à la Cour même, ne s'expliqua pas bien. L'avis des uns fut que le Cardinal, accablé de dettes, avait voulu s'approprier le collier. D'autres prétendent qu'il avait été la dupe d'adroits filous. Aucun ne sut exactement ce qui s'était passé.

Maintenant que nous avons raconté les détails de cette affaire avec la plus grande impartialité, il nous paraît intéressant de donner au lecteur copie des termes du jugement afin qu'il puisse suivre jusques après leur condamnation les personnages mis en jeu dans ce long imbroglio.

Les débats s'ouvrirent le 22 décembre 1785. Madame de La Motte, vêtue avec une grande recherche, répondit avec beaucoup de présence d'esprit et de fermeté à toutes les questions du président. Après elle, le cardinal prit place sur le banc où s'asseyaient Messieurs des enquêtes lorsqu'ils venaient à la Chambre.

Les membres du Parlement lui témoignèrent beaucoup d'égards. On pouvait pressentir à leur attitude envers le principal accusé, que, comme l'opinion publique et peut-être par esprit d'opposition envers la cour, ils lui étaient complètement favorables.

L'arrêt fut prononcé le 31 à 9 heures du soir.

En voici le dispositif :

1. La pièce, base du procès, les approuvés et

signatures en marge de l'écrit en question déclarés frauduleusement apposés sur celui-ci et, frauduleusement attribués à la reine.

2. La Motte, contumax condamné aux galères à perpétuité.

3. Jeanne de Saint-Rémy-Valois, femme de La Motte, condamnée à faire amende honorable, la corde au col, à être fouettée et marquée sur les deux épaules de la lettre V, à être enfermée à l'hôpital à perpétuité.

4° Retaux de Villette, banni à perpétuité du royaume.

5° La demoiselle d'Oliva, hors de Cour.

6° Le sieur de Cagliostro, déchargé de toute accusation.

7° Le cardinal, déchargé de toute espèce d'accusation; les termes injurieux pour lui, répandus dans le mémoire de Madame de La Motte, supprimés; permis à lui de faire imprimer l'arrêt.

On sait que la reine s'intéressa au sort de Madame de La Motte.

Peu de mois après, dit-on, elle favorisa son évasion. D'ailleurs, parmi ses contemporains les plus honorables, Madame de La Motte a compté des défenseurs.

Nous terminerons là ce très bref récit de faits que l'esprit public transforma en un drame, et la royauté, en une affaire d'Etat qui tint longtemps l'Europe éveillée.

Au reste, la réserve avec laquelle nous avons présenté cet ouvrage indique suffisamment au lecteur notre intention de ne point juger ni commenter les pages qu'on va lire, mais seulement de faire connaître certaines particularités ignorées de la vie de Marie-Antoinette et de celle de Mme de La Motte-Valois.

Et puis, de ces deux femmes, que dirions-nous, l'une n'est-elle pas reine de France, l'autre ne descend-elle pas directement de la maison royale des Valois, et toutes deux n'ont-elles pas acquis également le droit au silence de la postérité : la première en montant sur l'échafaud, la seconde en mourant dans l'exil ?

Félix Cagnart

Octobre 1886.

APPEL

AU

PUBLIC

Pour ceux qui savent apprécier la valeur, la dignité et le sentiment intérieur de la vertu, les Mémoires suivants n'exigent point d'apologie. Ils contiennent la défense de l'innocence outragée, et ceci seul fait sentir la nécessité de leur publication.

Existe-t-il un Monstre de Vertu *qui doit traiter avec mépris des faibles par la seule raison qu'ils sont* faibles ? *Je déclare avec candeur que c'est mon fort, et même de plusieurs de mes semblables. Des faiblesses, une confiance illimitée, ont peut être fourni et ont été les moyens dont on s'est servi pour me rendre la dupe de la politique la plus infernale et un artifice condamnable, mais prémédité. — Le fameux* COLLIER, *cette origine fatale de toutes mes infortunes, cette cause de tous mes malheurs, en fixant sur moi les yeux de l'Europe entière, a donné matière de spéculation à un nombre infini de personnes quoique d'un rang bien différent du mien,*
Qu'on a varié dans les sentiments sur ce dépècement obscur? Quels rapports n'a-t-on pas divulgués? Quelles intrigues mises en œuvre pour faire paraître coupable

l'innocence même? *Quels moyens employés pour couvrir la plus infâme turpitude du marque de la pureté ?*

Les artifices infâmes de l'autorité coupable ont trop fatalement prévalu jusqu'ici ; la chicane et la fraude ont influé avec trop de succès sur l'opinion générale du genre humain, et se sont trop longtemps liées pour calomnier et noter d'infamie la Comtesse de Valois de la Motte.

Plusieurs circonstances, une négociation privée, ont concouru à retarder la publication de ces Mémoires ; mais enfin le temps est arrivé! Je vais venger ma réputation flétrie !

Je suis établie dans ce Royaume fortuné où la liberté offre un asile assuré aux malheureux; où l'on ose défier une basse vengeance, une tyrannie oppressive. Je poursuis; je vais déchirer le voile qui a trop longtemps caché ce mystérieux dépècement. — Je vais exposer au public des vues et des caractéres, dont les crimes deviennent plus graves lorsqu'on considère leur situation élevée et dont l'élèvement leur sert de moyen pour écraser une infortunée qui dans les circonstances plus favorables oserait se comparer à eux. En poursuivant cette intention :

« Je ne diminuerai ni n'ajouterai rien à la malice. »

Des lecteurs justes et non prévenus me considèreront assurément comme innocente, lorsque pour me sauver de l'opprobre non mérité, sans réclamer le privilège de la Loi du Talion, ils me verront mettre au jour les vues, les intrigues, et les infamies de ceux qui désiraient si ardemment ma destruction totale.

Je suis assurée qu'indépendamment de ma propre défense, ces Mémoires ne paraîtront pas stériles : le Lecteur moral et philosophe y trouvera une ample matière à réfléchir sur la dépravation de la nature humaine ; le Lecteur courtisan et politique y apprendra à développer les intrigues mystérieuses qui étaient sur le tapis à l'époque des négociations dont je donne les détails; le Lecteur superficiel, enfin, sera amplement dédommagé, en trouvant l'explication d'une matière qui a, j'en suis assurée excité sa plus grande curiosité.

On excusera tous les défauts de style, occasionnés par le délire d'une âme accablée d'afflictions. Mon Appel au Public n'est pas de choix mais de nécessité...., Quoi c'est dans le dix-huitième siècle qu'on voit sur l'échafaud les descendants de Valois, le sang de Henri II, qui a donné des maîtres à la France? — je donne cours à ma sensibilité ! — je succombe à l'injure ! Qu'on se souvienne que j'ai souffert douloureusement! — que je suis femme !... Si je m'explique avec force ce n'est pas une diction préméditée, un langage affecté — non c'est celui du cœur.

Convaincue de la générosité de la Nation Anglaise, je soumets avec courage ma défense à son jugement. Je suis assurée d'être un jour lavée du blâme que je n'ai pas mérité ! — J'atteste en faveur de la vérité de mes assertions ce pouvoir suprême qui connaît nos cœurs et nos pensées. Qu'on pèse impartialement les circonstances et qu'ensuite on me juge, soit acquittée avec honneur ou condamnée au dernier mépris.

COMTESSE DE VALOIS DE LA MOTTE.

MÉMOIRES

JUSTIFICATIFS

DE LA COMTESSE

DE VALOIS DE LA MOTTE

Il faut donc que je la reprenne cette plume qui vingt fois m'est tombée de la main ! il faut que je les étouffe ces cris d'une âme tumultueuse qui, pleine encore des images chéries que je dois profaner, se soulève contre la fatalité qui m'y force ? il le faut sans doute, puisque les déchirements, les terreurs que j'éprouve, cèdent en ce moment aux accents aigus de mon désespoir, aux réclamations impérieuses de mon honneur plus outragé encore par mon silence, qu'il n'a pu l'être par mes torts et par leur barbare punition.

Je me hâte de parler de mes torts, parce que, ayant hasardé le mot honneur, je vois du fond de ma solitude sourire la malignité. Hé bien, que le mot tort lui serve de correctif. — Hélas ! abreuvée de mes larmes, nourrie d'humiliations, ensevelie dans l'ignominie, je ne ferai pas un vain étalage de fierté ; ce que je revendique de l'honneur se borne à cette faible por-

tion qu'en conservent les infortunés sûrs de la recti-
tude de leurs intentions.

Journellement prosternée devant celui qui lit seul
au fond de mon âme, je suis exercée à l'aveu de mes
imprudences ; je ne chercherai point à les déguiser au
public et j'attends de ce second juge les consolations
que la bonté du premier me permet encore d'espérer.
Oui, j'ai commis des fautes ; mais n'est-il donc aucune
proportion entre le délit et la peine ; et si, par l'expo-
sition même de ces fautes il paraît qu'elles ne sont
qu'accessoires d'égarements infiniment plus graves
auxquels je me suis trouvée liée par une chaîne d'événements qui naissaient les uns des autres ; si le plus
inexcusable de mes torts est de m'être rendue complice de personnages trop puissants pour ma faiblesse ; la distance que le hasard a mise entre trois
coupables peut-elle marquer seule les degrés de leur
crime, doit-elle être la juste mesure du châtiment ?...
Eh ! malheureuse que je suis, devais-je l'ignorer ?
suis-je le premier exemple du faible sacrifié au fort ?
oh non, mais les annales de l'infortune humaine ne
fournissent pas un exemple du genre de la mienne.
Quiconque m'honorera de la plus légère attention
sentira que ce n'est pas l'effort direct de la puissance
qui m'a écrasée ; et que ni la Reine, ni le Cardinal de
Rohan n'ont désiré ma perte ; mais que c'est le choc
inique de leurs terribles intérêts qui a réduit en
poussière ma frêle existence.

Les voilà donc nommés ces personnages que j'ai dit
m'être encore chers : ce prince généreux à qui j'avais
voué une reconnaissance que mes désastres mêmes
n'ont pu altérer ; cette Souveraine séduisante que je
puis dire avoir idolâtrée, et dont il faut que j'écarte
en ce moment l'image pour me ménager la force de

continuer. — Oui ! j'ai dit *qu'il le faut*; j'ai dit pourquoi il le faut ; mais ce dont je n'ai rien dit encore, c'est de ma patience, c'est de ma modération, c'est des efforts que j'ai faits pour me soustraire à cette nécessité déchirante; c'est de l'astuce criminelle avec laquelle ceux qui, lors de ma catastrophe, empêchèrent que la Reine me tendît une main secourable, lui ont dérobé la connaissance des armes que j'ai entre les mains pour arracher à la crainte ce qu'il m'eût été doux de devoir à la justice, à l'humanité, à un reste de souvenir.

Depuis que, par une espèce de miracle, j'ai posé le pied sur cette terre étrangère où la liberté sourit au malheur comme à la prospérité, j'ai tout tenté pour instruire S. M. que j'étais en possession d'une correspondance dont la publicité produirait le double effet de la compromettre et d'atténuer mes torts, d'intéresser le public à mon sort et faire succéder la pitié aux opprobres qui sont le tourment de ma vie. — J'ai trouvé toutes les avenues fermées par les favoris despotes qui se sont emparés d'une princesse dévouée tout à la fois à l'obsession de la cupidité la plus insatiable et la tyrannie de l'ambition la plus intrigante.

Dans les mémoires touchants que je m'efforçais de faire parvenir aux pieds de S. M., je lui rappelais, sans me plaindre, les maux, les horreurs de tous genres que j'ai essuyés ; je lui prouvais que ma discrétion et la fidélité de mon attachement étaient l'unique cause de mes calamités, je lui offrais jusqu'au sacrifice de ce que j'avais à produire pour ma justification, sans y attacher d'autre prix qu'un acte de justice; en un mot, je me bornais à demander la restitution ou, pour mieux dire, l'équivalent des pertes qui ont été la suite de mon malheureux procès. Dans chacune de mes lettres je répétais que « puisqu'il avait plu à la Providence de me faire survivre à ces excès d'horreurs, puisqu'elle m'avait dérobée à mes propres fureurs, son intention sans doute n'était pas que je périsse faute de subsistance ; que dans l'état où j'étais réduite il m'était permis d'espérer qu'au moins la Reine me ferait rendre ce que la confiscation de mes effets et biens avait versé dans les coffres du Roi ».

Ces réclamations ; cette peinture trop fidèle du dénûment absolu où se trouvait la victime du plus tendre dévouement ; ces cris enfin de l'humanité souffrante, ne sont point sans doute parvenus à l'oreille de S. M., ses yeux n'ont point vu ces tristes caractères, tracés d'une main tremblante, ce papier trempé de mes larmes ; rien ne m'a rappelée à la plus humaine des princesses ; tout, jusqu'au souvenir, a été intercepté ! — qu'ils prennent donc sur eux ces cerbères dévorants, qu'ils prennent sur eux et sur leurs têtes les suites nécessairement terribles du désespoir auquel ils me réduisent. J'ai pris la plume ; et renonçant au sommeil, renonçant aux soins importuns d'un corps flétri, qui n'est plus rien pour moi, je ne la quitterai plus que je n'aie soulagé mon âme du poids qui l'accable, en répandant sur le papier tout ce qu'elle recèle d'horreurs secrètes : j'aurais voulu sauver l'honneur de la Reine, mais dans l'abîme où l'on continue de me plonger de plus en plus, puis-je aujourd'hui m'occuper d'autre chose que des débris de mon honneur : il faut qu'enfin le public prononce entre S. M. et l'atome qu'elle a écrasé. Ma tête est trop exaltée pour songer à mon style ; je n'ai point l'habitude d'écrire ; l'éducation militaire qu'a reçue mon mari, le met, en fait de mémoires à peu près à mon niveau ; — n'importe, la nature a son éloquence; la douleur, ses accents; les sentiments tumultueux, leur rapidité et le désespoir, son désespoir énergique; avec cela on se fait lire; j'écrirai donc.

Que ne puis-je me dispenser de parler de ma naissance. Mes juges l'ont comptée pour rien, puis-je la compter pour quelque chose! non, mais il y aurait peut-être de l'orgueil à dissimuler que mon père est mort à l'Hôtel-Dieu de Paris! si l'on veut jeter les yeux sur le N° 1 des Pièces Justificatives on y trouvera sa triste généalogie. Assurément on ne me soupçonnera pas de faire par vanité une invitation pareille; mais cette pièce me paraît indispensable en ce qu'elle rend raison des premiers actes de ma vie, qu'elle justifie les premiers écarts d'une ambition naturelle et fait concevoir pourquoi, à peine sortie de l'obscurité et de l'indigence, Jeanne de Saint-Remy de Valois aspira à la faveur pour retrouver un état.

Mon père venait, il est vrai, de terminer sa déplorable carrière dans les bras de la charité; mais son extrait mortuaire même me disait que le sang des Valois coulait dans mes veines : fallait-il donc se résigner à traîner toute sa vie un pareil nom dans la fange? le don que m'eût fait le ciel de cette résignation, eut été sans doute un bienfait plus précieux pour moi que l'existence; mais je ne le reçus pas en naissant et malheureusement ma seconde mère ne m'en donna pas la leçon; la Marquise de Boulainvilliers, qui protégea mon enfance, avait poussé ses bontés pour moi jusqu'à éviter de contrarier les premiers symptômes de mon ambition, qu'elle regardait comme le noble défaut des grandes âmes; au contraire, elle m'avait encouragée dans le projet de mes réclamations dont voici la nature.

En parcourant ma généalogie, on a pu remarquer que mon cinquième aïeul, souche de ma maison, avait possédé, du chef de son épouse, la terre de Fontette; et que, depuis lui jusqu'à mon père inclusivement, cette terre n'était point sortie de la famille; tous mes ancêtres y étaient nés; presque tous y avaient leur sépulture; mon père, seul, par suite de dissipations et d'infortunes accumulées, avait d'abord morcelé, ensuite complètement aliéné ce domaine; il passait pour constant, et il n'était effectivement que trop vrai qu'il n'avait pas reçu la sixième partie de la valeur des divers héritages qu'il avait successivement engagés. On me disait sans cesse, j'entendais répéter de toutes parts, qu'avec un peu de protection il serait facile de rentrer dans la possession de cette terre. Madame de Boulainvilliers ayant eu la bonté de prendre elle-même quelques renseignements sur cet objet, fut la première à me conseiller de me rendre sur les lieux et de constater à quel point les espérances qu'on me donnait pouvaient être réalisées. Ce fut donc non seulement avec son agrément, mais de son avis exprès, qu'en 1779, je me rendis à Bar-sur-Aube, où les informations que je pris me confirmèrent uniformément dans l'opinion qui avait déterminé mon voyage, il me parut évident qu'*avec de la protection* je pourrais recouvrer une partie des biens de ma maison. De ce moment je ne songeai plus qu'à me procurer des appuis, c'est-à-dire que de ce moment je commençai de courir à ma perte.

C'est pendant le séjour que je fis pour la première fois à Bar-sur-Aube que j'eus occasion de connaître le

Comte de la Motte : comme je n'écris pas un roman je passerai sur les circonstances qui l'amenèrent à des propositions de mariage, ainsi que sur les motifs qui me les firent accepter ; il suffit de savoir que cette union étant approuvée de M. de la Luzerne, évèque de Langres, sur les ouvertures qu'il daigna en faire, Madame de Boulainvilliers, mon excellente mère, y donna les mains, et nous reçûmes la bénediction nuptiale peu de jours après.

Mon mari était alors dans la gendarmerie, où son père avait fourni une carrière honorable, glorieusement terminée à Minden, où il fut tué à la tête de sa compagnie.

M. de la Motte crut dans la circonstance de son mariage pouvoir aspirer à quelque grade militaire.

M. le Maréchal de Castries commandait la gendarmerie qui se trouvait alors à Lunéville. M. de la Motte me proposa de rejoindre avec lui la garnison, ce que je n'acceptai qu'à condition que je passerais au couvent le temps qu'exigerait son séjour ; nous en choisîmes effectivement un, à trois lieues de Lunéville, et je m'y retirai ; mais j'étais condamnée à ne pas jouir longtemps de la tranquillité que m'offrait cet asile. Les affaires du département de la marine, confiées au Maréchal de Castries, ne lui ayant pas permis de visiter son Corps, les sollicitations projetées ne purent avoir lieu.

Ici commence à se présenter au lecteur le fil de mes infortunes ; s'il veut bien le saisir, je le conduirai pas à pas dans le labyrinthe où je me suis perdue.

Jamais femme ne tira moins que moi vanité de sa figure ; je ne sais par quelle fatalité ma jeunesse, cet air de santé qu'on nomme fraîcheur, cette vivacité qui tenait encore à l'enfance, suppléaient en moi au défaut de beauté, au point de m'exposer aux importunités des hommes présomptueux.

Le Marquis d'Autichamp, qui commandait en l'absence du Maréchal de Castries, est l'être auquel j'ai la première obligation de m'être défiée toute ma vie des empressements outrés de son sexe. Il marqua le zèle le plus ardent à nous servir ; s'attacha à nous persuader que nous ne ferions rien à Lunéville, qu'il fallait absolument se rendre à Paris, où, indépendamment des bons offices que nous avions à espérer du Maréchal, de ceux que nous assurait la tendresse maternelle de Madame de Boulainvilliers, il emploierait ses amis personnels pour faire placer mon mari. Il n'eut pas de peine à nous faire concevoir que son avis était raisonnable ; mais lorsqu'il fut question de partir pour la capitale, il se trouva que je devais solliciter seule, sous les auspices de M. le Marquis, qui condescendait à faire le voyage avec moi. Il prétendit que mon mari, ayant déjà obtenu deux semestres, ne pouvait en espérer un troisième ; il le lui refusa, en effet, et la suite indispensable de ce refus, fut que M. de la Motte quitta le corps — premier fruit de la *protection !* Cette résolution arrêtée et notifiée, nous prîmes sur le champ la route de Strasbourg, où se trouvaient Monsieur et Madame de Boulainvilliers ; mais le jour même où nous arrivâmes ils venaient de partir pour Saverne, où nous les rejoignîmes le lendemain.

Ce fut là que je vis pour la première fois le Cardinal de Rohan ; je lui fus présentée et trop recommandée par la Marquise, qui, peu de jours après repartit pour Paris, m'invitant ainsi que M. de la Motte à y accepter un appartement dans son hôtel. Je ne tardai pas à la suivre, et mon mari, retenu à Bar-sur-Aube par quelques affaires de famille, me rejoignit peu de temps après, mais lorsqu'il arriva, ma chère protectrice n'était plus, la mort venait de m'enlever le seul appui qui me restât dans le monde.

Orpheline pour la seconde fois, isolée sur cette terre de séduction ; privée des sages leçons et des exemples qui avaient dirigé jusqu'alors ma conduite ; je jetai la vue sur ce qui m'environnait, et je ne vis qu'un vide affreux, une vaste solitude où des pressentiments trop bien vérifiés me disaient que j'allais m'égarer et me perdre — M. de Boulainvilliers restait, mais je le connaissais si défavorablement que mon premier mouvement fut de quitter l'hôtel ; il me devina, me prévint, m'assura qu'il se ferait un devoir de représenter la Marquise, que je trouverais en lui un père. En effet, il parut quelque temps nous continuer les bontés dont nous avait honorés son épouse ; mais je ne tardai pas à m'apercevoir qu'elles n'étaient pas tout à fait désintéressées, et je conçus sa manière de calculer comme s'il m'en eût fait la confidence. Il venait de perdre une femme, mais le hasard en plaçait une autre dans sa maison et la chose devenait une affaire de *convenance* qu'il prétendit être *respective ;* du moins il me la présenta sous ce point de vue et me fit sans beaucoup de ménagements des propositions directes. — Hélas ! me dis-je une seconde fois, voilà donc les hommes ! — il s'en faut de beaucoup que je sois revenue sur leur compte, mais je crois pour l'honneur de leur sexe qu'il en est peu capables de procédés aussi petits, pour ne pas dire aussi bas que ceux que j'éprouvai en cette occasion.

Du moment où M. de Boulainvilliers fut convaincu de l'inutilité de ses persécutions, tous ses empressements se convertirent en traitements durs et malhonnêtes; en vérité c'est en rougissant que j'en citerai quelques traits; par exemple on aura peine à croire que n'osant nous proposer ouvertement de quitter sa maison, il prit le parti de nous la rendre graduellement insupportable; chaque jour il faisait retrancher quelque article des choses du premier besoin, et cet homme qui se disait mon *père* finit par faire substituer la chandelle aux bougies! — je ne sais si pareilles misères ne devraient pas être exclues d'un récit aussi sérieux; mais comme il m'importe de prouver que mon existence est une chaîne de malheurs plus ou moins marqués, en vérité je crois que celui de passer de la protection de Madame de Boulainvilliers sous celle de son mari, n'est pas médiocre.

On conçoit qu'il fallut finir par se séparer. Ce fut à peu près vers ce temps là que je revins à la funeste idée de courir après la *Protection* pour recouvrer une partie des biens aliénés par mon père, nommément la terre de Fontette. J'avais quelques connaissances, de celles même que l'on qualifie du titre d'amis, lorsqu'on est assez simple encore pour croire à l'amitié : l'espoir de les faire agir m'attira à Versailles, où je perdis mon temps en sollicitations infructueuses sous les administrations successives de MM. Joly de Fleury et d'Ormesson, qui passèrent comme l'ombre ; ensuite sous celle de M. de Calonne, qui au contraire a paru si longue à la France; quiconque connaît l'emphase de ses empressements, peut se former une idée des grâces qu'il développa dans ses premiers accueils; je vis le moment où il me proposerait de partager avec moi le trésor confié à Madame d'Arveley. Brouillée avec la littérature, je ne me rappelle pas le poëte qui a parlé des couches de la montagne en travail d'une souris; mais l'enfantement de M. de Calonne fut de porter à 1,500 livres la pension de 800 qui m'avait été accordée lors de ma reconnaissance, pour me mettre en état de porter dignement le nom de Valois. Justement indignée, je me proposai secrètement de lui forcer la main et de rentrer dans ma terre de Fontette, malgré lui, car il ne s'agissait que de trouver certaine *protection*; il s'en présenta une dont ma position ne me permit pas de profiter; lorsqu'on connaîtra mes liaisons avec le Cardinal on sentira pourquoi; mais cette circonstance n'en est pas moins remarquable, en ce qu'elle décida mon sort, en me frayant le chemin qui me conduisit ensuite aux genoux de la Reine.

J'ai déjà protesté contre toute prétention à la beauté; mais quand je pousserais l'humilité jusqu'à l'aveu de la laideur; je ne changerais rien à ce qui a été, et je n'empêcherais pas que Monseigneur le Comte d'Artois m'ayant aperçue à la paroisse de Versailles, ne m'ait honorée d'une distinction que je ne recherchais pas. Les démarches que le Prince fit faire pour que je fusse instruite de la générosité de ses dispositions, parvinrent à l'oreille de la Princesse son épouse qui, satisfaite de ma conduite, daigna m'accueillir avec bonté et me prit sous sa protection, me mettant ostensiblement sous celle de *Madame*. On concevra les motifs de cette réserve si l'on se rappelle que c'était peu de temps avant cette époque que Madame la Comtesse d'Artois s'était trouvée dans des circonstances délicates qui la rendaient extrêmement circonspecte.

Quoique la convention fût ainsi réglée à mon égard entre les deux princesses, j'éprouvais également l'effet de leurs bontés. Un jour que je leur faisais ma cour chez *Madame*, je fus surprise d'une indisposition subite qui fit quelque bruit au château ; la Reine en ayant été informée daigna marquer quelqu'intérêt ; S. M. envoya même chercher Madame Patri, première femme de chambre de *Madame*, pour savoir les détails de cet accident, attention que S. M. continua pendant quelques jours.

Rien n'échappe aux yeux des courtisans ; ils remarquèrent que depuis ce moment S. M. m'honorait d'un regard gracieux lorsque je paraissais en sa présence ; on hasarda même à ce sujet quelques conjectures ; mais l'homme de la cour qui les poussa le plus loin fut le Cardinal de Rohan.

Je n'ai parlé encore de ce Prince qu'en indiquant la circonstance qui me procura pour la première fois l'honneur de le voir. Dans l'intervalle qui s'était écoulé entre cette époque et celle dont je traite actuellement, je dois avouer que je l'avais peu perdu de vue ; j'en avais reçu des bienfaits ; la plus juste reconnaissance m'attachait inviolablement à son sort, je n'avais point de secrets pour lui, il n'en avait point pour moi ; nous lisions mutuellement dans nos âmes celui de notre ambition respective ; la sienne est connue de tout le monde, il voulait absolument être premier ministre ; la mienne se bornait à être dame de Fontette. Des obstacles difficiles à surmonter et coulant de la même source, contrariaient nos vues ; depuis nombre d'années le Cardinal avait eu le malheur d'encourir la disgrâce de la Reine (*) ; le premier pas à faire vers le pouvoir suprême était donc de recouvrer ses bontés ;

(*) *Voyez le* N° V.

tant qu'il ne pouvait rien pour lui-même, il ne pouvait rien pour moi. On remarquera dans cette même lettre à laquelle je viens de renvoyer, qu'à l'époque dont je parle il avait fait une multitude de tentatives qui ne lui avaient pas réussi, soit à raison de leur extravagance, soit par l'effet de la perfidie de la Princesse de Guémenée, qui en paraissant s'être chargée de le réconcilier avec la Reine, l'en avait infiniment plus éloigné que rapproché.

Les choses étaient en cet état lorsque le faible rayon de faveur qu'il vit luire sur mon front, réveilla son ambition, ranima ses espérances. Rien n'égale l'étonnement dans lequel il me jeta un jour, que m'étant trouvée sur le passage de la Reine. S. M. daigna m'honorer d'un de ces sourires auxquels il est si difficile de résister. Je me rappelle que l'instant d'après, ayant par hasard levé les yeux sur lui, je vis étinceler la joie dans les siens; ils exprimaient en même temps l'impatience de me parler; je m'y prêtai, et les paroles qu'il m'adressa en m'abordant ne s'effaceront jamais de ma mémoire. — « Savez-vous, Comtesse, me dit-il, que ma fortune est entre vos mains ainsi que la vôtre ». — Sa fortune! oh Dieu! je frémis quand je pense que ses malheurs ne sont même pas encore à leur terme, que je vais en combler la mesure? Quant à ma fortune à moi, grâce au ciel, elle approche; je la vois sous la tombe qui s'entrouvre à quatre pas de moi; mais au moment où le Cardinal me parlait, mes idées n'étaient point lugubres; quoique je n'eusse vu ni sa fortune ni la mienne dans le sourire charmant de la Reine, mon cœur en était plein. Après le premier moment de surprise, je demandai au Prince s'il plaisantait, ou s'il parlait sérieusement? — « On ne peut être plus sérieux, me répondit-il, asseyez-vous et écoutez-moi attentivement. Commencez par vous pénétrer d'une vérité qui n'admettant en général que très peu d'exceptions dans le monde, n'en admet aucune à la cour. Cette vérité est qu'il n'est pas au pouvoir de la sagesse humaine d'enchaîner la fortune; que toujours conduite par le hasard, le bandeau sur les yeux, elle tend la main à quiconque se trouve sur son passage rapide; mais si on ne la saisit pas à l'instant même, cet instant ne revient jamais; le vôtre est arrivé : — je n'ai pas observé seul, mais ayant plus d'intérêt que personne au monde à mieux observer, j'ai découvert avec certitude que la Reine a du goût pour vous ». — « *Du goût !* m'écriai-je, vous voulez dire des bontés, de la compassion ». — « *Vous donnerez,* me dit-il alors, *au sentiment dont elle vous honore le nom qu'il vous plaira; tout ce qu'il faut que vous sachiez, c'est que votre tournure lui plaît et qu'il ne faut pas laisser refroidir les dispositions heureuses qu'elle vous marqua depuis quelque temps. Vous voyez que la faveur est enchaînée à sa ceinture, que partout ailleurs on se casse le cou; que Madame et la Comtesse d'Artois sont non seulement sans crédit, mais que leur protection même imprime le sceau de la réprobation; attachez-vous donc uniquement à la Reine, et songez; je vous le répète, que votre fortune et la mienne sont entre vos mains* ».

Le Cardinal finit par me conseiller d'écrire à la Marquise de Polignac. Il eut été difficile de donner un plus mauvais conseil. Quoique les Polignacs fussent alors en possession du droit presque exclusif de présenter à la Reine, ils avaient de si grands intérêts à ménager, ils étaient assaillis de tant de craintes, tourmentés de tant de jalousies qu'il fallait qu'ils fussent bien sûrs de leurs créatures pour les produire : je n'étais pas la leur, ils ne trouvaient aucunement leur compte à ma présentation, aussi se gardèrent-ils bien de s'y prêter. Ils me refusèrent l'entrevue demandée et se bornèrent à me répondre que, M. de Calonne ayant rendu compte à la Reine de l'augmentation de la pension qui venait de m'être accordée, S. M. pensait que je devais être satisfaite. Je ne tardai pas à apprendre qu'il n'y avait pas un mot de vrai dans cette assertion hardie, et qu'ils ne m'avaient pas même nommée à la Reine ; au reste, dans le court intervalle de temps qui s'écoula entre le moment dont je parle et celui où j'eus l'honneur de parvenir aux genoux de la Reine, j'eus l'occasion journalière d'observer que toutes les démarches que je faisais, pour atteindre mon but, étaient constamment contrariées par les mêmes Polignacs, et qu'ils m'avaient si bien fermé toutes les avenues, que je dis un jour avec humeur au Cardinal que je ne voulais plus entendre parler de voir la Reine. — « *Vous êtes un enfant, me dit-il, à la première contrariété vous jetez le manche après la cognée. Le vent est favorable, il faut aborder. Je vais vous proposer un parti, le seul qui vous reste à prendre : je vous préviens que c'est un coup d'éclat que je vous conseillerai* ». Me voyant déjà embarrassée et confuse avant que je susse de quoi il s'agissait, il finit par expliquer ce qu'il entendait par *un coup d'éclat* ; il me dit que je ne devais pas hésiter à me jeter aux pieds de la Reine, mais que, pour en imposer davantage à nos ennemis communs, il croyait qu'il fallait profiter de la circonstance de la procession des cordons bleus qui devait avoir lieu le 2 Février. Accoutumée à me laisser diriger entièrement par lui, je promis de faire tout ce qu'il me prescrirait.

Le grand jour arrivé, munie du placet que je devais présenter et des instructions les plus amples sur ce que j'aurais à faire dans toutes les suppositions possibles, je me rendis au château en grande parure, et j'attendis dans une des salles le retour de la procession. Lorsque la Reine passa, je me jetai à ses genoux et, lui remettant mon placet, je lui dis en peu de mots que je descendais des Valois, que j'étais reconnue comme telle par Louis XVI, que la fortune de mes ancêtres ne m'ayant point été transmise avec leur nom, je n'avais de ressource que dans la munificence du Roi, qui était en possession de la majeure partie des biens dont ils avaient joui; qu'ayant trouvé fermées toutes les avenues qui pouvaient me conduire aux pieds de S. M., le désespoir m'avait déterminée à cette démarche.

La Reine me releva avec bonté, reçut mon placet avec ses grâces ordinaires, et me voyant tremblante daigna m'inviter à l'espoir. Elle passa, en me disant que je devais être tranquille, et en me promettant d'avoir égard à l'objet de ma demande.

Je me retirai chancelant sur mes jambes, et, à peine rentrée chez moi, je reçus du Cardinal un billet en conséquence duquel j'allai chez lui. Après lui avoir rendu compte de ce qui venait de se passer, sur son conseil, j'écrivis sur-le-champ à Madame de Mizery, première femme de chambre de la Reine, la priant de vouloir bien remettre à S. M. une lettre que je prenais la liberté de lui adresser.

Le soir même j'en reçus une réponse, contenant l'invitation de me rendre chez elle sur les sept heures et demie. Lorsque je la vis, elle me dit qu'elle avait placé ma lettre sur la cheminée de la Reine ; qu'elle pensait qu'au moment même S. M. s'entretenait de moi avec *Madame*. Elle ajouta que S. M. n'avait point été à l'Office à cause de la révolution que je lui avais causée; dès ce premier moment, Madame de Mizery me fit pressentir que l'honneur que j'allais avoir d'être présentée à S. M. devait être tenu secret pour tout le monde, sans en excepter *Madame*; me prévenant que la plus légère indiscrétion de ma part me perdrait sans retour. En conversant ainsi j'attendis jusqu'à onze heures que la Reine se retirât du jeu. Elle parut enfin. — Dieu! que je la trouvai belle! je l'avais toujours vue telle, mais l'affabilité de sa réception ajoutait en ce moment aux charmes de sa figure : — je tremblais encore, S. M. daigna une seconde fois me rassurer, me demanda ma confiance, m'ordonna de lui parler à cœur ouvert sur tout ce qui pouvait me toucher; je pris enfin courage, et, après lui avoir exposé la nature de mes réclamations, des démarches que j'avais faites auprès des ministres et des Princesses ses belles-sœurs, je finis par me plaindre avec assez d'amertume de la dureté des Polignacs ; S. M. sourit ; et son regard me dit en ce moment bien des choses, dont l'explication se trouve dans ses lettres au Cardinal (*).

Après un instant de recueillement, S. M. me parla à peu près en ces termes :—« J'ai lu votre mémoire avec attention et intérêt. J'ai remarqué que son objet est de forcer la main au ministre au sujet du recouvrement de quelques biens qui ont appartenu à votre maison. J'ai des raisons particulières de ne point me prêter à vos vues, je vous les ferai connaître ; ces raisons vous sont personnelles ; je ne puis concilier le désir que j'aurais de vous servir publiquement, avec celui que j'éprouve de vous voir familièrement ; mais je puis vous rendre indirectement les bons offices que

____

(*) *Voyez le* N· VII.

vous désirez de moi. Faites venir votre frère; (le Baron de Valois, alors lieutenant de vaisseau : on sait en Angleterre ainsi qu'en France combien il se distingua à bord de la *Surveillante*) ; étant actuellement le chef de votre maison il est plus naturel qu'il sollicite lui-même les grâces dont elle est susceptible ; je vous promets d'appuyer vivement ses sollicitations, ainsi soyez tranquille. » — S. M. finit par me faire présent d'une bourse et m'honorer d'un premier baiser, m'enjoignant de rester à Versailles, de ne parler à qui que ce fût au monde, ni de cette entrevue ni du succès de mon placet; elle me quitta en me disant : « Adieu! nous nous reverrons ».

Il est important d'observer que, dans cette première entrevue, S. M. me parla de *Madame* en termes extrêmement défavorables ; qu'elle appuya beaucoup, surtout, sur la duplicité de cette Princesse, me recommandant de m'en défier; de ne plus lui dire un mot de mes affaires, me conseillant même de ne la plus voir du tout ; conseil que je ne pus prendre que pour une défense expresse.

Il était dit que *nous nous reverrions*; effectivement, quelques jours après je reçus un billet écrit de la main de la Demoiselle Dorvat, l'une des femmes de S. M., contenant l'ordre de me rendre entre onze heures et minuit au petit Trianon. M'étant ponctuellement trouvée à l'heure désignée, je fus introduite dans le cabinet de la Reine par cette même Demoiselle Dorvat. Cette seconde entrevue ne fut pas purement d'affaires; j'y reçus l'explication de ce qu'avait voulu me faire entendre le cardinal lorsqu'il m'avait parlé de *goût* et de *tournure*. — Dieu ! que la Reine est charmante! quelle affabilité, quelle effusion de bonté!

En vérité je me crus aussi quelque chose de plus qu'une simple mortelle.

S. M. termina notre long entretien en signalant sa munificence par le don d'un portefeuille contenant pour dix mille livres de billets de caisse. Le dernier mot fut, ainsi qu'à la première entrevue : « Adieu! nous nous reverrons », en effet, nous nous revîmes, et souvent, et longtemps, et toujours sur le même pied.
— Cet aveu oppresse mon âme, mon cœur se resserre, la plume échappe de mes doigts! O! mon auguste Souveraine, c'est à vous seule que je m'adresse présentement; rappelez-vous ces moments d'ivresse que j'ose à peine retracer. Rappelez-vous et les lieux où ils s'écoulaient et ceux où je les ai expiés. Quel que soit le mépris dont il a plu à V. M. de m'accabler depuis, vous n'en trouverez pas moins écrit au fond de votre âme, qu'alors vous m'élevâtes jusqu'à vous; vous vous abaissâtes jusqu'à moi. Mais en vain daignâtes-vous vous dépouiller à mes yeux de l'imposante majesté, je la reconnus dans votre abandon même; je me dis : c'est la déesse Flore qui s'amuse d'une humble fleurette. Vous savez que, dans ces premiers instants, que dans ceux du même genre qui les suivirent, je ne m'écartai jamais du respect dont vous me faisiez même l'obligeant reproche, — et c'est cette infortunée que la seule approche de vos lèvres devait rendre un objet à jamais sacré; c'est la femme que vous aviez honorée du nom de *chère amie*, c'est cette malheureuse De Valois, que vous avez abandonnée, livrée à la main — dirai-je des bourreaux? ah! non. Je dois vous épargner cette horrible image : — revenons au Cardinal.

D'après ce que je viens d'exposer, il est évident que

c'est l'ambition démesurée de ce malheureux prince
qui m'avait portée, presque entraînée dans le cabinet
de la Reine. Je l'ai déjà dit, je n'avais rien de caché
pour lui. Dès qu'il put s'applaudir du succès de sa spéculation; lorsque par la nature des bienfaits que je recevais de S. M. il put apprécier le degré de bienveillance dont elle m'honorait, il me répéta avec chaleur ce
qu'il m'avait déjà dit de sa fortune et de la mienne qu'il
prétendait être entre mes mains, et m'engagea à épier,
à saisir la première occasion qui se présenterait de le
rappeler sans affectation au souvenir de la Reine; elle
ne tarda pas de s'offrir aussi favorablement qu'il était
possible de la désirer. Un jour que S. M. avait ajouté
quelque bienfait à ceux qui lui avaient si justement
assuré mon tendre et respectueux dévouement, elle me
demanda par hasard comment j'avais fait pour me
soutenir avant de parvenir jusqu'à elle? C'était le
moment de nommer mon bienfaiteur sans affectation
apparente; j'en mis cependant beaucoup à paraître
ignorer la vraie position du Cardinal à l'égard de S.
M.; j'évitai l'air de contrainte et de réserve qui, pour
peu qu'il eût percé, eût pu faire soupçonner que j'étais
plus dans la confiance du Prince que je devais le paraître; j'en parlai donc en termes généraux comme
d'un homme sensible, bienfaisant, généreux; qui, à
ces titres divers, jouissait probablement de l'estime et
de la faveur de S. M.; je fis avec chaleur l'énuméra-
tion des bons offices qu'il m'avait rendus et le pei-
gnis comme étendant sa munificence sur tout ce qui
l'entourait. La Reine m'écoutait avec tant d'attention,
m'observait d'un œil si curieux que je sentis la nécessité d'affaiblir la première idée qui se présentait visiblement à son esprit, en lui faisant entendre qu'il
s'en fallait de beauconp que cette bienfaisance du

Prince me fût personnelle. De même que c'était la première fois que j'avais articulé devant la Reine le nom du Cardinal, ce fut la première fois aussi que j'observai combien l'éloignement de S. M. pour lui surpassait l'idée qu'il m'en avait donnée : elle garda quelque temps le silence, parut se livrer à de profondes réflexions, et, du ton dont on parle en se réveillant, elle me dit : « Ce que je viens d'entendre me fait plaisir, mais *me surprend!* je ne crois pas le Cardinal capable de pareilles actions; on lui donne un tout autre caractère.

Le nom du Cardinal une fois amené dans les entretiens fréquents et familiers que j'avais avec la Reine, je prévis que, pour le reproduire, je n'aurais plus à surmonter les mêmes difficultés; je le fis espérer au Prince qui me conjura de ne laisser échapper aucune occasion de parler de lui; il me prépara même des matériaux, me suggéra diverses introductions et s'appliqua à me former pour mon rôle, à peu près comme un acteur fait répéter le sien à une actrice favorite.

La tâche n'était pas à beaucoup près aussi facile qu'il l'avait imaginé. Jamais la Reine ne prononçait son nom, jamais elle ne parlait de choses qui eussent le rapport le plus éloigné avec lui, en sorte que toutes mes instructions étaient en pure perte; je ne pouvais en placer le moindre petit mot. Survint enfin une circonstance qui mit mon rôle en activité. Le Cardinal ayant reçu un pot-de-vin de 200 mille livres pour le renouvellement du bail des fourrages de la cavalerie en Alsace, me fit présent de 20 mille livres. Je crus ne devoir pas laisser ignorer à la Reine ce nouveau trait de générosité. S. M. parut y être sensible, je ne laissai pas échapper cette nouvelle occasion de l'entretenir de ma reconnaissance et des procédés du Cardinal; mais, cette fois-ci, je fus plus loin que la première; il était naturel qu'ayant rendu compte au Prince du premier entretien que j'avais eu avec la Reine à son sujet, il m'eût enfin confié ses chagrins. Je l'avouai à S. M., je le lui représentai comme mourant lentement, dévoré de regrets, consumé de douleur, victime de l'envie et de la noirceur. Elle me laissa dire sans m'interrompre tout ce que me suggéraient en ce moment le zèle et la reconnaissance, mais lorsque le respect et la discrétion m'imposèrent silence, elle ne répondit directement à rien de ce qu'elle venait d'entendre, et je lus dans ses yeux que ses préventions étaient profondément enracinées. Je surpris même quelques regards qui décelaient du courroux, et j'aurais pu dès lors apercevoir que, sous la cendre trompeuse d'une tranquillité affectée, couvait déjà la funeste étincelle qui a causé l'incendie où j'ai été enveloppée.

Je ne puis en prévenir trop tôt le lecteur; tout ce qu'il va voir de tendre, de passionné dans la correspondance que je vais mettre au jour, n'était que simulé de part et d'autre; la Reine, au moment où j'eus le malheur de la rapprocher du Cardinal, avait juré sa perte depuis longtemps, la méditait encore dans son cœur, et lorsque sa faiblesse pour l'Empereur, son frère, la livrait à Trianon ou ailleurs aux transports étudiés du malheureux Prince; il est affreux de le révéler, mais j'en ai la certitude, elle lui lançait les mêmes regards dont elle l'accabla le jour qu'elle demanda sa tête au Roi. C'est telle que je la peins aujourd'hui que je la vis au moment dont je parle; cependant elle m'écoutait avec bonté, je revenais sans cesse à la charge et quelquefois la maladresse de mes *à-propos* la faisait sourire.

Le Cardinal m'exhortait à la persévérance ; j'y étais disposée moi-même, parce que je croyais chaque jour gagner un peu de terrain. Enhardie par cette confiance, je conseillai un jour au cardinal de hasarder une lettre, lui promettant de m'en charger, de saisir la première occasion qui se présenterait de la remettre moi-même, et de la faire naître si elle ne se présentait pas. Elle s'offrit on ne peut plus favorablement trois jours après. C'est à cette époque que commence la correspondance dont ce que j'ai pu sauver va trouver place dans ces mémoires, à mesure que chaque pièce justificative se trouvera avoir rapport aux divers faits que je vais exposer dans l'ordre chronologique.

Le Nº II de ce recueil est une copie littérale de cette première lettre, écrite, il est vrai, de mon avis, mais non pas dans le sens que je suggérais au Cardinal ; je voulais qu'il n'exprimât que le désir de se justifier, et l'on voit que, selon son usage, il a déjà l'impatience de faire percer des sentiments qu'il eût dû réprimer s'il les eût éprouvés, et qu'il était d'une fausseté punissable d'exprimer en ne les éprouvant pas. Le voilà qui d'emblée parle déjà de *l'espoir qui luit dans son cœur*, de *la belle bouche* de S. M. et *de son esclavage*. On voudra bien y remarquer de plus, en preuve de ce que j'ai déjà avancé, que de même que j'avais été l'instrument dont le Cardinal s'était servi pour rappeler son existence au souvenir de la Reine, je devenais le prétexte dont il faisait usage pour se créer pour ainsi dire des droits au retour de sa faveur ; mon avis avait été qu'il ne fit aucune mention de moi, et qu'il débutât par sa justification écrite, sachant que la Reine ne désirait de lui autre chose : mais il était accoutumé à me traiter en enfant, et il ajouta à cette indiscrétion la folie de prendre le titre qu'il a toujours conservé dans la suite, *d'esclave* de S. M.; quoique je désapprouvasse hautement ces inconséquences, il fallut céder et je remis la lettre.

Celle qui suit (N° III) indique assez la réponse que la Reine me chargea de faire à la première: je n'ai à cet égard d'autre observation à faire, sinon que la communication que m'en fit le Cardinal m'offensa grièvement. On remarquera dans le début même un doute offensant pour moi sur le degré de confiance dont pouvait m'honorer la Reine : je crus entrevoir que son objet était de laisser à S. M. le choix de tout autre intermédiaire, et par conséquent de me sacrifier du moment où il se présenterait n'importe quelle autre personne en état, par sa situation, de terminer l'ouvrage que j'avais commencé. Du moment où le Cardinal me parut défiant, il me devint suspect et je pris la résolution d'éclairer sa conduite. Quoiqu'il ne pût se dispenser décemment de me communiquer les lettres dont il me chargeait, je sentis que je ne serais qu'imparfaitement au courant de la correspondance si je ne voyais pas également toutes celles que je lui remettais de la part de la Reine ; je formai donc le projet, non seulement de lire, mais même de prendre copie de tout ce qui passerait par mes mains de part et d'autre. Un motif qui me détermina surtout à ce parti sera plus amplement développé dans la suite de ces mémoires; tout ce que je puis en dire actuellement est que, malgré la confiance générale que me marquait le Cardinal, il avait quelque intrigue sur laquelle il était plus que réservé ; je voyais arriver des courriers

avec lesquels il s'enfermait, et les paquets qu'il en recevait, ou dont il les chargeait, passaient d'une main
à l'autre dans le plus grand mystère. J'entendais le
bruit d'un coffre-fort où il les déposait sans doute, et
si je hasardais une question, je voyais le sérieux et
une teinte d'humeur ombrager son visage. Assurément si j'eusse pu soupçonner ce que je n'ai su que
dans la suite, que tout ce mystère se rapportait à la
politique, je n'eusse pas eu l'injustice de me plaindre
de sa discrétion ; mais, en général, je savais que le
Cardinal n'était pas discret et je le soupçonnais peu
de se mêler de politique, en sorte que, je l'avouerai,
je crus qu'il s'agissait d'un tout autre genre d'intrigue, et je bénis le ciel de m'avoir fait céder à l'impul-
sion de ma curiosité et surmonter la répugnance que
j'éprouvai lorsqu'il fallut en venir à l'exécution. C'est
à cette précaution, blâmable à quelques égards, mais
justifiée par l'évènement, que je dois les seules armes
qui me restent contre l'endurcissement de l'injustice
et le déchaînement de l'oppression.

J'ai sans doute à regretter que d'environ 200 lettres,
qui composeraient le recueil de cette correspondance, si
j'avais pu les réunir, il n'en soit tombé que 31 en mon
pouvoir ; mais j'atteste la vérité que je n'en supprime
aucune ; que c'est tout ce qu'il m'a été possible de copier, par la raison que la plupart des autres ne signi-
fiant rien ou peu de chose, étaient brûlées presqu'aussitôt que reçues. Celles de la Reine, que le Cardinal
aimait à relire de temps à autre, étaient déposées,
non dans le *coffre-fort*, mais dans son secrétaire où il
m'était aisé de trouver le moment de les examiner et
de les transcrire. Quant à celles du Prince, il me les
envoyait toujours sous cachet volant ; ainsi, sauf l'abus

de confiance, abus dont j'ai expliqué le motif, je pouvais les transcrire à loisir, mais je n'en prenais pas la peine lorsqu'elles étaient insignifiantes, ce qui était le cas quatre fois sur cinq.

D'après cet exposé, on concevra aisément que l'extrait que je présente au public, tout abrégé qu'il est, n'est pas la partie la plus indifférente de la correspondance dont il s'agit. Avant d'en reprendre la suite on me permettra d'observer que, n'ayant jamais annoncé autre chose, il est bien extraordinaire que des particuliers désœuvrés et des folliculaires imbéciles se soient acharnés depuis longtemps à annoncer un *libelle* de ma façon, fondé sur une correspondance dont je disais avoir les *originaux*. Les originaux! eh! comment aurais-je pu me les procurer? Ne fallait-il pas que je remisse aux parties respectives tous les écrits et paquets qu'elles se transmettaient mutuellement par mon entremise; si j'en eusse intercepté une ligne, mon infidélité n'eût-elle pas été découverte à la première entrevue? Deux mots d'explication eussent accéléré ma ruine. Non, je n'ai jamais eu la folie d'annoncer des originaux, de promettre l'impossible, mais j'ai dit en termes généraux que j'imprimerais des lettres de la Reine et du Cardinal; je remplis enfin mon engagement.

On a vu par la seconde du Cardinal que la Reine avait absolument refusé l'entrevue sollicitée par la première, et ne laissait aucun espoir de l'accorder, à moins qu'il ne réussît à se laver *par écrit* de diverses imputations graves, accumulées sur son compte. S. M. en m'ordonnant de faire cette réponse m'avait parlé comme le regardant dans l'impossibilité de se justifier jamais. — « J'ai contre lui, me dit-elle, des preuves qu'il n'est pas en son pouvoir de démentir ». Je ne dissimulai pas au Cardinal que S. M. m'avait paru peu disposée à ne revenir jamais sur son compte, et comme je lui répétai les propres expressions de la Reine, il me dit quelque chose de fort obscur, qui me fit cependant entrevoir la nature de cette intrigue politique dont j'ai dit quelques mots et sur laquelle j'avais si étrangement pris le change. Il me fit entendre que la Reine n'était pas aussi absolument maîtresse de ses actions que je la croyais l'être ; qu'elle avait autant besoin d'elle; que s'il lui devait jamais son élévation elle lui devrait l'exercice de la souveraineté, objet unique, non de son ambition personnelle, mais de celle de l'Empereur son frère. Ce mot seul me donna la clef de tout ce qui se passait de mystérieux entre lui et divers agents que je voyais souvent arriver et qui me paraissaient Allemands : je compris qu'il était en correspondance avec l'Empereur, et que probablement le vœu de ce Souverain était que le Cardinal fût à la tête des affaires; je ne me trompais pas. Cependant, comme cette idée ne pouvait effacer les impressions que m'avaient faites les dernières paroles de la Reine relatives au Cardinal, je lui dis que je souhaitais me tromper, mais que S. M. me paraissait plus disposée à lui nuire qu'à travailler à son élévation, et que je ne voyais aucun moyen de la faire revenir de ses préventions, que celui de se justifier *par écrit*, puisqu'elle l'exigeait. Le billet coté N° IV, fut l'effet immédiat de mon conseil. *L'esclave* dit qu'il obéit et annonce pour le lendemain une partie de sa justification.

La pièce N° V est infiniment curieuse et mérite d'être lue avec autant d'attention que le Cardinal en demande à la Reine en débutant; elle contient la justification annoncée la veille, et rappelle des faits antérieurs dont peu de mes lecteurs soupçonneraient la nature ; je crois donc devoir leur expliquer tout ce qui, dans ce long narré, serait nécessairement inintelligible pour eux. — Je n'ai plus rien à ménager ; je me suppose en ce moment dans ces régions d'indépendance et de paix où mes souffrances me mériteront, à ce que j'espère, une place ; racontant sans intérêt, sans passion, à la troupe céleste, les tristes rêves que j'ai faits sur la terre. Ce même Cardinal qui fait tant de frais d'imagination pour prouver à la Reine que toutes les accusations accumulées contre lui sont autant de faussetés et de calomnies, m'a dit à moi, m'a répété plus d'une fois, que les griefs de S. M. étaient malheureusement fondés : il m'a confié que, lors de son ambassade à Vienne, la Reine étant encore Archiduchesse, enhardi par la légèreté de ses manières, il avait osé lui offrir des hommages qui n'avaient pas été rejetés ; que son bonheur avait passé comme un songe ; que les préférences marquées qu'avait obtenues à ses yeux un officier Allemand lui avaient tourné la tête, au point de lui faire hasarder des propos indiscrets ; qu'il ne doutait point que la Reine eût conservé le souvenir de cette indiscrétion à laquelle il attribuait la disgrâce dans laquelle il languissait depuis l'avénement de S. M. au trône. Il me dit un jour que lorsque l'Archiduchesse avait passé à Saverne, en se rendant à Versailles, il avait eu un rayon d'espoir ; que, s'y étant rendu pour la recevoir chez le vieux Cardinal son oncle, et s'étant jeté à ses genoux pour baiser le bas de sa robe, elle l'avait relevé avec bonté et lui avait tendu en rougissant une main qu'il avait baisée avec transport — « mais, ajouta-t-il en soupirant, ce fut le dernier regard de bienveillance que la

Princesse ait jamais laissé tomber sur moi ; lancée dans le tourbillon de la cour elle se vit environnée de tant d'adorateurs qu'elle ne me distingua plus dans la foule : le Comte d'Artois éclipsa tout ; le Comte d'Artois n'était cependant qu'un objet de coquetterie.

Cette confidence en entraînait nécessairement une autre, dont il faut que je fasse également part au public. On voit par la justification du Cardinal qu'il était plus que soupçonné d'avoir fabriqué chez la Dubarry les lettres dont il est fait mention ; il m'a dit qu'elles étaient l'ouvrage de la jalousie ; que l'Impératrice Reine qui l'aimait, ayant entendu parler des écarts que l'on prêtait à sa fille, s'était adressée à lui pour se procurer les éclaircissements qu'elle désirait ; qu'attribuant à l'intrigue du comte d'Artois l'éloignement que lui témoignait la Dauphine, il avait dit la vérité sans ménagement ; que ces malheureuses lettres ayant été trouvées dans les papiers de l'Impératrice après sa mort, avaient été renvoyées à la Reine par l'Empereur.

Cet aveu me foudroya. » Comment? m'écriai-je, la Reine a entre les mains de pareils papiers et vous me chargez de l'assurer de votre innocence ! » Il en revenait toujours aux considérations politiques qui devaient diriger la conduite de la Reine. « L'Empereur, me disait-il, veut voir à la tête des affaires un ministre à sa dévotion, il n'est point de rancune qui tienne. » — Il parlait en homme qui connaît l'esprit des cours et l'on ne tardera pas à voir qu'en effet la Reine, ainsi munie des preuves de sa perfidie, poussa la politique au point inconcevable de lui nier qu'elle eût ces preuves ! Je supplie le lecteur de donner la plus sérieuse

attention à cette circonstance ; il est infiniment important pour moi de faire sentir à quel excès la Reine
peut porter la dissimulation ; on en trouve un exemple frappant dans la lettre qui forme N° VI. Il est
évident, par la manière dont s'y exprime le Cardinal,
que la réponse verbale que je lui avais faite de la part
de la Reine, annonçait un pardon prochain, que par
conséquent S. M. avait feint d'être à peu près satisfaite de cette justification, quoiqu'elle eût dans son
secrétaire tout ce qu'il fallait pour confondre le Cardinal ; aussi *l'esclave* écrit-il avec confiance à son *cher
maître* et voilà déjà qu'il demande des baisers, qu'il
parle de belles mains, de charmante bouche, et la
Reine souffre tout cela ! elle fait plus ; elle m'avait
permis de faire espérer le retour de ses bonnes grâces ; ce n'est pas assez, il faut qu'elle écrive elle-
même, que sa main confirme les assurances que
j'avais données en son nom, et surtout qu'elle affirme
qu'*elle n'a jamais eu connaissance* de ces lettres que le
Cardinal lui-même sait lui avoir été transmises par
l'Empereur ! Quel raffinement de fausseté dans une
princesse aussi aimable ! en un mot, la Reine passe
l'éponge sur le passé et assure qu'elle a tout oublié !
(1) — Il fallait que les instructions de l'Empereur fussent bien positives ; qu'il fût bien las du comte de
Vergennes et bien irrité contre ce ministre, pour
pousser la reine sa sœur à jouer un rôle si peu digne
et de son caractère et de son rang. Voici le moment
où, pour pallier à quelques égards la conduite de la
Reine, il faut dire qu'à peu près vers ce temps-là, la
correspondance de l'Empereur, qui, ainsi que j'ai déjà
eu l'occasion de le dire, avait commencé entre lui et le
Cardinal, s'était étendue jusqu'à la Reine et que les

---

(1) Voyez le N° VII.

grandes négociations dont il sera question ci-après, étaient à la veille de s'entamer ; c'est à ces considérations infiniment plus qu'au peu d'ascendant que j'avais sur S. M. qu'il faut attribuer le rapprochement qu'on croyait mon ouvrage et dont je m'étonnais moi-même. Cependant il eût semblé que la reine voulait que je crusse que le Cardinal me devait tout, tant ma faveur parut s'accroître en proportion de ce que le Cardinal concevait l'espoir de recouvrer celle qu'il avait perdue. S. M. continuait de répandre sur moi des bienfaits, et chaque jour semblait ajouter un degré à la confiance dont elle m'honorait ; j'étais devenue en effet un personnage important, car, environnée comme l'était la Reine des ennemis du Cardinal, puisqu'elle avait des raisons de le ménager et de le favoriser secrètement, elle n'eût pu trouver personne plus propre que moi à seconder ses vues, puisqu'elles s'accordaient si parfaitement avec les miennes qui ne pouvaient être l'élévation du Cardinal. S. M. ne cessait de me recommander le secret ; mais les allées et venues étaient si fréquentes, que malgré toutes mes précautions j'étais quelquefois prise sur le fait, et le nombre des personnes qui me recherchaient me faisaient assez sentir que j'avais plus de confidents que je n'avais fait de confidences (1). Il fallait toujours être en l'air, tant les billets se multipliaient de part et d'autre ; j'en ai vu écrire au Cardinal jusqu'à quatre en un jour. J'ai déjà prévenu que je ne prenais copie que de ce qui me paraissait un peu marquant ; par exemple je ne laissai pas échapper la lettre N° VIII, elle prouve combien se sont écartés de la vérité ceux de mes détracteurs soudoyés, qui ont osé avancer que je faisais fabriquer les prétendues lettres que je remet-

____

(1) Voyez la grande note dont la page commence N° I.

tais au cardinal de la part de la Reine ; indépendamment de ce qu'il est absurde de supposer que le Prince
ne connaissait pas l'écriture de S. M., on conviendra
du moins que, si je pouvais le jouer si grossièrement,
je ne pouvais pas lui faire croire que la Reine *lui
souriait et lui faisait publiquement des signes d'intelligence ;* or, c'est ce qu'il écrit dans la lettre à laquelle
je renvoie ; je n'ai pu le lui dicter ; je n'ai pu l'écrire
pour lui ; je n'ai pu lui fasciner les yeux au point de
lui faire croire que la Reine lui souriait si elle ne lui
avait pas souri ; qu'elle lui faisait publiquement des
signes d'intelligence, si ces signes n'eussent pas été
faits en public ; puisqu'il dit qu'*il est le plus heureux
des mortels* d'avoir *vu* ces sourires et ces signes d'intelligence, c'est qu'il les a vus de ses yeux. On sait
que je ne m'entendais nullement avec le charlatan
Cagliostro, que par conséquent je ne secondais pas les
prestiges dont se servait cet empirique pour bercer le
Cardinal. La Reine avait souri, avait fait de belles
mines ; la Reine, à l'époque dont je parle, était donc ou
feignait d'être revenue de ses préventions ; je n'avais
donc pas trompé le Cardinal lorsque je lui avais
donné d'abord l'espoir, ensuite l'assurance de cette
révolution ; j'approchais donc de la personne de la
Reine, j'avais donc part à sa confiance puisque
longtemps avant qu'elle daignât sourire au Cardinal et lui faire publiquement des signes d'intelligence, je l'avais prévenu qu'elle en viendrait à ce
point ; que seulement elle voulait mettre quelque réserve dans le rapprochement auquel elle consentait.
Ceux qui ont dit que je feignais, que je fabriquais des
faux, que je n'approchais pas de la Reine, étaient donc
des calomniateurs ; et la fière Autrichienne qu'était-
elle elle-même lorsqu'au dernier moment où elle acca-

bla le Cardinal de tout ce qu'a d'imposant la majesté couronnée, elle lui nia, en présence du Roi, qu'elle m'eût jamais connue ! J'espère que, lorsque j'en viendrai à cette triste partie de mon récit, on voudra bien se rappeler cette observation que mon impatience anticipe.

Les billets, les lettres se succédaient rapidement, mais on ne se voyait pas encore; le Cardinal me tourmentait ; je tourmentais la Reine; enfin le 15 Mai j'en obtins le billet coté N° IX, on y verra que S. M. promettait de satisfaire *dans peu*, le désir qu'on avait de la voir et qu'*elle ne le blâmait pas*. Très certainement on ne lira pas avec indifférence cette partie du billet où S. M. condescend à donner des leçons de circonspection et de discrétion à celui qu'elle appelait dans sa première lettre *le plus indiscret des hommes*. Il faut avouer que c'était une belle éducation dont se chargeait S. M.

Le N° X, ne demande point d'explication ; tout le monde entend que on est le Roi, qui, déjà informé des *sourires* et des *signes d'intelligence,* avait fait quelques questions embarrassantes. Il ne faut point anticiper sur le développement du *projet qui fera sûrement plaisir,* j'aurai assez d'occasions de parler de Trianon.

La lettre cotée N° XI, donne la double idée et du style galant du Cardinal et de l'indulgence avec laquelle S. M. recevait une déclaration en forme. Le Cardinal ne m'avait pas dit un mot de tout ce qu'il prétend m'avoir dit; mais en amour comme en guerre les ruses sont permises; quelque importune que j'aie souvent dû paraître à la Reine dans la cause du Cardinal, je n'eusse certainement jamais pris sur moi de lui débiter de pareilles folies ; et j'avais eu grand soin, toutes les fois que le nom du prince était introduit dans la conversation, d'éviter toute expression qui pût assigner à ses empressements d'autres vues que celles d'un dévouement respectueux. Il est vrai que la reine m'avait plus que fait entendre qu'elle ne se méprenait pas aux motifs qui faisaient rechercher par le Cardinal le retour de ses bonnes grâces. Mais je ne puis trop le répéter, comme S. M. était gouvernée elle-même par des considérations politiques, elle ne trouvait point extraordinaire et s'offensait encore moins de ce que l'ambition était le principe des démarches du Cardinal. Quoi qu'il en soit ou qu'il en ait pu être, je fis mes représentations, qui, selon l'usage, restèrent sans effet et je m'acquittai de ma mission, c'est-à-dire que je remis la lettre que j'avais pris la liberté de désapprouver. Tandis que la Reine en faisait la lecture, je l'observai attentivement, et j'avouerai que je fus étonnée de la sérénité avec laquelle elle en parcourait les détails extravagants ; mais S. M. m'a appris depuis à ne m'étonner de rien.

M'étant embarquée dans cette étrange correspondance, on conçoit que mon intention est de la suivre jusqu'au moment où, pour la première fois, il est question du fatal collier ; on sent que cet article est l'objet principal de ces mémoires ; je m'y fusse même bornée s'il ne m'eût paru essentiel de constater auparavant toutes les circonstances qui ont précédé et amené l'horrible catastrophe ; car c'est évidemment faute de connaître la chaîne de ces circonstances que les trois quarts des personnes qui ont cherché à se former une idée de cette malheureuse affaire, ou n'y ont rien entendu, ou m'ont jugée d'après les impressions qu'elles ont reçues des différents libelles imprimés contre moi aux frais de la maison de Rohan.

Je continuerai donc de répandre sur les détails de cette correspondance tout le jour dont ils ont besoin ; on verra que ceux qui, au premier coup d'œil paraîtraient à peu près indifférents, ne peuvent l'être pour moi, par conséquent pour tout lecteur qui aime et cherche la vérité.

Le N° XII donne lieu à des réflexions d'une nature bien singulière. Le billet d'un grand Seigneur, d'un grand Aumônier de France, commence par ce mot que la Reine est supposée entendre : *le Sauvage !* Or, comme il n'y a que la Reine, le Cardinal, le sauvage lui-même et moi qui sachions ce que cela signifie, il n'est pas hors de propos d'informer les non initiés que c'était le sobriquet d'un homme obscur, connu de peu de personnes sous le nom de Baron de Planta, complaisant du Cardinal, pour ne pas le nommer d'après Voltaire *l'ami du ¦Prince* : il paraîtra par la suite qu'il courait avec lui des aventures périlleuses.

Lorsqu'on lit ce billet peut-on se défendre d'un sentiment sinon d'indignation, du moins d'étonnement extrême, en voyant une grande Reine, si altière d'ailleurs, condamnée par une politique coupable à passer de pareilles familiarités, je voulais presque dire puérilités. Cependant, tout dégoutant qu'est le ton de ce billet, il apprend que la Reine savait parfaitement que ce baron de Planta était dans la confidence aussi bien que moi, et qu'elle en était si peu offensée qu'elle lui faisait des belles mines, *des signes d'intelligence.* En vérité il faut avouer que S. M. était bien prodigue de ces signes ; or, comme je les connaissais, comme ils étaient en effet charmants, je ne suis point étonnée qu'ils aient tourné la tête du pauvre baron ; on extravaguerait à moins.

En suivant l'ordre des dates, j'arrive à une époque qu'il ne m'est pas possible de traiter aussi légèrement que ce qui précède. Avant de lire une ligne de plus, je supplie instamment que l'on veuille bien jeter les yeux sur le N° XIII ; c'est une copie littérale d'une lettre écrite par le Cardinal à la Reine, immédiatement après la scène où la Demoiselle Oliva joua le rôle qui a fait tant de bruit dans l'instruction de mon procès.

Lorsqu'on m'aura écoutée jusqu'au bout, lorsqu'on sera instruit des manœuvres de toute espèce, employées pour m'empêcher de rien dire qui pût compromettre la Reine, on comprendra pourquoi ce que je vais rapporter sur cet étrange incident, diffère si essentiellement de tout ce qui a été dit, dans le temps, au procès. La raison de cette différence est que, dans ce temps-là, on me persuadait que, si je disais la vérité, il y allait de ma vie ; et qu'à présent il y va de mon honneur de la dire ; je la dirai donc, observant préalablement tant sur l'article que je vais traiter que sur d'autres qui suivront, que je proteste formellement contre tout ce qui a été dit, contre tout ce que j'ai dit moi-même devant les juges, attendu qu'il n'y a que ce qu'on atteste en liberté qui peut mériter foi ; — on va en juger.

Un jour que le Cardinal et moi étions confrontés sur un point délicat que ni lui ni moi n'avions intention d'éclaircir par ménagement pour la Reine ; je dis

quelque chose qui n'était pas conforme à la vérité.
Ah ! Madame la Comtesse, me dit le Prince, comment
pouvez-vous avancer ce que vous savez être faux ? —
Comme tout le reste, Monsieur, répondis-je; depuis
que ces messieurs nous interrogent, vous savez que ni
vous ni moi ne leur avons dit un seul mot de vérité. »
En effet cela n'était pas possible, on nous préparait
nos réponses, souvent même nos questions et il fallait
dire de telle manière, répondre de telle autre, ou s'attendre à être égorgés dans la Bastille ; c'est ce que ne
cessaient nos conseils de nous mettre devant les yeux.
Que l'on juge du fond qu'il y avait à faire sur des
interrogatoires dont les résultats étaient calculés
comme une partie d'échecs. En un mot, tout ce que
j'ai à dire aujourd'hui du personnage qu'a joué la
Reine dans tous les détails de cette malheureuse
affaire, je n'ai pu le dire au temps de l'instruction du
procès; de là les fausses notions dont le public est
imbu ; de là la difficulté de rétablir la vérité sur la
souche du mensonge; de là enfin l'avantage qu'auront
mes détracteurs, en me convainquant de fausseté, soit
à l'époque du procès, soit à l'époque présente. Je leur
ferme la bouche d'un mot. Il fallait mentir ou mourir
de la main du bourreau. Aujourd'hui il faut parler
vrai ou mourir de la mienne, car je suis rassasiée
d'opprobre, il n'y a plus de milieu pour moi : la mort
ou une justification éclatante.

J'ai suffisamment exposé les vues ambitieuses, les
considérations politiques qui avaient rapproché deux
êtres, qui, au fond, se méprisaient, se détestaient
mutuellement. Il me reste à observer que témoin de
tout ce qui se passait, confidente respective des deux
personnages, je voyais évidemment que le seul démon

de la politique les empêchait d'en venir à des extrémités éclatantes. On n'a que trop su combien le Cardinal était peu réservé dans les propos qu'il se permettait sur la Reine ; il se contraignait encore moins
avec moi. D'un autre côté la Reine me faisait entendre de temps à autres qu'elle était instruite de ses
indiscrétions passées et présentes. Madame de Guémenée avait rempli l'esprit de S. M. de préventions
presque insurmontables, et lui avait à peu près persuadé que l'objet des démarches et de toutes les extravagances du Cardinal, était de la compromettre. Elle
me dit un jour, en me parlant de lui : « croiriez vous
que ce matin même, une personne digne de foi et qui
le connaît bien, m'a assuré qu'il était mon plus cruel
ennemi ? » — Moi qui voyais, qui entendais toutes ces
choses je me désolais, je désespérais de réussir jamais
à établir entre deux êtres, si mal disposés l'un pour
l'autre, cette cordialité, cette harmonie si nécessaires
à leurs vues respectives. Cependant le Cardinal me
poussait, et je remarquais que depuis quelque temps
la Reine n'attendait pas que je lui parlasse de lui ;
elle me prévenait souvent par quelques questions plus
ou moins indifférentes, mais qui avaient un objet
sensible.

Avant qu'il fût question de la fille Oliva, elle me
mit à plusieurs reprises sur le chapitre délicat que
j'avais toujours cherché à éluder ; il était évident
qu'elle voulait absolument me faire expliquer sur la
nature des sentiments que je supposais au Cardinal,
ou que j'avais pu remarquer dans ses discours, dans
ses confidences. Sachant que j'avais remis à S. M. des
lettres où la nature de ces sentiments feints n'était
pas déguisée, et ayant remarqué, ainsi que je l'ai
déjà observé, qu'elle ne s'en était pas offensée ; je crus

pouvoir hasarder enfin de lui faire entrevoir que je croyais le Prince épris pour elle de la passion la plus vive. Un jour donc qu'elle me poussait sur ce point, lui ayant dit que je répondrais de la sincérité du Cardinal sous peine de perdre la bienveillance de S. M. — « Ne hasardez jamais rien légèrement, me dit-elle ; sincère ou non, le fait est que le Cardinal veut que je croie à sa sincérité. Supposons que j'y croie ; mais dites-moi quelles sont ses prétentions ? il ne devait jamais espérer un regard favorable, et je lui ai accordé son pardon ; il m'écrit, je lui réponds ; à peine ai-je eu le temps de revenir en partie des impressions fâcheuses qu'on m'a données sur son compte, qu'il s'acharne à me demander une entrevue particulière. Est-ce pour faire revivre les histoires qu'il a fabriquées sur son séjour à Vienne ? Savez-vous ce qu'il a à me dire ? — Voit-il toujours le Duc de Lauzun, le Prince de Luxembourg ? — Est-il toujours bien avec Madame de Brionne ? — Va-t-il encore chez Madame de Marigny ? — On dit qu'il voit une Demoiselle de St.-Leger qui passe pour être fort jolie. »

Après quantité d'autres questions à peu près du même genre, S. M., parut se recueillir un instant ; reprenant ensuite la parole, elle continua ainsi — « Je vous ai assez témoigné en diverses occasions combien j'ai à me plaindre du Cardinal ; quoique je lui aie pardonné, je n'ai pu oublier ses torts passés dont je vous ai dit avoir des preuves indestructibles, et je ne puis fermer les yeux sur ses torts présents qui sont d'une nature infiniment grave. D'après ce que vous venez de me dire vous-même, il se permet d'affecter pour moi des sentiments d'autant plus offensants qu'ils sont moins encouragés. Vous n'êtes pas le seule qu'il entretienne de ses rêveries ; le Duc de Lauzun et le Prince de Luxembourg, que je viens de vous nommer à dessein, en font des gorges chaudes. J'ai été souvent nommée très indécemment à l'Hôtel de Soubise, et je sais que quantité de personnes, trompées par les discours qu'il se plaît à répandre, pensent que je le vois secrètement. Comment voulez-vous que je m'expose à recevoir en particulier un homme de cette indiscrétion, qui, se permettant de m'écrire des lettres romanesques, croirait devoir soutenir son rôle en redoublant d'extravagance, en se jetant à mes genoux, en me parlant d'amour, en poussant peut-être plus loin la témérité et la démence ? — Je vous répète qu'il m'est suspect ; que je ne puis réellement attribuer une conduite si extraordinaire qu'au projet formé de me compromettre ; et que, si je n'avais pas *quelques raisons particulières* de ne lui point manifester ouvertement ma façon de penser, je vous défendrais de me parler jamais de lui, surtout de vous charger de ses lettres, et je vous ordonnerais de lui faire connaître mes volontés. »

Je sais tout cela, me dis-je en moi-même ; mais enfin vous avez des raisons particulières de le ménager, et j'en connais la force — « Si V. M., répondis-je, me permettait de plaider la cause de l'absent, je prendrais la liberté de vous observer que, du moment où vous avez eu la bonté de pardonner le passé, il est de votre générosité naturelle de l'oublier. Qu'à l'égard du présent, vous n'en jugez pas par vous-même mais d'après les rapports envenimés de l'envie et de la malignité. Si j'ai osé laisser entrevoir à V. M. la nature des sentiments que je suppose au Cardinal, j'ai eu soin de les concilier avec le plus profond respect. Ce dernier sen-

timent est motivé dans son cœur, l'autre est involon-
taire, il le partage avec tous ceux qui ont le bonheur
de vous connaître.

Les rapports relatifs à ses indiscrétions prétendues
ne peuvent être que calomnieux, j'en ferais serment,
par la raison que je ne l'ai jamais entendu parler de
V. M. qu'en termes d'admiration, et certainement il
ne se contraint pas avec moi. »

Ici la Reine fit quelques tours dans son cabinet, et
revenant à moi d'un air pensif : — « Il me vient une
idée, me dit-elle, quelles sont, je vous prie, vos connaissances en femmes ? nommez-moi quelques-unes
de vos amies — j'ai mes raisons pour vous faire cette
question » — Lui ayant nommé différentes personnes
avec lesquelles j'étais plus ou moins liée, elle me dit :
« Croyez-vous être assez sûre d'une de ces femmes
pour l'engager à se prêter à ce que je vais vous dire
— vous voulez absolument que j'accorde une entrevue
au Cardinal ; moi j'ai mes raisons de la craindre ; je
ne serai rassurée qu'après une épreuve ; je condescen-
drai à *le voir, sans le voir,* — je ne sais si vous m'en-
tendez ; je voudrais être témoin de la conduite qu'il
tiendrait avec moi la première fois que je le verrais
réellement. Ne pourrait-on pas, à la faveur de l'obscurité, substituer à ma place quelque femme à laquelle
le Cardinal parlerait en croyant me parler ; moi je serais à portée d'entendre la conversation. Je saurais
alors à quoi m'en tenir pour l'entrevue réelle, et je me
déterminerais à l'accorder ou à la refuser selon que
sa conduite me paraîtrait le mériter. Parmi les femmes que vous venez de me nommer n'en connaissez-
vous point qui se prêtât volontiers à cette petite su-

percherie dictée par la prudence? Au reste, la chose demande peut-être plus de réflexion que je n'ai eu le temps d'en faire. — Ecoutez, venez demain, nous causerons plus amplement sur ce projet. »

Le lendemain, m'étant rendue aux ordres de S. M., je la trouvai décidée à l'exécution ; elle trouvait la chose très plaisante, elle en avait ri toute seule. Elle désigna pour actrice, c'est-à-dire pour sa représentante, Madame la Baronne de Crussol, que je voyais beaucoup et qui, à la vérité, pouvait faire illusion ; mais je représentai que, quelque général que dût être le désir de faire quelque chose qui lui fût agréable, je doutais que Madame de Crussol pût se prêter à la proposition que je lui en ferais, sans consulter auparavant son mari, ce qui produirait un très mauvais effet. J'observai d'ailleurs que la crainte si naturelle d'être reconnue par le Cardinal, et surprise en jouant un pareil rôle me paraissait un obstacle insurmontable. — « Dans ce cas, dit la Reine, en m'interrompant, je me montrerais et je la tirerais d'embarras ; vous pouvez lui dire que je serai sensible à cette complaisance de sa part. »

Cette manière de parler était une espèce d'ordre ; je n'insistai pas davantage et quittai S. M. en promettant de faire tout ce qui serait en mon pouvoir pour lui procurer cette satisfaction.

A cette époque mon mari n'avait aucune connaissance de l'intrigue politique du Cardinal et de la Reine, il savait seulement que je voyais S. M. et que c'était à elle que je devais l'aisance que je lui procurais. Le Cardinal, par des motifs que je n'ai jamais

approfondis, me recommandait sans cesse la discrétion
à l'égard de M. de la Motte ; jusqu'à ce moment j'avais
scrupuleusement suivi ses conseils ; mais les réflexions
que j'avais faites sur la fantaisie étrange de la Reine,
sur la faiblesse de caractère de la personne qu'elle
avait choisie, une multitude d'autres considérations
puissantes, tout me détermina à le consulter dans
une occasion si délicate, et je lui confiai tout. Il pâlit
en m'écoutant, et le refus absolu qu'il fit de tremper
en rien dans une intrigue qu'il caractérisa de dangereuse, me donna beaucoup d'humeur.

Je revins à la charge et, à force de persécution, je
parvins à lui faire entendre que son bonheur et le
mien dépendaient de la Reine et qu'il fallait se prêter
aveuglément à tout ce qu'elle désirait. Je me rappelle
que nous passâmes la nuit entière à considérer si je
hasarderais ou non la démarche dont j'étais chargée
auprès de Madame de Crussol. Après avoir pesé toutes
les circonstances, nous convînmes qu'il y aurait du
danger pour nous-mêmes à la produire ; que sa famille, très ambitieuse, pourrait profiter de cette occasion pour nous supplanter. — « Il y aurait, dit M. de
la Motte, un moyen de satisfaire la Reine sans compromettre personne ; mais je ne m'expliquerai qu'autant qu'il sera convenu que le Cardinal sera dans le
secret. » J'y consentis et lui rendis compte de tout ce
qui s'était passé et de ce que nous méditions. Je lui
dis que c'était une épreuve par laquelle il fallait passer ou renoncer à toute entrevue ultérieure. Après
quelques moments de réflexion, il finit par rire aux
éclats. — « Eh ! mais, me dit-il, la Reine peut-elle
réellement croire que je ferai pareille méprise ? —
n'importe, je me prêterai à tout. Si elle aime la comé-

die, il faut la lui donner. Vous pouvez être certaine qu' *elle ne saura jamais que j'ai été prévenu* et je me conduirai de manière à ne pas lui laisser soupçonner que je n'ai pas joué de bonne foi ». Tout étant ainsi convenu avec le Cardinal, il ne s'agissait plus que de trouver une femme qui voulût se prêter à nos vues ; mon mari se chargea d'en trouver une à qui l'on ferait faire par intérêt ce qu'on voulait qu'une autre fît par ambition ; le hasard le servit mieux en cette occasion que toutes les recherches qu'il eût pu faire. Dès le lendemain, sortant du Palais-Royal et étant sur le point de monter l'escalier de passage qui conduit à la rue Neuve-des-Bons-Enfants, il aperçut une femme mise décemment, tenant par la main un enfant de 5 à 6 ans. La voyant embarrassée dans la foule qui montait et descendait, il lui offrit la main, qu'elle refusa. Comme le passage est très étroit et fort obscur, il prit l'enfant par la main et l'aida à se tirer de l'escalier. Arrivé à la porte qui donne sur la rue, il offrit à la mère de l'accompagner jusque chez elle, ce qu'elle accepta après quelques façons ; il arriva ainsi avec elle à l'hôtel garni où elle logeait, et ne tarda pas à comprendre par la conversation qu'elle était à peu près la machine qu'il cherchait. Quelques légères ouvertures qui lui échappèrent sur le peu d'aisance de sa situation, indiquèrent suffisamment qu'elle ne fermerait pas l'oreille à des propositions pécuniaires. Sur le compte qu'il me rendit de sa découverte, je l'engageai à retourner chez cette fille et à s'assurer d'elle en lui faisant quelque présent. Il s'y rendit en conséquence, et ayant renoué avec elle la première conversation, relative à ses petits embarras, il découvrit qu'une somme de 3 ou 400 livres était pour le moment l'objet de son ambition. Il saisit cette occasion de lui dire, que non seulement il la lui prêterait, mais qu'il lui en procurerait une plus considérable si elle voulait se prêter à un tour qu'on voulait jouer à quelqu'un. Sur ce qu'elle lui demanda de quoi il s'agissait, il lui dit qu'il était marié, que la Reine avait beaucoup de confiance et d'amitié pour son épouse, que S. M. désirait jouer un tour à un Grand Seigneur de la Cour; qu'elle lui en avait fait confidence en la chargeant de tout disposer, que pour y réussir elle avait besoin d'une femme qu'elle pût substituer à la place de S. M., qu'elle, demoiselle Oliva, lui paraissait parfaitement propre à jouer ce personnage, qu'au reste si elle ne s'y opposait pas il lui amènerait le soir même son épouse avec laquelle elle arrangerait la chose. Ayant paru disposée à faire ce qu'on désirerait d'elle, M. de la Motte la quitta en lui observant que la moindre indiscrétion la perdrait.

Le même soir donc, ainsi qu'il était convenu, je me rendis avec mon mari chez cette fille à qui je donnai quelques instructions sur la conduite qu'elle avait à tenir, et nous la quittâmes en laissant sur sa commode un sac de 400 livres. Le lendemain, le Comte fut la prendre pour la conduire à Versailles ; j'avais pris les devants dès le matin, ils arrivèrent à l'entrée de la nuit ; mais je les prévins que la Reine n'ayant pas été informée à temps, avait fixé l'heure au lendemain, à minuit et demi ; — j'avais eu à peine cinq minutes d'entretien avec S. M., que l'étiquette importune appelait où elle ne pouvait se dispenser de se trouver, en sorte que je ne lui avais dit que deux mots. Je lui dis, autant que je puis m'en souvenir, « tout est prêt » — « A demain me répondit-elle, même heure »; mais le lendemain j'eus l'honneur de la voir dans la matinée et de lui rendre compte de notre trouvaille dont elle rit beaucoup. Elle arrangea ensuite avec moi le lieu de la scène, mais comme je connaissais infiniment moins que S. M. la distribution du terrain, je fus le reconnaître et engageai le Cardinal à m'y accompagner afin de déterminer les positions respectives, de manière que la Reine pût tout entendre de celle qu'elle avait choisie. Pour rendre la scène intelligible, il faut nécessairement en dessiner le théâtre; elle se passait dans le bosquet qui est au bas du tapis vert.

Sur la gauche, en descendant au bosquet il est entouré d'une charmille soutenue d'un fort treillage en bois. A trois pieds de distance même répétition, avant de parvenir dans l'intérieur du bosquet, de manière que l'espace qui conduit d'une charmille à l'autre forme une allée et l'on peut faire le tour de l'enceinte sans pouvoir pénétrer dans le bosquet, chaque enceinte a son passage particulier et les portes se trouvent vis-à-vis l'une de l'autre. C'est dans l'allée que se trouvait la Reine entre les deux treillages adossés, de manière qu'à cet endroit il n'y a aucune communication entre les deux charmilles. S. M. s'y était rendue avec la Demoiselle Dorvat. Le Cardinal qui avait reconnu le terrain, s'était rendu de son côté à la charmille, et mon mari y conduisit la demoiselle Oliva, dont il faut dire ici quelques mots pour égayer le lecteur dont l'attention doit être fatiguée. La pauvre fille était parée comme une châsse, et avait fait à tous égards les frais de la toilette la plus recherchée; d'après les questions qu'elle m'avait faites depuis son arrivée à Versailles il était facile de juger qu'elle s'attendait à quelque grande aventure et qu'elle avait pris ses précautions en conséquence. — Mais, m'avait-elle de-

LE BOSQUET

mandé, que me dira ce Seigneur ?... mais s'il me fait telle question que lui répondrais-je ? s'il veut m'embrasser faut-il le laisser faire ? — « Sans doute » — répondis-je. Et s'il exige davantage » — je ne le pense pas » — Rien de si plaisant que l'embarras de cette créature, qui dans le fond n'était inquiète du dénouement que parce qu'elle savait qu'elle aurait la Reine pour spectatrice. A l'heure convenue je portai le signal en donnant à la demoiselle Oliva la rose que la Reine m'avait chargée de faire remettre par elle au Cardinal; l'ayant mise à son poste je me retirai. Je n'étais pas à dix pas de la Reine; je souffrais de la timidité de la d'Oliva, la Reine éprouvait sans doute le même sentiment, car malgré toute sa réserve et ses précautions elle ne put y tenir et lui cria : « Courage, n'ayez point peur » (la d'Oliva en a convenu dans ses dépositions). Alors le Cardinal étant arrivé la conversation commença. Le Cardinal qui était à son aise puisqu'il était dans le secret s'attachait à rassurer la pauvre fille en ne lui faisant que des questions simples et de pure politesse; ce qui la déconcertait le plus c'est qu'il lui parlait de torts passés, pardonnés, de sa reconnaissance, il faisait de belles promesses pour l'avenir; elle n'entendait rien à tout cela, et répondait au hasard oui ou non. Le Cardinal tirait parti de ces monosyllabes pour exagérer son bonheur, disait les plus jolies choses du monde; mais il ne prit d'autre liberté que celle de lever doucement son pied qu'il baisa très respectueusement. Ce fut en ce moment que la Demoiselle Oliva lui remit la rose qu'il plaça sur son cœur en disant qu'il conserverait ce gage toute sa vie et la nommant la rose de bonheur. (1) Ici je me rappelai

_____

(1) Le Cardinal a depuis fait enchâsser cette rose, et, quelque temps après, a fait changer le nom d'une allée favorite qu'il avait à Saverne et prit celui de chemin de la Rose.

les instructions que j'avais reçues de la Reine. Toutes les explications étaient finies, il ne restait plus que des fadeurs à dire ; je m'avançai avec précipitation et annonçai l'approche de *Madame* et de Mme d'Artois ; on se sépara avec la vivacité de l'éclair ; la d'Oliva regagna le banc où l'attendait mon mari ; le Cardinal ayant joint le Baron de Planta qu'il avait laissé à quelque distance faisant le guet, vint avec lui me trouver à mon poste et m'engagea à le suivre au-dessus de l'avenue derrière laquelle il se tapit pour voir passer la Reine ; l'ayant aperçue au moment où elle débusquait du coin du tapis vert, suivant l'allée qui conduit à la terrasse, il me pria de suivre S. M. et de tâcher de lui parler pour savoir si elle était contente ; je la suivis en effet à petits pas, et, l'ayant atteinte à l'entrée du château, elle me fit monter avec elle, me dit en substance qu'elle s'était infiniment amusée, me fit quelques compliments, me défendit de dire au Cardinal que je l'avais vue ce soir-là. Je n'avais pas besoin de le lui dire puisque c'était à sa prière que j'avais suivi la Reine ; et il m'eût été difficile de le lui cacher, puisqu'il m'attendait avec le Baron de Planta au bas du petit escalier ; circonstance dont le Baron a fait mention dans ses confrontations en voulant prouver que je voyais la Reine.

Dieu me voit et m'entend. Je fais devant lui le serment solennel que si j'étais à ma dernière heure, je répèterais tout ce que, je viens d'écrire comme étant la pure vérité ; oui ! dans mon testament de mort je ne changerais pas un mot à cette déclaration, la première qu'il ait été en mon pouvoir de faire librement. — Mais dira-t-on, est-il *probable* qu'une Reine de France s'amuse de pareilles petitesses ? Eh ! mais si la Reine de France était ce qu'elle devait être, ou plutôt n'était pas ce qu'elle est, ces mémoires n'auraient pas lieu; je n'aurais pas à l'accuser de la plus noire ingratitude, de l'insensibilité la plus révoltante.

Si la Reine de France n'était pas ce qu'elle est, l'aurais-je jamais connue sur le pied où je l'ai connue? aurais-je été pour elle ce qu'est un faible oiseau dans les mains d'un méchant enfant, qui, après s'en être amusé quelques instants, le dépouille plume à plume et finit par le jeter aux chats? si la Reine de France n'était pas ce qu'elle est, la France serait-elle en combustion? serait-ce un abbé (1) plat pédagogue, bavard importun, frère d'un accoucheur obscur, qui bouleverserait l'Etat en bouleversant sa constitution? (1) — Vraiment c'est un beau raisonnement que de dire qu'une infamie telle quelle, n'est pas probable parce qu'elle est attribuée à une majesté! quiconque a lu l'histoire sait à quoi s'en tenir sur ce sujet que je ne veux pas trop généraliser; mais je ne veux pas non plus laisser passer pareil argument par la raison qu'il me reste du plus *improbable* à raconter.

Après m'être livrée à l'aigreur de mes ressentiments, je reviens à moi-même; il faut être juste. J'ai eu des torts, des torts très graves dans cette aventure toute romanesque qu'elle est; je ne me dissimule pas

---

(1) L'abbé de Vermont.

(1) Il y aurait une longue note à faire sur cet article; mais je suis trop pleine de mon objet pour m'occuper de détails politiques. Je dirai seulement à ceux de MM. les Anglais qui peuvent l'ignorer, que lorsqu'il fut question de marier l'Archiduchesse au Dauphin, M. de Choiseul s'adressa à l'Archevêque de Toulouse (aujourd'hui de Sens) pour avoir un instituteur. L'Archevêque lui donna l'Abbé de Vermont, dont la reconnaissance secondée par la toute-puissance de la Reine, s'est signalée en faisant nommer son bienfaiteur ministre principal.

qu'en prévenant le Cardinal du projet de la Reine, je manquais à S. M. mais en cela j'ai cédé aux représentations de mon mari et aux suggestions de mon ambition. J'ai débuté par m'avouer coupable et j'ai fait amende honorable dans les premières pages de ces mémoires ; mais j'ai demandé en même temps s'il n'y avait plus de proportion entre le délit et la peine, et s'il était juste que la moins coupable des trois complices subît seule la peine d'un crime commun à tous ?

Dans le cas dont il s'agit, je conviens que j'aurais dû me refuser à la fantaisie de la Reine ; ou bien, en m'y prêtant, lui garder le secret ; mais quel est le personnage que jouent dans la même scène ceux que j'ai le droit de nommer mes complices ? une Reine qui, après m'avoir dit d'un homme qu'*elle a des raisons de ménager* les horreurs que j'ai rapportées, se fait un jeu de le mettre aux prises avec une fille publique, et a la bassesse de paraître prendre pour elle les sornettes que cet homme conte à cette fille ! un Prince qui sait qu'il a baisé la mule de cette même fille et qui écrit à cette même Reine pour la remercier de *ses faveurs,* tels sont cependant les personnages qui (ainsi que je l'ai déjà observé) par le choc de leur puissance inégale m'ont pulvérisée !

La farce était jouée ; le Cardinal s'applaudissait de l'adresse avec laquelle il en avait tiré parti, en profitant de ce prétexte pour écrire des folies à la Reine ; et la Reine s'était *amusée* sans paraître avoir pris goût encore aux entrevues réelles, elle différait sous un prétexte ou sous un autre celles que le Cardinal ne cessait de solliciter, et me faisait toujours répondre qu'elle s'occupait de la recherche de quelque moyen plausible, qui, sans donner prise à la malignité, lui ouvrît un accès naturel auprès d'elle. Une circonstance expliquée dans la lettre N° XIV, servit le Cardinal à souhait ; il en profita en écrivant la lettre à laquelle je renvoie : elle n'est susceptible d'aucune réflexion qui ne se présente d'elle-même à l'esprit du lecteur ; je me garderai à plus forte raison d'en faire aucune sur le N° XV. Cette pièce parle assez d'elle-même ; j'ai déjà dit que le *sauvage* était le Baron de Planta, que ce Baron était l'ombre du Cardinal ; ce jour, ou pour mieux dire cette nuit-là, l'ombre avait suivi le corps à Trianon ; on pensera ce qu'on voudra du reste. Quant au N° XVI, quelques personnes seront peut-être étonnées du ton, tien, toi, qui paraît pour la première fois dans la correspondance ; elles trouveront encore la chose improbable ; mais ces personnes ne connaissent pas le degré d'abandon que les souverains et les souveraines se permettent quand ils se sont dégagés de la triste étiquette qui les excède ; mais enfin passons sur la gentillesse du tutoiement et venons au fond de l'affaire.

Une compagnie avait présenté, par mon entremise, au Cardinal un projet de finance ; il s'agissait, autant que je puis m'en souvenir, de supprimer la ferme générale, les aides, les tailles, vingtièmes, dixièmes, etc. La compagnie s'engageait, moyennant ces suppressions à verser annuellement dans les coffres du Roi 40 millions de plus que ne produisaient les recettes ordinaires, et à payer l'année d'avance. La Reine devait avoir quatre millions, M. de Calonne un million, un autre million pour moi avec cinquante mille livres de rente. La perception unique que demandait la compagnie était de lever sur toutes les successions le capital de tous les impôts dont les héritiers devaient être chargés ; l'héritier eût payé une fois pour toutes dix pour cent sur la valeur des biens dont il aurait pris possession, et il n'aurait plus eu d'impôts à payer ; bientôt il n'y en aurait plus eu en France. Le Cardinal avait parlé plusieurs fois de ce projet à la Reine, et c'est après avoir reçu le mémoire et les détails qui la concernaient, que S. M. écrivit la lettre que le lecteur a sous les yeux. Celle du Cardinal à laquelle celle-ci servait de réponse, contenait des réflexions sur le Contrôleur général qui était alors M. de Calonne : je me rappelle leur nature ; il craignait que ce ministre dont il connaissait la cupidité et l'astuce, après avoir pris connaissance de l'affaire, parût ne pas approuver le projet et le mît de côté pour le reproduire ensuite sous une autre dénomination. Ce qu'il y a de certain c'est qu'il n'a jamais voulu le présenter à M. de Calonne, et, lorsque je le pressais de le faire, il me répondit : « Je ne veux faire aucune démarche auprès de gens à qui je serai bientôt à même de commander. » Quant à ce qui me regarde dans cette même lettre, voici en peu de mots de quoi il s'agit. Lorsque M. de Calonne fut appelé à l'administration des finances, il me reçut avec les beaux bras dont j'ai déjà fait mention ; il accueillit mes réclamations dont il parut reconnaître la justice et m'entretint longtemps dans l'espoir qu'il m'avait donné dès la première audience ; toute cette bonne volonté apparente aboutit, ainsi que je l'ai dit plus haut, à une augmentation de 700 livres ajoutées à ma pension de 800. Le Cardinal, qui s'était attendu ainsi que moi à un traitement moins mesquin, saisit la première occasion qui se présenta de parler en ma faveur au ministre, qui, pour se tirer d'affaire et mettre un terme aux sollicitations, répondit qu'il avait

fait tout ce qu'il avait pu auprès du Roi et de la Reine
qui avaient fixé eux-mêmes l'augmentation ; de sorte
qu'il n'y avait plus moyen d'y revenir. C'est sur le rapport que le Cardinal avait fait à la Reine de cet impudent mensonge, que S. M. nie le fait, mais convenant
qu'il est homme à tirer parti de tout, elle l'excuse en
disant qu'un ministre est souvent forcé par sa position à faire des mensonges.

La lettre No XVII demande une clef ; on n'a pas oublié que *le ministre* est le Roi, mais je n'ai indiqué encore que faiblement *les objets* dont il s'agit ici. Ces
objets qui déplaisent à la Reine et qui profitent de ses
imprudences pour se maintenir dans la possession de
l'ennuyer, de la contrarier, sont les Polignacs ; ce sont
eux qui, à ce que dit S. M. ont abusé de sa confiance,
de sa facilité, et ont profité des circonstances pour
mettre des entraves à sa volonté.

En quoi consiste l'abus dont se plaint ici la Reine ?
à avoir intercepté et obstinément gardé dans leur possession des lettres et papiers, preuves écrites des *imprudences* dont S. M. s'accuse elle-même. La reine
avait donc commis ce qu'elle nomme des imprudences
antérieures à celles dont elle m'a rendue complice ; il
n'est donc pas aussi *improbable* que mes détracteurs
veulent le faire croire qu'elle ait commis ou autorisé
l'imprudence du bosquet, l'imprudence de la fausse
signature, l'imprudence du dépècement du collier et
tant d'autres imprudences qui forment la chaîne des
imprudences de sa vie ! En quoi consistent les imprudences dont les Polignacs avaient et conservent soigneusement encore les preuves écrites ? En billets, en
lettres écrites de la main de S. M. en assignations de

rendez-vous imprudemment adressés tant au comte d'Artois qu'aux autres personnes de la Cour, et plus imprudemment encore confiées à des mains infidèles. En quoi consistaient encore ces imprudences ? En mémoires apostillés de la main de la Reine, contenant en marge les preuves d'exactions inouies, en tripotages d'argent, emprunts, pots-de-vin, faveurs vendues à prix d'argent, etc., etc., etc. — le tout passant par les mains de la trésorière Polignac !

Qu'est-il résulté de ces premières imprudences ? que la Reine craignant les Polignacs les a ménagés ; que si elle leur a retiré sa faveur secrète, elle leur en a conservé les apparences en public; tandis que moi, qui n'ai pas eu la hardiesse d'intercepter les originaux, n'ayant que des copies littérales à produire, on me repousse avec dédain, avec dureté ; et la même main qui nourrit la cupidité, le luxe effréné de ceux qui ont infiniment plus abusé que moi, me refuse la restitution dé biens et d'effets qui ne m'ont été enlevés que parce que je me suis refusée à trahir le secret de ma Souveraine : et l'on ne considère pas que ce refus, aussi barbare qu'il est injuste, me prive de tous moyens de subsistance ? Quelle que soit l'effervescence dans laquelle me jettent de pareilles réflexions toutes les fois qu'elles se présentent, je voudrais supprimer la lettre et S. qui sera prise pour l'initiale du mot Sopha, et ce ton d'abandon qui assigne les rendez-vous ; on conçoit surtout que je désirerais fort retrancher de ces scènes gaies le rôle qu'on m'y fait jouer ; mais si je retranchais un seul mot, on ne manquerait pas de s'inscrire en faux contre moi : tout jusqu'à la dernière syllabe ira donc à la presse.

La lettre qui suit (N° XVIII) n'a pas besoin de commentaires. Comme il y a longtemps que j'ai perdu cette correspondance de vue, en relisant ce numéro je puis à peine en croire mes yeux. Je me rappelle que vers l'époque de sa date, la Reine était furieuse contre la Polignac, et que, la voyant déterminée à pousser les choses aux dernières extrémités, je pris la liberté de lui faire quelques observations tendant à la dissuader : dans ce temps-là, en effet, elle était obsédée un point inconcevable, et les *sangsues* dont elle parle avaient formé une espèce de parti qui devenait infiniment redoutable.

Au reste je me rappelle une autre chose qui me frappa dans le temps ; c'est que, malgré la chaleur apparente qui règne dans les lettres auxquelles j'en suis à présent, la Reine exagérait beaucoup sa contrainte, et s'en faisait un prétexte pour éluder, autant qu'il était possible, les importunités du Cardinal ; celui-ci qui, au fond, n'était guère plus vrai dans ses démonstrations d'empressement, recourait à la plume ; de là cette multitude de billets oisifs dont j'ai déjà dit qu'il m'était passé au moins 200 entre les mains. Je fermerai les yeux sur les choses étranges qui, dans cette lettre, ont rapport au Roi ; on en verra de plus révoltantes dans la suite de la correspondance. A tout prendre c'est une abomination que je ne produis au jour qu'en frémissant ; mais dont on sentira, du moins en Angleterre, que la production était indispensable pour ma justification, car, dans tous les cas d'accusation et de récrimination, le sage Anglais règle son jugement sur le caractère du premier accusateur. Quant aux premières lignes du N° XVIII, on trouvera dans une longue note (p. 57) des détails sur le Président d'Aligre, dont il est question. Dans cette note j'expliquerai qu'elles sont *les personnes qui sont sensées n'ignorer rien.*

La lettre N° XIX est à peu près une suite de la précédente ; la fureur contre la Polignac y éclate avec plus de véhémence ; mais l'esprit de dissimulation s'y manifeste avec moins de contrainte. Il est encore question du Roi, qui, à ce que l'on voit, joue dans toute la correspondance un rôle qu'il n'eut pas choisi sans doute si on l'eût consulté. Cette circonstance me paraît amener assez naturellement une observation que j'ai à faire quelque part et qui sera aussi bien placée ici qu'ailleurs.

On a dû remarquer dans le N° XVIII, que la Reine *fait enchaîner le lion* qu'elle est dans l'habitude de *lui faire voir et croire tout ce qu'elle veut;* elle ajoute dans celle-ci qu'*elle le fait* voir et croire *au* où elle le désire. C'est dans cette confiance que, depuis longtemps, elle a *no. té l'esprit du Roi,* non satis et s'est attachée à le préparer à la publication de mes mémoires, que depuis si longtemps on disait sortis de la presse. — Mais, princesse abusée, à quoi vous servira cette précaution lorsque vous l'avez prise, vous ignoriez la nature de l'attaque que vous redoutiez : vos flatteurs vous ont aveuglée en vous disant que tous les papiers étaient saisis ou brûlés, qu'il n'existait aucun vestige, aucune trace de votre correspondance avec le Cardinal. Breteuil lui-même vous a trompée et vous trompe avec connaissance de cause, car il sait, il connaît tout ce que j'ai entre les mains: il n'ignore pas comment j'ai sauvé ce trésor des débris de tout ce qui m'a appartenu ; mais je le soupçonne d'avoir ses raisons pour vous laisser dans cette ignorance ; je vous en tire aujourd'hui. Oui ce n'est que d'aujourd'hui que vous saurez enfin avec ce monde que tout ce que cette correspondance a d'accablant pour vous existe dans l'état le plus suivi, le plus complet, le plus littéral. Dites-vous que ce sont des fictions ? je doute que vous l'osiez, car vous êtes environnée de gens qui connaissent votre style, votre manière ; il en est beaucoup qui ont eu une connaissance plus ou moins exacte de la plupart des faits que je vous retrace (1) en les re-

---

(1) Je vois avec peine que je suis fréquemment obligée de me répéter : mais je n'ai pas la présomption de compter assez sur l'attention du lecteur pour croire que tout ce que j'ai dit est encore présent à son esprit : qu'il me permette donc de lui rappeler ce que j'ai exposé dans divers endroits de ces mémoires sur le secret inviolable qui m'était enjoint par la Reine dès les premiers moments que j'eus l'honneur de l'approcher.

On voudra bien se rappeler ce que j'ai dit, au commencement de ces mémoires, du secret absolu que m'avait recommandé la Reine ; on ne peut concevoir combien ma fidélité à observer cet ordre m'a été funeste ; combien on s'en est prévalu pour pousser contre moi l'injustice jusqu'à nier que j'eusse jamais vu intimement la Reine. S. M. a été plus loin, elle a dit au Roi : « Qu'elle ne me connaissait point du tout ».

C'est à ce propos hardi que je vais répondre par cette seconde note. Je ne citerai point ceux des entours immédiats de la Reine qui ont connu, presque autant qu'elle et moi, la nature de notre intimité. Je ne nommerai personne dans la foule de ces intrigants subalternes qui, pour tirer parti des moindres découvertes, sont toujours aux aguets, portent l'audace jusqu'à fixer l'œil sur le trou des serrures et sont confidents, sans qu'on s'en doute, des actes les plus secrets de l'intimité. J'en pourrais nommer plusieurs, mais à Dieu ne plaise ; ces gens-là sont sans appui, ils perdraient leurs places et j'en serais fâchée ; mais je vais nommer des personnes qui, ayant de la consistance dans le monde, peuvent à peu près braver les petites vengeances de la Reine. J'ai annoncé des torts en débutant ; ceci fera partie de ma confession.

Le premier président d'Aligre m'avait rendu des services longtemps avant mes liaisons avec la Reine. Lorsque Madame et Mme d'Artois me prirent sous leur protection et se

mettant sur la voie, ils se rappelleront tout comme s'ils avaient tout vu ; les seules indiscrétions du Cardinal ont multiplié à l'infini le nombre de personnes qui ont été initiées aux funestes mystères auxquels

---

donnèrent quelques mouvements en sollicitant pour moi, ce magistrat fut le premier à m'avertir que la Reine ne pouvait souffrir ces deux princesses ; que, par cette raison seule, il suffisait qu'elles s'intéressaient à moi, pour que S. M. multipliât les difficultés et les obstacles ; « on en voit journellement des exemples ; la Reine s'est emparée de toutes les grâces, et, lorsqu'elle trouve l'occasion de mortifier ses belles-sœurs par un refus, malheur à leurs protégés! elle la saisit avec une chaleur étonnante ». En général, les conseils que me donna M. d'Aligre me furent d'une grande utilité dans la suite. J'étais peu à mon aise à cette époque, et j'étais forcée, par les circonstances, à faire beaucoup de dépense. M. d'Aligre m'avait prêté en divers temps diverses sommes jusqu'à la concurrence de deux mille écus; dette que je souffrais depuis quelque temps de n'avoir pas acquittée au moment où j'eus le funeste bonheur d'intéresser la Reine. La générosité de S. M. m'ayant rapidement mise au-dessus de mes affaires, je me fis un plaisir de surprendre M. d'Aligre et je me rendis chez lui munie de vingt mille livres que je venais de recevoir (ainsi que je l'ai dit) en billets de la caisse d'escompte; j'eus beaucoup de peine à lui faire accepter ses deux mille écus; et ce ne fut qu'après lui avoir montré qu'il me restait quatorze mille livres en bourse qu'il céda à mes vives instances.

Par quelques mots qu'il me dit en me voyant une somme si considérable pour mes facultés, il me parut soupçonner que je la tenais du Cardinal, avec lequel il savait que j'avais des liaisons; ma délicatesse souffrit, et, ne voyant point d'alternative entre une tache personnelle et une indiscrétion, je lui confiai tout, excepté ce qui avait rapport à l'intrigue politique du Cardinal; je n'osais pas aller jusque-là, connaissant la haine mortelle qu'il lui portait; il ne sut donc autre chose sinon que la Reine avait jeté un regard de bonté, qu'elle s'était chargée de ma fortune et me prodiguait en attendant les secours de sa bienfaisance; il fut enchanté de cette confidence, me donna d'excellents conseils et m'engagea à lui en demander toutes les fois que je croirais en avoir besoin. Au reste, il ne sut ce qui se passait entre la Reine et le Cardinal que vers l'époque indiquée dans la lettre de la Reine N° XVIII, sur laquelle j'ai promis de revenir dans cette note, pour expliquer ce que signifie son

j'ai été trop admise : songez d'ailleurs que, si j'ai contre moi l'infortune, vous avez contre vous la haine publique et ne vous prévalez point de ce que, du haut du trône, vous me voyez débattre dans la poussière. Je

---

commencement. Cette lettre vient merveilleusement bien ici pour m'aider à prouver que la Reine qui a prétendu, qui a dit au Roi qu'elle ne me connaissait point du tout, soupçonnait cependant, dès le 18 août 1784, le président d'Aligre d'avoir cherché à approfondir le motif qui la faisait agir dans l'affaire des Quinze-Vingts, et supposait que ce magistrat n'ayant pu rien découvrir, en avait parlé à certaines personnes qui sont censées n'ignorer de rien. Ces certaines personnes n'étaient pas au pluriel ; la Reine ne voulait parler que du baron de Breteuil, ainsi que je vais l'expliquer.

La Reine, comme il parait par sa lettre, m'avait chargée de voir de sa part le président d'Aligre, afin de l'engager à arrêter le procès que les administrateurs des Quinze-Vingts faisaient au Cardinal.

C'est en cette occasion que ce magistrat marqua l'étonnement dont il s'agit dans la lettre ; il me fit, comme on peut le croire, beaucoup de questions sur la nature très surprenante de l'intérêt que S. M. prenait au Cardinal ; mais la Reine se trompait quand elle disait qu'il n'avait rien pu découvrir, car je lui confiai tout, et, loin d'avoir cherché à tirer ce secret du baron de Breteuil, c'est au contraire le baron de Breteuil qui le tira de lui, ainsi que je ne tardai pas à en être instruite. Quelques jours après l'entrevue que j'eus avec M. d'Aligre, de la part de la Reine, j'eus occasion d'écrire au baron de Breteuil pour lui demander un rendez-vous (j'avais une grâce à solliciter pour quelqu'un qui m'intéressait) ; il me répondit qu'à la réception de ma lettre il montait en voiture pour se rendre à Versailles où il resterait trois ou quatre jours ; qu'il était persuadé que des affaires plus agréables que les siennes m'y appelleraient et qu'il serait à mes ordres. Je n'attendis pas qu'il s'en expliquât avec moi pour concevoir qu'il connaissait la nature de mes agréables affaires ; je découvrais tous les jours quelque confident nouveau ; je ne savais où et comment ils pouvaient être si bien instruits ; celui-ci ne me fit pas languir pour m'indiquer la source où il avait puisé. La première chose qu'il fit en me voyant entrer, fut de me complimenter sur mon intimité avec une personne qui ferait tout pour moi. — Ayant paru ne rien entendre à ce début, il me dit que ma discrétion le surprenait d'autant plus que j'avais

vais en élever un tourbillon de preuves qui peut-être vous ramènera à mon niveau.

Le N° XX, mérite d'être lu avec méditation ; c'est ici que se présente pour la première fois l'intrigue po-

---

accordé ma confiance à une personne qui ne la méritait pas autant que lui ; que son intention n'était pas de m'arracher mon secret pour en tirer avantage et me desservir ; mais au contraire pour me diriger et m'indiquer la route que je devais tenir. — On voit que c'était à qui me conseillerait ; j'avais alors autant de conseillers que le Roi.

Le Baron, voyant que je persistais dans ma réserve, entra dans des détails qui me convainquirent que M. d'Aligre lui avait rapporté tout ce que je lui avais confié.

Sans me nommer le Cardinal, dont il est le plus mortel ennemi, il me dit : « Vous avez des liaisons avec un homme qui vous perdra ; c'est un ambitieux, un homme vain et sot, indiscret par-dessus tout, et qui se cassera le nez ; soyez aussi discrète avec les autres que vous l'êtes avec moi, et prenez bien garde qu'une démarche, un propos inconséquent ne vous fasse perdre les bontés de la Reine. — Je sais tout, je suis informé de tout, et je garderai tout pour moi, voilà mon dernier mot ».

Nous parlâmes ensuite de l'objet qui m'amenait ; après avoir lu ma requête, il me dit qu'il n'avait rien à me refuser, et qu'il allait donner des ordres pour que mon protégé fût placé. Il ajouta en me quittant que je le trouverais toujours disposé à me rendre les services qui dépendraient de lui, et me donner les conseils dont je pourrais avoir besoin.

A peu près vers le même temps, j'appris que je causais beaucoup d'inquiétude à Mmes de Polignac. Ces femmes hautaines, qui avaient porté l'incivilité à mon égard à un point approchant de l'outrage, entendaient que l'on se disait à l'oreille ce que je prenais tant de peine à cacher. Leur faveur était déjà bien faible ; elles avaient peu de moyens d'éclairer comme auparavant la conduite de la Reine ; et elles voulaient, à quelque prix que ce fût, s'éclairer sur les bruits sourds qui couraient à mon sujet. J'ai parlé, dès les premières pages de ce mémoire, du marquis Autichamp ; j'ai dit que sa conduite avait forcé M. de a Motte à quitter la gendarmerie depuis cet éclat je ne l'avais point vu.

Il vivait alors dans une intimité très étroite avec la comtesse Diane de Polignac. Cette femme ayant su qu'il m'avait

litique qui avait nécessité l'intrigue de galanterie. J'ai parlé de l'espèce de dépôt établi à Saverne pour servir de point de ralliement aux émissaire de l'Empereur et de la Reine ; j'ai déjà dit que le Cardinal était extrê-

---

connue autrefois, en parla à la duchesse de Polignac, et elles prirent ensemble le parti de me le députer pour tâcher de découvrir ce qui se passait.

Le Marquis d'Autichamp était lié avec la Baronne du Bourg, belle-fille de M. de Cromot que je voyais beaucoup ; il prit ce prétexte pour m'aborder à Versailles en me disant qu'il y avait longtemps qu'il cherchait l'ccasion de me rencontrer ; que, du moment où Madame du Bourg lui avait dit que je venais quelquefois chez elle, il avait multiplié ses visites, mais qu'il n'avait jamais eu le bonheur de s'y trouver lorsque j'y étais ; il me parla de mon mari, me dit qu'il serait enchanté de lui être utile et de le convaincre qu'il n'avait jamais cherché à le desservir comme il se l'était imaginé. Il finit par me demander la permission que je lui accordai de venir me voir. Sa première visite fut courte, il ne me parla de rien ; il est vrai que M. Rouillé d'Orfeuil, intendant de Champagne, resta avec moi tout le temps ; il me dit en me quittant qu'il avait quelque chose de particulier à me communiquer ; je répondis qu'il pouvait passer le lendemain, que je serais seule.

Le lendemain il ne manqua pas. Ce qu'il avait à me dire de particulier demandait une introduction, personne n'entend mieux ces alibis forains que l'homme de cour ; il commença par m'entretenir de son intrigue avec la Comtesse Diane ; me fit entendre ce que je concevais de reste que c'était une affaire de pure politique ; comme il savait que j'avais à me plaindre des deux sœurs, il s'efforça de me persuader que la Comtesse d'Ossun, dame d'atours de la Reine, avait tout fait, et que c'était elle qui avait empêché la Duchesse de Polignac de me recevoir en lui disant que la Reine était excédée de mes sollicitations, et déterminée à ne me rien accorder. Le Marquis ajouta que cette d'Ossun avec son air doucereux était une méchante femme, très dangereuse, jalouse et coquine à l'excès. Puis passant à la Comtesse Diane dont il venait de me confier le faible pour lui, il me dit qu'elle était une intrigante, mais pleine d'esprit, et menant tout ; que c'était par cette raison qu'il lui faisait une pénible cour. » Quant à la Duchesse de Polignac, continua-t-il, c'est une femme charmante, j'en fais le plus grand cas ; la Reine a beaucoup d'attachement pour elle, *mais plus d'amour*. Elle est un peu légère cette Reine,

mement circonspect avec moi sur ce chapitre ; je ne
pouvais que former des conjectures, fondées sur une
variété de circonstances qui, sans me mettre précisément au fait de ce dont il s'agissait, ne me permettaient

---

pour ne pas dire très insconstante dans ses goûts ; il faut
beaucoup d'adresse et de singularité pour conserver ses
velléités passagères. C'est la Comtesse Diane qui m'a appris
que vous étiez à présent la favorite : cela ne m'a point du
tout surpris. Comme elle m'a fait beaucoup de questions
sur vous, je lui ai dit que vous n'étiez ni ambitieuse ni méchante, encore moins vindicative. Que vous étiez en général
très obligeante, trop généreuse, que votre unique défaut
était un excès de vivacité, tirant un peu sur l'étourderie ;
elle m'a répondu que cela ne déplaisait point à la Reine.
Il est ensuite entré dans de long détails sur le caractère et
les goûts de la Reine, et a fini par m'offrir ses *conseils* m'assurant qu'il me dirigerait de manière à me faire beaucoup
d'amis, et à conserver les bontés de la Reine, etc, etc. Je ne
fus pas séduite la première fois par ces beaux dehors ; mais
ses visites devenant fréquentes, et les conseils qu'il me donnait me paraissant être suggérés par la bonne volonté, je
perdis insensiblement de ma réserve et finis par lui accorder ma confiance illimitée. Voilà donc encore un confident qui a su tout ce que je me rappelle, tout ce que la
Reine a sans doute oublié puisqu'elle ne se souvient même
pas de m'avoir connue ! il faut donc trouver des personnes
qui le lui rappellent au besoin. Je nommerai donc encore le
Bailli de Crussol, admis à toutes les parties de plaisir de
S. M. qui, ne pouvant douter de mon intimité avec elle, a
longtemps fait l'impossible pour m'en arracher l'aveu, et, ne
pouvant y réussir, a fini comme le Baron de Breteuil par me
dire qu'il savait tout. Je nommerai l'abbé Lequesle, Aumônier, Confesseur de la Bastille, et espion en chef au gouvernement, qui a aposté pour me faire parler, me diriger, me
faire dire tout ce qui servait aux vues de ceux dont l'intérêt était de me perdre, m'a arraché le secret de toute l'intrigue ; j'en dirai autant du Commissaire Chenon, qui
savait tout quand il m'a interrogée à la Bastille ; de M. de
Tillet, administrateur de l'horrible maison où l'on m'a enfermée ; de la sœur Marthe, sous l'inspection immédiate de
laquelle on m'y avait mise ; de mon Avocat Doillot, à qui
j'avais donné par écrit tous les faits que je rapporte aujourd'hui. Je nommerai le Sr Bazin confident des plaisirs
secrets de S. M., gouverneur du Trianon. Je lui deman-
derai s'il me connaissait, s'il connaissait le Cardinal ; s'il

pas de douter qu'il n'existât une correspondance clandestine et suivie entre l'Empereur, d'un côté, la Reine et le cardinal, de l'autre.

1. Je voyais arriver fréquemment des officiers Allemands qui avaient des entretiens aussi longs que mystérieux avec le Cardinal. 2. Mon mari était souvent chargé par le Prince de remettre à tel endroit ou à tel autre, particulièrement à la porte St-Antoine, des paquets à des courriers qui lui paraissaient Allemands. 3. Connaissant les dispositions de la Reine à l'égard du Cardinal, lui ayant entendu dire à elle-même qu'elle avait des raisons de le ménager, je ne pouvais attribuer qu'à des manœuvres politiques du genre le plus délicat, non seulement un rapprochement qui m'avait paru impossible avant que l'influence de l'empereur en eût opéré le miracle ; mais les familiarités et les écarts qui en étaient la suite. 4. Le Cardinal avait beau affecter le mystère, il lui échappait des choses qui ne pouvaient que me confirmer dans mes soupçons ; il

---

n'a pas remis au Cardinal des lettres de la Reine ; à la Reine des lettres du Cardinal ; s'il ne l'a pas confié, ainsi que les particularités les plus secretes, à une maitresse qu'il avait en commun avec certain Baron Allemand qui s'en est fait un titre pour me demander ma protection auprès de la Reine. Je nomme enfin M. Puissant, Fermier général, à qui j'avais des obligations infinies ; m'ayant longtemps assurée qu'il savait d'une multitude de personnes mes liaisons avec la Reine ; après les lui avoir longtemps niées, j'ai été forcée d'en convenir. La même chose m'est arrivée avec quantité de personnes de la première distinction ; et je puis dire que, malgré toutes les précautions que je prenais, la nature de mon intimité était à peu près le secret de la comédie.

J'ai même récemment retrouvé à Londres les traces d'une confidence du même genre, faite avec moins de réserve encore qu'avec aucune autre personne ; ayant eu occasion de voir Mr. l'Ambassadeur de France, il m'a rappellé que dans le temps j'avais complétement initié M. l'Evêque de Langres, son frère, dans tous les détails de cette intrigue.

me faisait plus qu'entendre que bientôt je serais bien
étonnée; qu'il serait premier ministre; qu'il n'en aurait
pas l'obligation directe à la Reine ; qu'au contraire il lui
aurait forcé la main ; que par conséquent il ne ferait
pas de grands frais de reconnaissance. Cinquièmement
enfin, je voyais toutes les lettres ; or, celles que je vais
communiquer relativement à ce sujet, me donnaient à
penser que l'Empereur était l'âme de tout ce qui se
passait sous mes yeux et de la Révolution qui devait
en être la suite. Quel était le grand objet qui nécessitait si brusquement le départ du Cardinal pour Saverne ? c'est ce que je ne prendrai pas sur moi d'affirmer, je rapporterai seulement ce que j'ai entendu dire
vers ces temps-là et depuis, à des personnes qui passaient pour instruites ; on prétendait qu'il s'agissait
du recouvrement de la Lorraine ; je proteste que je
l'ignore; mais il n'en est pas de même d'une négociation
pécuniaire qui était en même temps sur le tapis ; l'Empereur avait besoin de six à sept millions, on ne se
flattait pas de les obtenir du Controleur général, trop
lié avec M. de Vergennes pour qu'on pût s'y fier. La
Reine et le Cardinal devaient les lui procurer par une
autre voie ; le Cardinal ne doutait de rien et les avait
promis; il fit en effet une multitude de démarches auprès du Juif Cerbe o; mais Cerbère, à qui le Cardinal
devait déjà des sommes considérables, refusa de s'embarquer plus avant.

Le Cardinal eut donc la confusion de se voir forcé de
déclarer son impuissance à la Reine. Je supplie que
l'on fasse attention à cette circonstance ; que l'on considère quels étaient les motifs qui avaient déterminé
la Reine à pardonner au Cardinal, à lui rendre ses
bonnes grâces, et probablement quelque chose de plus ;
en faisant renaître ce qu'elle appelle les *histoires*

de Vienne ; enfin qu'on ne perde pas de vue le besoin que croyait en avoir l'Empereur pour concourir à ses desseins. Voilà la négociation pécuniaire manquée ; si le Cardinal n'est pas plus heureux en Lorraine, s'étonnera-t-on de la rapidité de sa chute ?

La Reine piquée au vif, mais savante comme elle le dit elle-même, en dissimulation, se contenta en apparence de ses défaites, et pressa son départ pour Saverne afin de le mettre à la seconde épreuve, et de dégoûter l'Empereur de son protégé dans le cas où il avorterait encore dans l'affaire concernant la Lorraine, ce que je puis assurer qu'elle espérait secrètement.

Elle se chargea donc seule de l'emprunt de six à sept millions ; le pauvre St-James fut obligé, à ce que je crois, d'en fournir une partie, mais Laborde fit les principales avances, et c'est l'origine de sa faveur auprès de la Reine.

Je crois me rappeller que M. de Calonne, à qui elle avait eu souvent recours, fit quelques avances en attendant les rentrées.

Mais revenons au N° XX. Voilà donc le pauvre Cardinal obligé de partir pour Saverne, chargé, à ce qu'il croit, *de la confiance* de la Reine. Le voilà prêt à tout sacrifier, tout, excepté son amour ; mais le voilà jaloux ; il laisse la carrière ouverte au beau Fersen, Colonel Suédois ; a des pressentiments affreux. Cependant, il faut avant tout qu'il s'occupe *du grand objet :* il sera précédé à Saverne par un courrier *porteur d'un paquet,* il a pris des mesures pour éviter toute surprise, et, *en cas de malheur,* pour soustraire tout indice, tout signalement. N'est-ce pas là le style tout pur d'un complot ? c'est cependant dans le cahos mystérieux de cette lettre qu'il faut chercher la clef de tout ce qui a rapport à cette malheureuse affaire ; je le répète, le Cardinal, moi, et à quelques égards la Reine elle-même, sommes trois victimes immolées à la politique peu éclairée de Joseph II. Mais quelle énorme différence dans les trois sacrifices !

Il est inutile que je fasse observer le passage de cette lettre qui a rapport aux Polignacs, il n'échappera à personne. Je dirai cependant ce que je me rappelle avoir entendu dire au Cardinal en cette occasion, parce que cela expliquera ce qu'il entendait en parlant *d'autorité ;* cela voulait dire que S. M. n'avait d'autre parti à prendre que de le faire *bien vite* premier ministre ; qu'alors les Polignacs verraient beau jeu ; c'est du moins dans cet esprit qu'il m'en parla dans le temps. « Bientôt, me dit-il, je vengerai la Reine, vous et moi de nos ennemis communs ».

Il n'est pas étonnant que, dans la lettre Nº XXI, le Cardinal s'en rapporte à moi pour instruire la Reine de la manière dont il s'y était pris pour faire mettre *le paquet* dont il a été question dans la précédente, puisqu'en cette occasion, comme dans plusieurs autres du même genre, il s'était servi de mon mari. Cette lettre supposerait un accès de délire si je n'avais pas mis le lecteur dans la confidence intime de cette intrigue étrange. Le Cardinal était inquiet sans doute, mais n'était pas jaloux ; moi, j'avais plus d'inquiétude que lui, parce que je voyais de plus près que la Reine cherchait absolument à l'éloigner, et ne pouvant juger avec précision de l'importance plus ou moins urgente de sa mission à Saverne, je craignais qu'elle ne fût qu'un prétexte pour s'en débarrasser à peu près décemment. On voit qu'il partait pour deux raisons : parce que la Reine lui faisait croire que son absence de Versailles était nécessaire et que sa présence à Saverne était indispensable. Je ne pouvais prononcer sur cette dernière nécessité, mais elle m'était suspecte parce que je savais que l'autre était excessivement exagérée, et que les entrevues qui avaient eu lieu n'avaient pas fait autant de sensation que la Reine voulait le faire croire.

Le N° XXII, lorsque j'en pris connaissance, immédiatement après le départ du Cardinal, me fit revenir de ma première idée : la Reine, en me remettant cette lettre, me parut effectivement plus qu'inquiète ; je conçus qu'il s'agissait de papiers d'une conséquence extrême ; mes idées se débrouillèrent et je commençai à craindre que le Cardinal ne se fût embarqué dans quelque acte de trahison.

Cette idée m'affecta violemment, et je fus quelque temps assez mal pour donner de l'inquiétude ; car, dans ce temps-là, quelques personnes s'intéressaient à moi. Je rangerais la Reine dans leur nombre, si elle ne m'avait pas appris qu'au delà des sens elle ne connaît rien.

Mais, pour revenir à la lettre, ce que S. M. dit au Cardinal, relativement à l'abus que les Polignacs avaient fait de sa confiance, me parut un peu faux dans le temps, car elle m'avait dit à moi qu'elle était *sûre* de leur infidélité ! pourquoi n'avoue-t-elle qu'un simple

soupçon à l'homme qu'elle employe dans les affaires
les plus délicates, les plus périlleuses, qu'elle tutoye,
dont elle elle est tutoyée ? c'est ce qu'on ne conçoit que
lorsqu'on a vent à la cour.

La fin de cette lettre a quelque chose de plus remarquable qu'on ne l'imaginerait si je laissais passer sous
silence la phrase relative à *l'économie bien placée*.
Cette phrase, avant qu'elle fût écrite, m'avait été répé-
tée au moins vingt fois à l'occasion du malheureux
collier ; jamais la Reine n'a pu digérer cette économie
qu'elle appelait souvent *lésine*. Dans les gazettes où
tout est dicté par le despotisme ; dans les mémoires
d'avocats où tout se peint en beau ou en monstruosité,
on a prêté à la Reine ce mot : « j'aime mieux un vaisseau de plus qu'un collier. » C'est un vol qu'on a fait
au Roi ; ce mot est de lui ; la Reine eût donné cent
vaisseaux pour le collier ; il lui coûte sans doute davantage, il lui coûte le repos du reste de ses jours, car
je ne puis croire qu'elle ait un moment tranquille,
ayant à se reprocher la noirceur de sa conduite à l'é-
gard du Cardinal, et sa barbarie au mien. Les
Nᵒˢ XXIII et XXIV, appartiennent entièrement à l'intrigue politique qui m'est étrangère, et ne me fournissent pas un mot : mais ils sont bons à conserver comme
chaînons de la grande chaîne. Ils me fournissent tout
au plus l'occasion de me représenter encore avec mes
complices aux yeux du lecteur. Tandis qu'il m'avi-
lit par l'ambition qui m'abaisse au rôle de complai-
sante, que voit-il dans la confédération coupable à laquelle je n'ai aucune part ? Je le répète, tous ces billets
qu'ils s'écrivent de part et d'autre, à l'époque du voyage
de Saverne, ne portent-t-ils pas le sceau de l'entreinte,
le caractère d'une trame perfide ? Cette encre magique

qui s'envoie en présent ! en vérité, j'aurais tous les crimes que l'on m'a imputés ; j'aurais volé le collier, que je ne me croirais pas aussi coupable qu'une Reine de France sacrifiant l'État qui l'entretient à l'ambition de son frère ; qu'un Grand Aumônier de France qui, tenant tout ce qu'il possède des bienfaits de son Souverain, intrigue avec une puissance étrangère pour dépouiller, s'il le peut, son bienfaiteur d'une portion de ses domaines.

Le N° XXV en faisant concevoir l'importance et presque la nature de la mission du Cardinal, confirme ce que j'ai dit des dispositions de l'Empereur à son égard ; on voit qu'il attend *une révolution* qu'il anticipe sur un avenir très prochain, selon lui ; qu'il parle déjà en maître absolu au point d'offrir à la Reine *l'appui* qu'il attend de l'Empereur. Quant à cette phrase, *afin de jouir doublement des avantages et des ressources contre les événements*, elle ne peut se rapporter qu'à de l'argent : il en fallait sans cesse à la Reine qui était toujours aux expédients ; et le Cardinal eût dévoré trois royaumes.

Le N° XXVI, ne peut que rappeller celle des lettres de la Reine où S. M. recommande au Cardinal d'être *confus et obscur*. On voit que *l'esclave obéit.*

Je ne me rappelle pas de quelle utilité il pouvait m'être à l'époque dont il s'agit, ni ce que j'avais de commun avec sa *réception publique ;* mais je me rappelle parfaitement bien que le *désir* de ce rapprochement n'était pas *mutuel ;* cette expression concourt avec mille autres qui lui étaient familières, à prouver combien, dans cette funeste intrigue, le malheureux Prince se faisait illusion.

La réponse de la Reine, N° XXVII, a rapport à deux objets déjà connus. L'accident arrivé à la lettre fut occasionné par la nature combustible de l'encre secrète dont se servait le Cardinal, et dont on a vu qu'il avait envoyé une bouteille à la Reine; quant à l'Abbé, on trouve son nom dans la lettre précédente qui explique ce que dit S. M. de sa convention avec l'Archiduchesse sa sœur. Ce qu'il y a de plus remarquable dans cette lettre est la dernière phrase; elle prouve combien l'affaire dont était chargé le Cardinal tenait à cœur à la Reine, puisque, de l'expédition qu'il y apporterait, elle faisait dépendre la durée d'un exil qu'en vérité elle ne désirait pas d'abréger. Car il est inconcevable à quel point son départ l'avait mise à son aise; je ne l'avais jamais vue si gaie.

FIN DE LA PREMIÈRE PARTIE

SECONDE PARTIE

Me voilà enfin parvenue à cette partie de la correspondance où, pour la première fois, il est fait mention du funeste collier. Que l'on~ait~ la bonté de lire le N° XXVIII ; d'après le contenu de ce billet, on voudra bien poser avec moi pour principe que la Reine convoitant depuis longtemps cette parure, mais contrariée par les vues économiques du Roi, avait manifesté de manière ou d'autre au Cardinal le désir le plus vif de *se le procurer*. Elle convient positivement qu'elle l'a *employé* à cet effet.

De quoi se plaint S. M. dans ce billet visiblement dicté par l'humeur ? de ce que le Cardinal n'a pas mis dans la négociation dont elle l'avait chargé, tout le mystère dont elle lui avait fait une loi. Lorsque j'aurai présenté dans toutes ses circonstances l'exposé de toute l'affaire, on saura pourquoi *l'esclave* s'est écarté de l'esprit des injonctions qu'il avait reçues du *maître*.

Il est certain que la Reine, en le chargeant de cette

acquisition, lui avait dit qu'elle prendrait avec lui *des arrangements particuliers ;* mais ses facultés et son crédit n'étant pas assez étendus pour qu'il pût traiter en son propre nom d'un objet aussi considérable, il s'était vu forcé de déclarer qu'il achetait pour le Compte de la Reine. Aussi paraît-il évident par la seconde lettre que lui écrit sur-le-champ S. M. (N° XXIX) que, dans l'intervalle, il lui a avoué le motif de sa conduite ; et l'on voit que, de mon côté, j'avais tout raconté à la Reine ; mais toutes ces circonstances se développeront mieux lorsqu'elles trouveront successivement leur place dans le récit que j'ai annoncé.

Avant de l'entamer, je prie le lecteur de se former une idée de la position où nous nous trouvions, la Reine, le Cardinal, et moi. Tous trois dépensés dans les mêmes proportions, tous trois journellement réduits aux expédients, trouvant partout l'herbe trop courte, tant les Polignacs la tondaient de près.

La Reine, autant par entêtement que par goût de parure, désirant avec passion l'acquisition du collier, que selon elle le Roi avait eu la mesquinerie de lui refuser ; le Cardinal se berçant sans cesse de l'idée d'être d'un jour à l'autre premier ministre, par conséquent à même de rétablir ses affaires délabrées, ne trouvait aucun sacrifice trop cher lorsqu'il s'agissait de satisfaire les fantaisies de celle dont il attendait son élévation et la fortune ; moi je prêchais sans cesse l'économie au Prince. Il est important de saisir ce dernier point parce qu'il explique pourquoi le Cardinal m'avait caché l'engagement qu'il avait contracté de *procurer* le collier à la Reine. J'ignorais donc cette nouvelle extravagance lorsque le hasard, pour ne pas dire la fatalité, me rendit malgré moi l'instrument principal de cette même négociation qu'on voulait me cacher.

Un Sieur Laporte, avocat, s'était présenté il y avait quelque temps chez moi avec ce projet de finance dont j'ai eu occasion de parler. Quoiqu'il me vît pour la première fois, après m'avoir expliqué l'objet de sa visite, il m'avait fait entendre que personne n'était plus à même que moi de faire réussir cette affaire *par le canal de la Reine.* J'ai déjà dit ce qu'étaient devenus entre les mains du Cardinal les papiers que ce Laporte me remit, et je n'en fais mention une seconde fois que pour indiquer la manière dont je formai sa connaissance ; car enfin toute chose a son commencement qu'il est bon de connaître ; voilà celui de mes malheurs.

La connaissance ainsi faite, et ce Laporte étant très actif, je ne voyais autre chose chez moi. Il eût semblé que le succès de l'affaire dépendît entièrement de ma volonté ; il prenait fréquemment le prétexte de venir me donner des nouvelles d'un de ses enfants que j'avais tenu par hasard avec le Comte Ducrest sur les fonts de baptême. Il n'avait pas manqué de faire confidence de cette grande affaire à un nommé Achette son beau-père et ami intime du joaillier Bohmer. Un jour que ces deux derniers personnages se trouvaient ensemble à Versailles, le premier s'avisa de demander au second s'il avait encore son collier sur les bras ? « Malheureusement, répondit Bohmer, c'est un grand fardeau pour moi ; je donnerais volontiers mille louis à quiconque m'en procurerait la vente ». Il est probable que, dès cette première conversation.

il fut question de moi et que Achette confia à Bohmer pourquoi et comment son gendre Laporte
avait accès chez moi et chez le Cardinal; il faut
même que, dans cet entretien, l'un ait promis à l'autre
de le faire introduire, car je ne tardai pas à en entendre parler.

Je ne connaissais ni l'un ni l'autre; j'ignorais que
le dernier fût joaillier de la couronne, je savais encore
moins qu'il fût possesseur d'une parure de prix qu'il
avait voulu vendre à la Reine.

Un jour Laporte ayant dîné chez moi et étant resté
seul avec moi, me fit pour la première fois mention
du fatal collier, et comme il en était convenu sans
doute avec Achette et Bohmer, me dit ouvertement
qu'il fondait tout son espoir sur moi ; que si je voulais
dire un mot à la Reine, il était persuadé que S. M.
hésiterait d'autant moins de faire une acquisition
qu'elle avait désirée, que les joailliers étaient disposés à prendre avec elle tous les arrangements qui lui
seraient agréables; il ajouta que ce serait rendre un
service essentiel aux joailliers, et à lui Laporte particulièrement, attendu qu'en cas de réussite on lui avait
promis mille louis qui lui serviraient à acheter une
charge qu'il avait en vue.

Je répondis que je n'avais jamais su que la Reine eût
gardé le collier pendant un mois; qu'en général je ne
savais pas ce qui se passait chez S. M. et ne me mê-
lais point de pareilles affaires. A dire la vérité, j'aurais craint de me mêler de celle-ci, parce que la Reine
n'eût pas manqué de soupçonner que j'y aurais eu un

intérêt particulier; or, ayant des objets majeurs à solliciter, je ne voulais pas avoir l'air (comme S. M. le
reprochait à quelques-uns de ses entours) *de vouloir
m'emparer de tout, tirer parti de tout.* La conversation en resta là, le premier jour qu'il fut question de
Bohmer; mais environ une semaine après, Laporte
reparut, revint à la charge et reçut un second refus; je
lui déclarai positivement que je ne voulais pas même
en entendre parler.

Les intrigants ne se rebutent de rien; un jour que
j'étais à ma toilette, on m'annonça M. Achette, que je
n'avais jamais vu. Me rappelant son nom et jugeant
qu'il venait m'importuner des mêmes propositions
dont son gendre m'avait fatiguée, je fis dire que j'étais
sortie, et, afin qu'il ne pût m'apercevoir en traversant
l'appartement, je voulus m'esquiver par une porte qui
donnait sur le palier de l'escalier, où je trouvai précisément Achette accompagné de deux autres personnes.
Ainsi forcée de donner audience, je rentrai dans l'appartement, fis asseoir ces gens et demandai à leur
introducteur ce qui les amenait chez moi.

Cet Achette est un homme insinuant, adroit, grand
parleur. Après avoir beaucoup vanté ma générosité,
mon bon cœur, mes dispositions à obliger tous ceux
qui avaient le bonheur de parvenir jusqu'à moi; il me
présenta Bohmer qu'il me dit être le possesseur du
collier dont son gendre m'avait parlé; qu'il ne venait
pas pour insister sur la prière que j'avais rejetée,
mais uniquement dans l'intention de me faire voir
cette parure avant qu'il la fît passer en Portugal où il
se proposait de l'envoyer incessamment. *La vue,*
comme disent ces messieurs, *ne coûte rien,* je laissai

développer l'écrin et, ayant examiné le collier, j'envoyai proposer à mon mari de descendre pour le voir, comme curiosité. Entendant parler de bijoutiers il crut qu'ils m'apportaient quelques articles pour me tenter, et répondit qu'il n'avait point d'argent pour acheter des bijoux. Lui ayant fait expliquer qu'il ne s'agissait point d'emplette, mais de simple curiosité, il descendit, jeta un coup d'œil rapide sur la parure et disparut sans faire la moindre question : me voilà donc restée seule avec nos trois hommes qui s'entre-regardaient avec embarras. Le beau parleur ouvrit la conversation : N'est-ce pas dommage, me dit-il, qu'un bijou si magnifique sorte du royaume tandis que nous avons une Reine à qui il siérait si bien et qui en a tant envie ? » — C'est ce que j'ignore, répondis-je et je ne conçois pas pourquoi vous vous adressez à moi pour faire parvenir vos propositions à Sa Majesté: je vous proteste que je n'ai aucune occasion de les lui faire, *n'ayant pas l'honneur de l'approcher.*

« Madame, me dit Achette, d'un air fin et significatif, nous ne venons point ici pour pénétrer dans vos secrets, encore moins pour vous marquer des doutes sur ce que vous nous faites l'honneur de nous dire; mais, croyez-moi, je connais Versailles, je sais ce qui s'y passe, et, lorsque j'ai pris la liberté de vous amener mon ami, c'est que j'étais persuadé que si vous vouliez l'honorer de votre intérêt, personne à la Cour n'est plus à même que vous de lui rendre le service que nous osons solliciter. Bohmer avait déjà la bouche ouverte, je vis qu'il allait être question de reconnaissance, de présents, je me hâtai de prendre la parole, et, pour me tirer d'embarras, je leur dis que je verrais si *par mes entours* je ne pourrais pas réussir à leur rendre *indirectement* service.

Trois semaines s'étaient écoulées sans que j'entendisse parler du malheureux collier dont le souvenir s'était si promptement évanoui que je n'avais pas même songé à en dire un seul mot au Cardinal, lorsqu'un jour il vint me faire visite. Il avait au doigt une très belle bague que je n'apercevais pas; après m'avoir entretenue de quelques objets relatifs à la Reine, dont il se plaignait, après avoir affecté dans ses gestes de m'étaler sa main dans tous les sens — « hé mais! me dit-il, vous ne me faites pas compliment sur mon nouveau bijou? — C'est un échange que je viens de faire pour quelques pierres dont je ne me souciais plus » — « La bague est belle, très belle, dis-je: mais j'ai vu du plus beau il y a quelques semaines. » Là-dessus je lui contai à peu près tout ce que je viens de rapporter des démarches de Laporte, Achette et Bohmer. Je fus frappée de l'air d'attention et de surprise qui perça sur son visage. — « Cela est très singulier, me dit-il — en avez-vous parlé à la Reine? — « Non. Je n'ai pas voulu m'en charger. » — Infiniment singulier que ces gens se soient adressés à vous — et ils vous ont dit savoir que la Reine avait grande envie de ce collier? « — Ils me l'ont assuré. » — « J'ai quelques raisons de le croire. » Ici le Cardinal parut faire quelques réflexions; se demanda à ce que je suppose s'il s'expliquerait ou non avec moi, et, s'étant décidé pour le non, changea de conversation. Deux ou trois jours après je reçus de lui un billet par lequel il me priait de lui envoyer l'adresse du joaillier; ne la sachant pas, j'envoyai chez Laporte qui la donna par écrit à mon domestique, lequel la porta sur-le-champ au Cardinal.

Le dérangement connu des affaires du Prince, sa

réserve avec moi sur ce chapitre, les questions qu'il m'avait faites relativement au joaillier, le besoin subit qu'il avait de son adresse, tout me fit d'abord soupçonner que son intention était de faire ce qu'on appelle une affaire, c'est-à-dire d'acheter le collier pour le convertir en argent; je le connaissais très expert dans ce genre d'opération ; je savais d'ailleurs qu'il avait dans ce moment-là fort à cœur de payer ses dettes criardes depuis que la Reine lui avait dit que le moyen de se rendre agréable au Roi était de satisfaire ses créanciers et de mettre plus d'ordre dans sa maison. Il m'avait répété plusieurs fois que, depuis que S. M. avait eu la bonté de lui donner cet avis, il était devenu l'homme du royaume le plus économe; qu'au moyen des retranchements considérables qu'il faisait dans ses dépenses, il espérait dans peu d'années se trouver entièrement liquidé; il est vrai qu'il ajoutait qu'il avait quelques dettes d'une nature exigible dont l'extinction ne pouvait s'arranger avec le produit un peu lent de ses économies; en sorte que je ne pouvais douter qu'il n'eût le collier en vue pour l'arrangement de cette espèce de dettes. Il vint me voir le lendemain matin, et il ne me parla ni du joaillier, ni du collier; mais il m'entretint longtemps de sa sagesse et de ses réformes. — « La Reine a raison, me dit-il; je me perdais; le Roi aime l'ordre et l'économie; je sens que, lorsqu'on lui aurait proposé de me confier l'administration de son royaume, il n'aurait eu d'autre objection que mon dérangement, dont la Reine m'a assuré qu'il est instruit. Au fait, ne faut-il pas faire quelques sacrifices aux grandes considérations. En retranchant de mes jouissances actuelles je les décuple pour l'avenir. Le moment où la Reine doit remplir ses engagements envers moi est plus près que vous ne pensez ; elle s'attend bien à la réponse du Roi ; elle sait qu'il ne manquera pas de se récrier sur mes folles dépenses, sur mes dettes, etc. Alors, si on lui démontre mon changement, l'ordre que j'ai mis dans ma maison, les réformes que j'ai faites, les dettes que j'ai acquittées du seul produit de mes économies, c'est alors que le Roi n'aura rien à dire et que mes ennemis se tairont. Je médite encore de nouvelles réformes, et je veux m'exercer dans ma propre maison dans le système économique que je me propose d'adopter dans l'administration de l'Etat. » — « Sully ne parlait pas mieux, lui dis-je en riant ; Dieu vous maintienne dans ces bonnes dispositions. Je ne crus pas devoir lui dire ma façon de penser puisqu'il me faisait un mystère du projet que je lui supposais ; mais quand il m'eut quittée, je me livrai à quelques réflexions, et il me parut assez extraordinaire qu'avec tout cet étalage d'économie, le Cardinal songeât à liquider ses dettes, en en contractant une monstrueuse pour un objet sur lequel il me paraissait probable qu'il perdrait considérablement.

Pleine de ces réflexions, qui d'abord n'avaient eu que le bien-être du Cardinal pour objet, je me repliai sur moi-même et je considérai si l'emplette du collier, pour l'usage que je supposais, ne me compromettrait pas. On s'était originairement adressé à moi pour faciliter la vente de cette parure ; j'avais donné l'adresse des joailliers au Cardinal : il était possible qu'il fît mention de moi en traitant avec eux, et plus possible encore que l'on s'en prît à moi si la négociation que j'aurais paru entamer tournait mal ; car enfin je connaissais la situation du Cardinal, et je ne concevais guère comment il pouvait faire face, à des termes raisonnables, à une somme de 16 cent mille livres.

Après avoir mûrement considéré la chose, je crus qu'à tout événement, je devais l'arranger de manière qu'il fût impossible de dire que j'y eusse trempé en rien. Je me rendis donc chez les joailliers et je leur dis que le Cardinal, à qui j'avais parlé de leur collier, m'ayant envoyé demander leur adresse, je conjecturais qu'il en méditait l'emplette, qu'il ne m'en avait cependant rien dit; mais que, dans le cas où ma conjecture se vérifierait, je les priais de ne point oublier que je n'avais fait aucune démarche ni auprès du Cardinal ni auprès d'eux pour arranger le marché; que je n'y entrais absolument pour rien; qu'au reste, mon intention n'était pas de leur inspirer des craintes; mais que je les exhortais, lorsqu'ils en viendraient à la conclusion, à prendre toutes les précautions d'usage pour assurer l'exactitude des payements.

En faisant cette démarche qui me paraissait dictée par la prudence, je n'avais pas prévu les difficultés que je préparais au Cardinal, j'avoue que je n'avais songé qu'à moi; que je craignais les propos dont on est si libéral à la Cour, où l'on ne voit faire un pas à personne sans chercher à conjecturer quel genre d'intérêt le dirige. Je dois donc convenir que, faute d'avoir réfléchi aux embarras qui résulteraient pour le Cardinal, de cet acte de précaution, j'ai été cause du malentendu qui s'éleva entre la Reine et lui, et lui ai attiré la lettre désagréable que je viens de produire. Le fait est que les joailliers à qui j'avais recommandé de prendre leurs précautions, suivirent mon avis si fort au pied de la lettre, qu'ils forcèrent le Cardinal non seulement à déclarer qu'il traitait pour la Reine, mais même à en fournir la preuve;

c'est cette dernière circonstance qui donna lieu au prétendu marché dont je parlerai dans un moment.

Avant d'aller plus loin, qu'il me soit permis de demander au plus rigide, au plus prévenu de mes lecteurs, si, dans le cas où *dès lors* (ainsi qu'on a eu l'impudence de l'avancer) j'aurais déjà jeté un dévolu sur le collier, je ne me serais pas ôté le seul moyen praticable de le mettre à ma disposition, en ôtant au Cardinal la possibilité de l'acquérir? Je demande en même temps si, dans cette même supposition que j'aurais médité *dès lors* le vol du collier, il n'était pas de mon intérêt de le laisser acheter au Cardinal en son propre nom, au lieu d'inspirer aux joailliers une défiance qui, nécessitant l'intervention de la Reine, nécessitait *le faux* qu'on a voulu mettre sur mon compte? Les joailliers m'avaient parlé de manière à me convaincre que, très embarrassés de cette parure, ils s'en fussent arrangés aux termes les plus faciles avec quiconque leur eût présenté les sûretés qu'il était nécessaire qu'ils prissent. Or, le Cardinal, tout obéré qu'il était, jouissait de revenus immenses sur lesquels il pouvait donner des délégations qui n'eussent point été refusées. Si donc je n'eusse pas cédé à la crainte d'être compromise, si je l'eusse laissé traiter pour son propre compte, il aurait certainement acquis le collier sans difficulté; je l'eusse alors *volé* tout à mon aise sans recourir à l'expédient du *faux;* ainsi nulle vraisemblance de mettre ce faux à ma charge non plus que le vol qui ne m'a été imputé que parce qu'il fallait disculper la Reine, disculper le Cardinal, et mettre tout sur mon compte, pure affaire de parti et de cabale, comme je le prouverai ci-après; mais dès à présent il est clair comme le jour, que si j'eusse médité le vol en question, je n'eusse pas fait ce que j'ai fait pour empêcher que l'objet de ma cupidité passât dans les mains desquelles seules je pouvais l'enlever; quelques détails sur le faux prétendu jetteront encore plus de lumière sur le point que je discute.

Il faut actuellement revenir sur mes pas et remonter même à un certain espace de temps antérieur à la lettre à laquelle je suis parvenue (N° XXVIII).

Quand je me suis laissée entraîner par mes réflexions, je disais que, sur l'intention que j'avais supposée au Cardinal d'acheter le collier pour en faire ressource, j'avais fait auprès des bijoutiers la démarche dont j'ai exposé les motifs. A dater de ce jour-là, il s'en écoula plusieurs sans que j'entendisse parler du Prince; cela arrivait souvent. La Reine, que j'eus l'honneur de voir dans cet intervalle, ne me dit rien qui eût rapport au collier; j'appris seulement qu'elle avait vu le Cardinal deux jours auparavant, et elle me dit qu'elle était surprise de ce que je ne lui apportais pas de nouvelles *d'une commission dont elle l'avait chargé.* Je ne pus dire que la vérité qui était que je ne l'avais pas vu depuis tel jour; j'étais bien éloignée de penser que cette commission avait rapport au collier, mais je ne tardai pas à être mieux instruite. Après avoir fait mes révérences à la Reine, de retour chez moi pour dîner, mon portier me remit un billet du Cardinal par lequel il me prévenait qu'il serait chez moi à six heures, me priant de m'y trouver, attendu, disait-il, qu'il avait quelque chose d'important à me remettre. Je fis dire que je serais chez moi, il arriva. Comme son absence avait été plus longue que de coutume, je lui fis quelques reproches entremêlés de questions.— « Ah ! ah ! me dit-il, vous êtes curieuse, vous voulez tout savoir, eh bien ! soyez satisfaite, c'est une affaire conclue, le marché est fait, j'ai acheté le collier pour la Reine. Ne criez pas à l'extravagance, je sais ce que je fais; d'ailleurs il est convenu, en un mot, j'ai *des arrangements parti-culiers* avec S. M., voilà le paquet, il faut qu'elle le reçoive aujourd'hui, partez à l'instant. »

Je ne puis exprimer la joie que j'éprouvai lorsque je vis que je m'étais trompée dans mes conjectures, qu'au lieu d'une mauvaise affaire le Cardinal en faisait une très bonne en satisfaisant la fantaisie de la Reine; je ne répondis autre chose sinon que je désirais avoir des ailes; mais, à leur défaut, pour aller plus vite, je pris un cabriolet et arrivai à neuf heures à Versailles; je me rendis au château. La Reine était chez Madame de Polignac; les personnes qui avaient accès près d'elle en pareil cas ne se trouvaient pas chez elle : il se faisait tard, j'étais extrêmement fatiguée; je pris le parti de me reposer et de remettre au lendemain ma mission; mais, avant de me coucher, selon l'usage que j'ai dit en avoir contracté, je pris copie de la lettre du Cardinal, et je lus en entier les conditions du marché qu'il s'était chargé de *faire approuver par la Reine;* elles étaient écrites de *sa main!* — de sa main, que l'on y fasse attention; et c'était la première fois que j'en avais connaissance! Il me parut d'autant plus simple que la Reine fût disposée à signer ce papier, que l'on a vu plus haut ce qu'il m'avait dit *des ar-rangements particuliers avec* S. M. Je me trouvai donc parfaitement tranquille sur une affaire qui, comme on l'a vu, m'avait donné des sujets assez fondés d'inquiétude.

Le lendemain matin, j'expédiai mon jockey à Mlle Dorvat, pour savoir si je pourrais voir la Reine; elle me fit dire que la matinée était prise, et qu'elle ne répondait d'aucun moment pour le reste de la journée. Je sentis qu'une incertitude pareille ne cadrait pas avec l'impatience du Cardinal, et, ne pensant pas qu'il fût d'une nécessité absolue que je remisse moi-même le paquet, pourvu qu'il fût remis, je l'envoyai à Mlle Dorvat avec un billet de deux lignes par lequel je la priais de le faire passer le plus tôt possible à sa destination, ajoutant que je n'attendais que sa réponse pour reprendre le chemin de Paris.

Deux heures après, le sieur Lesclaux, garçon de la chambre, m'apporta un paquet cacheté avec un petit billet, dans lequel la Reine m'ordonnait de faire la plus grande diligence et de revenir à Versailles le soir même. Je précipitai mon départ afin d'accélérer mon retour; chemin faisant j'ouvris le paquet dont j'étais chargée pour le Cardinal, et j'y retrouvai les conditions du marché telles que je les avais lues la veille, non approuvées, non signées, et accompagnées de cette lettre de la Reine (N° XXVIII) à laquelle j'ai déjà renvoyé deux fois et que les circonstances que j'ai rapportées depuis expliquent parfaitement. Il est évident que S. M. était convenue avec le Cardinal qu'elle prendrait avec lui des *arrangements particuliers*, mais non qu'elle signerait aucun marché avec les bijoutiers; le Cardinal, qui avait été obligé d'en passer par cette dernière

condition, avait écrit à la Reine qu'il devait lui être
indifférent de signer ou non, attendu que le marché
et l'approuvé resteraient entre ses mains ; et la Reine
ne concevant pas que cela fût aussi égal que le prétendait le Cardinal, lui renvoyait le papier avec la
rebuffade du billet qui l'accompagnait.

Arrivée à Paris, j'envoyai chez le Cardinal ; il
n'était pas à l'hôtel ; je fis remettre au suisse un
billet pour lui, par lequel je le priais de passer
chez moi au moment où il le recevrait ; il ne vint
qu'à dix heures du soir, il prétendit avoir été retenu par des affaires de la plus haute importance ;
je répondis que j'étais fâchée parce qu'il me faisait
manquer un rendez-vous que m'avait donné la Reine
pour le soir même ; je lui remis en même temps le
paquet dont S. M. m'avait chargée ; son premier
mouvement fut de regarder si le marché était approuvé de la Reine ; lorsqu'il le trouva tel qu'il
l'avait envoyé, il changea de couleur, et la conster-
nation fut plus sensible encore lorsqu'il eut lu la
lettre qui l'accompagnait (N° XXVIII), il me la
communiqua, et me parla quelque temps comme un
homme dont la raison s'égarait. Lui ayant fait quelques questions pour tâcher de le rappeler à lui-
même, il me dit : — « Je suis fâché de vous avoir
fait un mystère de ce que je méditais, vous m'eussiez peut-être mieux conseillé. Je vous avais dit que
j'avais acheté le collier pour la Reine et que le marché était conclu, le voilà : c'est ce papier écrit de
ma propre main que vous venez de porter à la Reine
et que S. M. me renvoie avec autant d'humeur que
si je me fusse écarté des conventions arrêtées entre
elle et moi, — vous allez juger si j'ai tort.

Vous devez vous rappeler que, lorsqu'au sujet de ma bague vous me parlâtes des démarches que les joailliers avaient faites auprès de vous, je trouvai la chose singulière. Je ne vous expliquai pas dans le temps pourquoi; c'est parce qu'il n'y avait que peu de jours que la Reine m'ayant dit que le collier était destiné pour le Portugal (je ne sais comment elle l'avait su) et ayant paru le regretter encore, je lui avais dit qu'il y avait moyen de l'acquérir sans offusquer le Roi en y faisant de légères altérations, tant dans le dessin que dans la forme des pierres les plus marquantes. Cette première. ouverture nous ayant embarqués dans une conversation plus suivie, et le désir de la Reine paraissant devenir plus vif en proportion de ce qu'elle concevait plus facile d'en déguiser l'acquisition, il ne me restait plus de difficultés que le payement qui n'était pas à beaucoup près à la disposition momentanée; j'offris tous mes moyens et mon crédit. S. M. me remercia obligeamment, et me dit que, dans le cas où elle accepterait mes offres, elle prendrait d'elle à moi des arrangements particuliers avec lesquels il fallait que je fisse cadrer ceux que je prendrais personnellement avec les bijoutiers. La chose me paraissant entendue, je revins à Paris, enchanté de me voir à même de faire quelque chose d'agréable pour S. M., le lendemain je vous fis demander l'adresse des bijoutiers, et je m'y rendis le même jour sous prétexte de faire monter quelques pierres que j'avais prises exprès pour moi. La conversation entamée, je la fis tourner sur le collier qu'on me montra sur-le-champ; tandis que je l'examinais, Bohmer me rapporta tout ce qui s'était passé entre vous et lui conformément à ce que vous m'aviez appris. Je dis alors que j'étais chargé d'en savoir le prix, et que dans le cas où la personne pour qui j'achèterais ne voudrait pas paraître, je prendrais avec lui des arrangements particuliers.

Après cette première démarche, qui ne me laissa entrevoir aucune difficulté, je partis pour Versailles; le soir même je vis la Reine à qui je dis que le collier étant à mes ordres, par conséquent aux siens; je venais les prendre; elle me répondit (saisissez-bien ses propres expressions) : « *j'approuverai tout arrangement quelconque que vous prendrez* POURVU QUE MON NOM NE PARAISSE PAS ». Ainsi autorisée, je reviens à Paris, j'envoie chercher les joailliers, je parle de finir, de régler le prix définitif; je ne trouve plus les mêmes dispositions, le même empressement (1), ils élèvent des difficultés, me font des questions, me laissent entrevoir des doutes, des craintes. — Pour aplanir tout d'un seul mot, je déclare que j'achète pour la Reine; que des raisons particulières font désirer à S. M. de tenir quelque temps cette affaire secrète; mais que, satisfait des arrangements qu'elle daigne prendre avec moi, je suis chargé de prendre avec eux tous ceux qui leur conviendront et me paraîtront raisonnables. Je demande alors plume et papier, je dresse moi-même les articles du marché

---

(1) C'est ici qu'on aura la bonté de se rappeler ce que j'ai dit page 14 de cette partie de la démarche que j'avais faite auprès des joailliers. Comme j'espère qu'on voudra bien relire ce morceau, je ne ferai pas de nouvelles réflexions ; mais n'est-il pas évident, par le narré du Cardinal, que si je n'eusse pas recommandé aux joailliers de prendre leurs précautions, ils eussent traité avec lui personnellement, et n'eussent point insisté sur l'approbation de la Reine; que par conséquent, le prétendu faux n'eût pas eu lieu, et le vol du collier eût été plus facile et moins dangereux.

4

tels que je sais que S. M. les approuvera, et je les leur communique; les bijoutiers sont satisfaits des termes; mais l'un d'eux (Basanges) m'observe que, devant une somme très considérable à M. de St-James, ils ne pouvaient conclure avec moi, sans lui faire part de l'arrangement; alors pour trancher toute difficulté, je leur dis : « Ecoutez, voici un moyen de donner à M. de St-James lui-même toute la confiance nécessaire; je vous apporterai le marché tel que le voilà, approuvé et signé de la Reine; mais, *comme elle ne veut absolument pas que son nom paraisse,* il ne sera vu que de M. de St-James et de vous, et restera ensuite en dépôt entre mes mains jusqu'au paiement définitif, dont je me rends accessoirement caution; aurez-vous cette confiance en moi, serez-vous satisfaits » ? Ils me répondent unanimement oui, me protestent que, sans la circonstance de la somme qu'ils doivent à M. de St-James, ils se contenteraient de ma parole. Je les quitte et écris sur-le-champ à la Reine; je lui rends compte de mes conventions, et, la priant d'approuver en marge l'écrit que je lui envoie, je lui observe qu'attendu qu'il est expressément stipulé qu'il restera entre mes mains, son intention sera remplie; *son nom ne paraîtra pas.* Voilà la réponse que j'en reçois, voilà le prix des mouvements que je me suis donnés, du zèle que j'ai marqué, des sacrifices qu'il m'en coûtera peut-être, car enfin je suis caution; et Dieu sait si elle paiera, si ses *sangsues* lui laisseront les moyens de payer. O! les femmes! les femmes! et surtout les Princesses, et pis que tout les Reines — elle m'écrit comme à un valet — quelle sécheresse, quelle aridité — *si elle n'avait pas voulu du mystère, elle ne m'aurait pas employée.* Comment appelle-t-elle donc tout ce que j'ai fait ? si ce n'est pas du mystère.

— Il était furieux, paraissait à chaque instant tenté de mettre en pièces le marché, et, comme il le disait, *d'envoyer le visirat et la sultane* AU DIABLE. Je le laissai quelque temps exhaler son dépit : lorsque je le vis un peu plus calme, je lui représentai que je ne voyais rien dans la lettre de la Reine d'aussi offensant qu'il se le figurait; que je croyais y remarquer un simple malentendu portant sur l'expression vague que *son nom ne paraîtrait pas ;* qu'en renvoyant le marché elle ne dit pas qu'elle ne veut plus qu'on s'en occupe, mais paraît entendre qu'on le fasse de quelque autre manière ; de sorte qu'il me paraissait que la première chose à faire était de la consulter, mesure d'autant plus indispensable qu'en me renvoyant le marché elle m'avait enjoint de le retourner le soir même; que ne pouvant arriver à temps le jour, je partirais le lendemain de bonne heure afin de pouvoir saisir le premier moment où S. M. serait visible. J'ajoutai que j'espérais lui apporter de meilleures nouvelles et faire entendre à la Reine ce qui lui avait probablement échappé dans la lettre de lui Cardinal; que, du moment où l'approuvé restait entre ses mains, le nom de S. M. ne paraîtrait effectivement pas. Le Cardinal s'apaisa, parut goûter mes observations et convint que, dans tous les cas, il fallait que je me rendisse le lendemain à Versailles puisque j'étais mandée. Il me remit en conséquence le marché, et prit congé pour me ménager, dit-il, le temps de commencer ma nuit de bonne heure et d'être prête de bon matin.

En arrivant à Versailles, j'appris de M^ile Dorvat que la reine m'avait attendue jusqu'après minuit; qu'elle avait marqué beaucoup d'humeur et avait employé tout le temps à écrire. Quelques heures après je reçus deux lignes portant : « on ne peut vous recevoir aujourd'hui ; restez à Versailles ; vous serez avertie de l'heure à laquelle on sera visible ». Cela était bien sec, marquait bien peu d'empressement ; j'en conçus le plus mauvais augure pour le succès de ma mission. Le lendemain je sortis pour faire une visite ; en rentrant je trouvai un billet plus laconique encore ; il disait : « ce soir à neuf heures et demie. » Je me rendis, presque en tremblant, à l'heure indiquée ; et j'eus la satisfaction de trouver que mes pressentiments m'avaient trompée. La reine me reçut avec ses grâces, son affabilité ordinaire. Après quelques discours obligeants sur des objets qui m'étaient personnels : « A propos, me dit-elle, ne m'apportez-vous rien de la part du Cardinal ? — J'ai, répondis-je, un papier à remettre à Votre Majesté dans le cas où elle me le demandera, et à prendre ses ordres sur son contenu. Alors, tirant le marché de ma poche, je pris la liberté de lui exposer la situation où se trouvait le Prince, les difficultés qu'il avait eues à vaincre, l'adresse avec laquelle il avait réussi à amener les joailliers à ses termes, en ne leur donnant, au fond, de sûreté que pour la forme, puisqu'il retenait entre ses mains l'écrit pour s'assurer que le nom de S. M. ne pourrait jamais paraître. J'entends tout cela, dit la Reine ; mais je lui ai dit positivement que je ne voulais prendre d'arrangements qu'avec lui, et il m'en propose de directs avec les bijoutiers ; or, ainsi que je lui ai mandé, si j'avais voulu traiter avec eux, je n'avais pas besoin de lui. Actuellement me voilà nommée ; c'est une imprudence impardonnable ; il eût mieux fait de me prévenir que de se charger d'une chose qu'il n'était pas en son pouvoir d'exécuter.

— Oserais-je représenter à Votre Majesté qu'il n'avait pas prévu cette difficulté ; que le zèle seul l'a embarqué dans cette situation ; que, sur les premières ouvertures qu'il avait faites, les bijoutiers avaient paru disposés à prendre avec lui des arrangements personnels ; mais, lorsqu'il a été question d'en venir à la conclusion, ils lui ont parlé de manière à lui faire entendre trop clairement qu'ils le soupçonnaient de vouloir acheter ces diamants pour en faire de l'argent. Croyant alors qu'il remplirait également les vues de Votre Majesté en s'assurant de tout écrit où il serait nécessaire que votre nom parût, il vous a nommée pour rétablir leur confiance, et je ne pense pas qu'étant prévenus comme ils le sont que la volonté absolue de Votre Majesté est que la chose soit tenue secrète, ils osent en parler à qui que ce soit. — D'après tout ce que vous me dites, je suis fâchée de lui avoir écrit comme je l'ai fait. Je vous donnerai une lettre pour lui — mais n'y a-t-il pas un peu de maladresse dans sa conduite ; puisqu'il ne s'agissait que d'inspirer de la confiance, n'y avait-il pas d'autre moyen ? Peutêtre ignore-t-il, mais je vous dis, à vous, que j'ai contracté avec le Roi l'engagement formel de ne rien signer sans le lui communiquer, ainsi la chose est impossible ; voyez entre vous ce qu'on peut faire, ou renonçons à toute idée d'acquisition — il me semble que cet écrit n'étant que pour la forme, que ces gens-là ne connaissant pas mon écriture — vous y réfléchirez ; mais encore une fois je ne puis le signer. Au reste, de quelque manière que la chose se termine, dites au Cardinal que la première fois que je le verrai, je lui communiquerai la nature des arrangements que je prendrai avec lui.

Tirer pour conséquence de cette conversation que la Reine m'aurait conseillé un faux, paraîtrait un blasphème ; il est possible qu'elle ne se formât pas une idée plus exacte de ce qu'on appelle un faux que je ne me la formai moi-même avant que l'on m'en eût fait sentir les conséquences ; il est possible aussi que la réflexion qu'elle fit sur ce que les joailliers ne connaissaient pas son écriture, ne voulût pas dire qu'on pouvait lui en substituer une autre ; car, en y réfléchissant depuis, cela pouvait signifier toute autre chose ; mais le fait est qu'alors ce fut le sens que j'attachai à ces expressions. Je n'ai pas dissimulé, en prenant la plume, que j'ai commis beaucoup d'imprudences ; celle-ci est une des plus graves ; je puis à peine invoquer l'ignorance pour ma justification, quoiqu'elle ait été le vrai principe de ma faute ; peu accoutumée à réfléchir, entraînée par le tourbillon, plongée dans cette espèce de délire que répandait l'esprit d'intrigue sur tout ce qui m'environnait ; corrompue enfin par le mauvais exemple que j'avais sans cesse sous les yeux, et habituée à traiter trop légèrement tout ce qui tient aux devoirs moraux ; je ne vis dans cette action qu'une de ces supercheries ordinaires qu'on se permet dans le monde lorsque l'on sait dans sa conscience qu'au fond on ne veut tromper personne — « Qu'importe en effet, me dis-je, que les bijoutiers *voient* l'écriture de la Reine ou celle de toute autre main, puisqu'il ne s'agit que de la voir un instant, qu'elle ne restera pas entre leurs mains, qu'elle est indifférente à leur sûreté puisqu'ils ont le cautionnement du Cardinal, et que, dans le cas où celui-ci ne serait pas en état de payer exactement aux échéances, la Reine qui veut tenir la chose secrète, remplirait nécessairement les engagements particuliers qu'elle m'assure vouloir prendre avec lui. —

« Raisonnant ainsi, et ne raisonnant pas longtemps, selon ma mauvaise habitude, je décidai que *pour la forme* il fallait *montrer* aux joailliers quelque chose qu'ils prissent pour l'approuvé de la Reine; qu'il ne fallait pas consulter le Cardinal sur cet expédient qu'il se croirait peut-être obligé de rejeter, mais dont il me saurait gré d'avoir fait usage lorsqu'il aurait produit son effet : d'ailleurs, me dis-je encore, je hasarde d'autant moins de me compromettre qu'au fond si la Reine ne m'a pas précisément suggéré l'idée de signer pour elle, elle m'a laissé le choix des moyens; elle m'a dit que ces gens-là ne connaissaient pas son écriture, et c'est ce qui m'a fait naître l'idée à laquelle je me tiens. En retournant toutes ces choses dans ma tête, j'approchais de Paris. Mon parti était pris, j'allais en arrivant mettre en marge : *approuvé par moi la Reine ;* mais en y réfléchissant je me demandai si, dans le cas où la Reine n'eût pas été retenue par sa convention avec le Roi, elle eût signé ainsi, et je ne pus m'en rendre compte; il fallait cependant éviter une bévue qui eût tout gâté. Je me proposai de consulter mon mari qui devait mieux savoir comment signe la Reine ; je m'arrêtai quelque temps à cette seconde idée, mais j'y renonçai ensuite en me rappelant toutes les difficultés qu'il m'avait faites lorsqu'il avait été question de faire représenter la Reine par Mme de Crussol. Rentrée chez moi dans cet état de perplexité, je me demandais si je ne connaissais personne à qui je pusse m'ouvrir, lorsqu'on m'annonça M. Retaux de Villette ; je le connaissais particulièrement ; il était sur le point d'obtenir par mes sollicitations un emploi militaire ; il pouvait difficilement me refuser un service auquel j'attachais

peu d'importance; je l'engageai à dîner; il accepta:
après dîné je le pris en particulier. Il connaissait
mes liaisons avec la Reine et avec le Cardinal; je
crois même que je lui avais dit quelque chose de
l'effort politique que voulait faire ce dernier, en procurant sur son crédit à la Reine une parure qu'elle
convoitait depuis longtemps. Je lui contai la tournure que venait de prendre cette affaire, l'embarras
du Cardinal, le mécontentement de la Reine, l'explication que j'avais eu avec S. M., etc., le sens
que j'attachais à ce qu'elle m'avait dit en observant
que les bijoutiers ne connaissaient pas son écriture.

J'en étais à lui communiquer le parti que j'avais
pris d'après cette conversation, lorsqu'on m'apporta
un billet du Cardinal. Il me marquait qu'il était
extrêmement inquiet, que, ne pouvant venir lui-même il me priait en grâce de passer à l'hôtel; je
lui répondis que je m'y rendrais avant une heure, et
qu'en attendant je pouvais l'assurer que tout allait
au mieux.

Le portier parti, nous reprîmes Villette et moi
notre conversation. Il me dit que ne doutant pas
que la Reine ne se fût servie des expressions que
je venais de lui rendre, il lui paraissait ainsi qu'à
moi qu'elle avait voulu me donner à entendre qu'il
importait peu de quelle main serait écrit l'approuvé,
puisque les joailliers ne connaissaient pas son écriture; mais, ajouta-t-il, ni la Reine, ni vous ne vous
doutez du risque que l'on court à contrefaire des
écritures. C'est un acte que la loi range au nombre
des crimes sous la dénomination de crime de faux;
sans doute vous ne me conseilleriez pas de commet-

tre un crime; mais, voici ce que nous pouvons faire. En partant du principe établi par la Reine que ces gens-là ne connaissent pas son écriture, il est également à parier qu'ils ne savent pas comment elle signe. Votre idée de signer seulement ANTOINETTE est un faux tout pur; mais la métamorphoser de Princesse Autrichienne en Princesse Française; dire par exemple ANTOINETTE DE FRANCE, ne signifie absolument rien. S'il s'agissait d'escroquer le collier, lorsque l'escroquerie viendrait à être découverte, pareille signature en serait la preuve; mais puisqu'on ne peut douter que les joailliers ne soient payés, puisqu'ils auront la sûreté du Cardinal secrètement appuyée de celle de la Reine, je crois que l'on peut, sans trop craindre de se compromettre, se prêter à la circonstance; je m'y prêterai donc de la manière dont je vous l'explique. Premièrement je ne contreferai point mon écriture; en second lieu, je donnerai à la reine le titre inexact *d'Antoinette de France;* l'écrit étant présenté par le Cardinal, ils ne l'examineront pas et vous me promettrez de le brûler devant moi lorsque les joailliers seront payés et que ce sera une affaire finie. Je lui en donnai ma parole d'honneur et il signa l'approuvé conformément à notre convention. Je le quittai sur-le-champ et me fis conduire chez le Cardinal. J'ai dit avoir eu un instant l'intention de lui remettre le marché approuvé sans lui dire pour le moment comment j'avais arrangé les choses; mais, en entrant chez lui, comme il me fit un peu attendre, je réfléchis que Villette et moi n'étions pas des juges bien sûrs; que peut-être le cas était plus sérieux que nous ne pensions, et que si cela était, le Cardinal pourrait être désagréablement compromis; je me déterminai donc à lui tout conter, mais avant je voulus m'assurer si, dans le cas où j'aurais voulu attendre pour le lui dire qu'il en eût fait usage, il aurait reconnu la supercherie. Mon premier mot, lorsqu'il parut, fut donc : « enfin, le voilà ». Il examina l'approuvé, ne remarqua rien et me dit « enfin le voilà ». Je me mis à rire et puis je lui racontai tout ce qui s'était passé, à peu près dans les mêmes termes dont je viens de le rapporter ; alors il examina le papier avec plus d'attention qu'il ne l'avait fait d'abord — « Vous avez raison, Antoinette de France, et Reine de la lune sont même chose ; mais j'y ai été pris et je ne crois pas que ces gens-là aient l'œil plus subtil, le raisonnement plus présent » « je me rappelle à peu près ce que vous me dites de la Reine ; je crois avoir entendu dire à elle ou quelqu'un qui lui appartient que, depuis son acquisition de Saint-Cloud, elle a promis au Roi de ne rien signer sans le lui communiquer ; mais pourquoi ne me l'a-t-elle pas rappelé ; lorsqu'elle m'a parlé de conventions particulières qu'elle ferait avec moi, ne devais-je pas entendre qu'elles seraient écrites — enfin vous m'assurez qu'elle est apaisée ; voilà l'essentiel ; j'espère que le collier fera le reste ; je vais finir sur-le-champ ; peut-être même ne leur montrerai-je pas ce papier. Je les ai vus depuis votre dernier voyage ; leur confiance est affermie, je leur dirai que la chose est signée ; je l'aurai à la main, et leur présenterai en même temps mon engagement personnel.

Après avoir causé un instant d'autre chose, je quittai le Cardinal. Le lendemain je n'en reçus aucunes nouvelles quoiqu'il eût fini ce jour même (30 janvier) avec les joailliers. Le lendemain je reçus de lui deux lettres ; une pour la Reine, l'autre pour moi ; il me pressait de partir pour Versailles afin de remettre la première le plus tôt possible et il me marquait à moi que le collier serait dans la journée chez lui, que le lendemain il aurait le bonheur de le remettre lui-même entre les mains de la Reine. Je pris donc les devants. La Reine était un peu indisposée, je ne pus la voir ; elle m'envoya pour le Cardinal un billet dont j'ai égaré la copie, mais portant à peu près :

« Trouvez-vous ce soir à neuf heures chez la comtesse avec la boîte en question, et le costume ordinaire, n'en sortez pas que vous n'ayez reçu de mes nouvelles. »

A l'arrivée du Cardinal, je lui envoyai ce billet ; à huit heures et demie il se rendit chez moi déguisé, et portant sous son bras la boîte qui renfermait le collier ; il la posa sur une commode, et, attendant les nouvelles annoncées par le billet de la Reine, il causa avec moi de diverses choses inutiles à rapporter ; il s'agissait de ses amours et des sacrifices qu'il faisait à la politique. A neuf heures et demie, Lesclaux, ce même garçon de la chambre que l'on a vu page 20 (de cette partie) m'avoir remis un billet de la Reine, messager affidé de S. M. et employé par elle en quantité d'occasions délicates, ainsi que je le dirai plus amplement ; Lesclaux, dis-je, homme parfaitement connu du Cardinal, confident nécessaire de toutes les petites irrégularités consignées dans la correspondance, arriva avec un billet de la Reine, conçu en ces termes :

Le ministre (le Roi) est actuellement chez moi : j'ignore le temps qu'il y restera ; vous connaissez la personne que j'envoie, remettez-lui la boîte et restez où vous êtes — je ne désespère pas de te voir aujourd'hui. »

Le Cardinal après avoir lu le billet (écrit ainsi que le précédent de la main propre de la Reine qu'il connaissait de reste) remit *lui-même* au fidèle Lesclaux la boîte et le collier tels qu'il les avait posés lui-même sur la commode. Lesclaux sortit en disant qu'il avait ordre d'attendre jusqu'à minuit chez Madame de Mizery. En effet, à onze heures et demie, il revint avec un autre billet dont je ne me rappelle pas précisément les termes, mais il portait en substance qu'elle était *très contrariée*, que *le ministre couchait chez elle ;* elle lui accusait la *réception de la boîte*, et finissait par lui dire qu'elle *le verrait le lendemain*.

Tous ces faits étant incontestables, comment a-t-on pu dans la suite persuader au Cardinal qu'il devait dire pour se tirer d'affaire qu'il ne savait pas ce qu'était devenu le collier? et ce qui est plus étrange encore, ce qui prouve le dessein absolu de me perdre pour le sauver, c'est qu'il ait mis à ma charge la disparition du collier, tandis qu'il ne me l'a jamais confié; que c'est, dans les mains d'un domestique affidé de la Reine qu'il l'a remis lui-même; n'était-il pas plus naturel, plus juste qu'il en demandât compte à Lesclaux (1) ; oui,

---

(1) Le Cardinal ayant positivement donné le signalement de Lesclaux lorsqu'on lui demanda à qui il avait remis le collier ; sa déclaration fit naître des soupçons et former des conjectures. Persuadée comme l'était la Reine que le Cardinal n'oserait ni le reconnaitre, encore moins l'accuser, elle l'envoya pour se présenter, prenant pour prétexte que, d'après les bruits qui couraient sur son compte, il désirait être confronté au Cardinal et à la comtesse de la Motte. Effectivement on le fit venir en présence du Cardinal, qui dit avoir une idée confuse de l'avoir vu à Versailles ; sur quoi Lesclaux répondit qu'étant attaché à la musique de la chapelle il avait souvent eu occasion de voir son Altesse. Ainsi se passa cette séance. Lorsqu'on me l'amena, je fis

sans doute; mais en mettant Lesclaux en scène, on compromettait la Reine, et il lui était défendu ainsi qu'à moi de dire un mot tendant à compromettre la Reine? Voilà le secret d'iniquité. Voilà le funeste collier passé presque en un instant des mains des joailliers dans celles du Cardinal, et de ces dernières dans celles d'un émissaire connu de la Reine. J'entends mille voix s'écrier : *qu'est-il devenu ensuite?* à cela je pourrais répondre : *je n'en sais rien*, demander comme Caïn « si on me l'a donné à garder? » — Il serait possible en effet que j'ignorasse absolument ce qu'il est devenu, si quantité de circonstances que je vais rapporter me permettaient de douter de son dépécement presque immédiat et, sinon de l'usage qui en a été fait, du moins de celui auquel il était destiné; mais, avant de m'expliquer complètement sur ce point, le plus important de tous, il faut reprendre le fil des événements, en suivant, comme je l'ai fait jusqu'à présent, l'ordre des temps et l'enchaînement des choses.

Il me reste à parcourir une période de plus de six mois, c'est-à-dire du 1er Février (85) jour de la livraison du collier, au 15 Août suivant, date de la catastrophe.

---

mon possible par des signes, de l'engager à parler; mais ses haussements d'épaule, et ses mouvements de tête me firent comprendre que cela lui était impossible. M. Dupuis de Marcé et Frémin n'ont pas manqué de remarquer nos signes d'intelligence et d'en faire part au Cardinal.

Toutes les réponses qu'il fit aux questions du rapporteur se réduisirent à dire qu'il m'avait vu dans plusieurs maisons à Versailles, particulièrement chez M. Chatelain, bibliothécaire de Madame Sophie.

L'Abbé Lequesle ne manqua pas le lendemain de venir me faire part de cette circonstance; je lui dis que j'avais fait mon possible pour l'engager à parler; il me répondit que je ne devais pas m'y attendre, que c'était un coup de politique de la Reine pour faire cesser les bruits qui couraient; que le Cardinal était persuadé qu'il ne dirait mot, et que lui-même se serait bien gardé d'avoir l'air de le reconnaître.

Le 2 Février le Cardinal reçut de la Reine une lettre qu'il me communiqua et dont il ne me fut pas possible de prendre copie, ce qui est une grande privation pour le public ; cette lettre surpassait en licence tout ce que j'ai précédemment mis sous les yeux du lecteur. *Le ministre* (le Roi) y était traité avec une indécence qui n'a peut-être jamais été égalée entre particuliers obscurs, tourmentés de querelles domestiques. S. M. commençait par se plaindre amèrement de la fatigue, de l'ennui attaché aux cérémonies du jour, qui l'avaient privée du plaisir de recevoir son cher esclave. Elle parlait ensuite de la nuit désagréable qu'elle avait passée avec le Roi. Toutes ses expressions étaient celles du mépris et du dégoût ; elle faisait surtout allusion au vice de la boisson et à l'état où il réduit ceux qui s'y livrent ; elle l'invitait à gémir sur son sort qui la condamnait à se livrer à la brutalité passagère d'un tel homme, n'ayant d'autre moyen de lui faire tout ce qu'elle voulait qu'il fît, etc. etc. La lettre était très longue, très curieuse. Elle n'assignait point de rendez-vous, et il n'y était fait que très légèrement mention du *bijou*, qu'on avait *admiré ;* mais ce peu de mots suffirent dans le temps au Cardinal qui, en les lisant, me dit : *le vaisseau est arrivé à bon port.* Preuve qu'il comprit que la Reine lui accusait la réception du collier ; c'est ce qu'il a voulu oublier depuis.

Trois ou quatre jours après, c'est-à-dire le 5 ou le 6, je fus chez la Reine avec le Cardinal ; mais je ne fus témoin ni de la conversation qu'ils eurent ensemble ni de ce qui se passa entre eux ; tout ce que je sais c'est qu'ils étaient seuls, que j'entendis plus de soupirs que de paroles, et que je conclus qu'ils étaient de la meilleure intelligence.

Trois ou quatre semaines s'écoulèrent ensuite sans qu'il survînt rien de remarquable. Lettres sans nombre et sans fin; rendez-vous manqués, renouvelés, contrariés, heureux; surtout force courses pour moi de Paris à Versailles, de Versailles à Paris, à Trianon, etc., etc.

Ce fut à peu près vers ce temps que la Reine écrivit au Cardinal que quelqu'un lui avait assuré que le collier était trop cher de 200 mille livres au moins; et que, si les joailliers se refusaient à cette diminution, elle était décidée à leur rendre leur parure. Le Cardinal s'emporta, à son ordinaire, se répandit en propos injurieux, maudit le sexe en général : cependant que faire? il fallait être premier ministre; on ne s'était pas imposé tant de contrainte, on ne s'était pas donné tant de mouvement pour abandonner la partie; il manda Bohmer et Basanges et leur communiqua la lettre de la Reine; elle leur parut très extraordinaire; il arrive rarement en effet qu'un marché conclu, signé, marchandise livrée, l'acheteur demande une diminution du prix convenu; pour se permettre pareilles irrégularités il faut porter une couronne : mais c'était précisément le cas; d'une part la crainte de déplaire; de l'autre celle de reprendre sur leurs bras un fardeau qui leur pesait depuis longtemps, détermina les joailliers, après beaucoup de représentations, à accepter la proposition.

Voilà encore une circonstance que l'on a eu l'ineptie de mettre à ma charge en publiant que c'était une manœuvre de ma part! Au nom du sens commun, en quoi a pu consister cette finesse? à quoi pouvait-elle conduire? quel bien pouvait-il m'en revenir? On a vu que lorsqu'il a été question pour la première fois de l'ac-

quisition du collier, soupçonnant le Cardinal de vouloir le convertir en argent, et craignant de me trouver
compromise en cas plus que possible de défaut de
paiement, toute dévouée que j'étais au Cardinal, je me
suis crue obligée de voir Bohmer, de le prévenir, de
l'engager à bien prendre ses précautions. On a vu ce
qui a pensé résulter de ma démarche, enfin, l'on n'a
pas oublié qu'il s'en était peu fallu que la négociation
ne fût rompue; de sorte qu'en supposant, comme on a
eu l'audace de le faire que dès les premiers moments
où j'avais vu le collier, j'en avais médité le vol, il est
évident qu'en cette première occasion je faisais tout ce
qu'il était possible de faire pour empêcher qu'il tom-
bât jamais entre mes mains; puisqu'il ne pouvait y
passer que par celles du Cardinal. Je me flatte d'avoir
suffisamment démontré l'absurdité de cette première
calomnie. La seconde est plus absurde encore s'il est
possible. Quoi, l'on veut que ce soit par finesse que je
produise au Cardinal une lettre de la Reine, tendant
à demander une diminution sur une somme qui, dans
l'hypothèse de mes infâmes détracteurs, ne doit jamais
être payée. Sans revenir sur l'observation que j'ai déjà
faite au sujet des lettres supposées et fausses (1), telle

---

(1) C'est une étrange extrémité que celle à laquelle, s'est
trouvée réduite la famille du Cardinal, lorsque l'avocat Target lui a déclaré, en pleine assemblée, qu'elle n'avait d'autre
moyen de sauver le Prince que celui de tout nier, jusqu'à
la moindre connaissance de l'écriture de la Reine ; mais,
comme l'ont uniformément observé toutes les personnes
sensées qui ont examiné l'affaire d'un œil impartial ; à qui
persuadera-t-on qu'un homme de cour, qui connaît la Reine
dès son adolescence, qui l'a vue familièrement lorsqu'elle
était encore Archiduchesse, quand même il ne l'aurait pas
vue plus familièrement encore depuis qu'elle est Reine, en
sa seule qualité de grand Aumônier, n'ait pas reçu des
ordres de sa main ; n'ait pas vu cent fois de son écriture
dans celles de vingt personnes de la cour qu'il voyait et qui
étaient dans le cas d'en recevoir.

que celle que j'aurais fabriquée pour jouer ce grand tour de finesse ; je me bornerai à un raisonnement bien simple. Le collier était sorti des mains du Cardinal. Ou le nommé Lesclaux était un fripon aposté par moi pour l'escamoter ; ou il était un domestique fidèle qui l'avait remis à la Reine le soir même. Dans ce dernier cas, de quel front ose-t-on m'en demander compte ? Dans le premier, Lesclaux m'avait rendu le collier ainsi escamoté, il était en ma possession, mes vues étaient remplies, ma cupidité était satisfaite ; le Cardinal était garant, il avait pris des arrangements particuliers, il en avait avec la Reine : que m'importait que la Reine ou lui payassent 16 cent ou 14 cent mille livres ? Que m'importait même qu'ils ne payassent ni l'un ni l'autre, soit l'une ou l'autre de ces sommes, car si j'ai agi en scélérate, j'ai dû penser en scélérate et peu m'inquiéter que les joailliers fussent ruinés ou non — d'ailleurs — en vérité je me flatte que le lecteur partage mon indignation et le frémissement que j'éprouve : d'ailleurs, dis-je, en me supposant capable d'avoir conçu, exécuté le projet de ce vol hardi ; du moment que le coup était fait, que je regorgeais de diamants dépecés, tombe-t-il sous le sens que j'aie eu la folie de m'exposer moi-même à une restitution forcée, car la lettre que j'avais eu l'incomparable *adresse* de forger, portait qu'à moins que les bijoutiers ne consentissent à cette diminution, leur parure leur serait rendue ? (1)

---

(1) Je crains tellement les lecteurs superficiels que je dois demander pardon aux autres' de l'impatience que je leur cause en leur suggérant des réflexions qui ne leur échapperaient pas : en voici une d'une nature bien décisive et qui se rapporte encore à l'allégation insensée que j'ai déjà combattue victorieusement je crois. S'il est de toute improbabilité que j'aie eu la bêtise de forger une lettre qui eût pu me forcer à restituer mon vol ; cette lettre a cependant été écrite, puisqu'il en est fait mention au procès par le conseil

Que le ciel soit béni de ce que dans sa bonté, dans sa sagesse immuable, il commence toujours par frapper d'aveuglement ceux qu'il veut perdre, les méchants qui l'ont forcé à les abandonner à la fatalité de leur sort. Les deux seules imputations calomnieuses que je viens de relever sont tellement frappées au coin de la démence, décèlent si manifestement l'aveuglement de la malignité aux abois, que n'eussé-je d'autres preuves à donner de la folie et de l'impuissance des moyens de mes adversaires, je me croirais dispensée d'en donner de mon innocence; mais je les ai en surabondance; quelque puissantes que soient celles que je tire du raisonnement, je fais encore plus de fond sur les faits, que l'attention redouble.

Le second arrangement était fait; les bijoutiers avaient consenti à la diminution de 200 mille livres demandée par la Reine; le collier était à elle; elle pouvait en faire tout ce qu'elle jugeait à propos; et je ne tardai pas à voir vérifier le soupçon que j'avais formé, que S. M. le dénaturerait de manière ou d'autre pour donner le change au Roi; idée que l'on a vu lui avoir été suggérée par le Cardinal même. De ce moment à celui qui a le plus contribué à faire mettre sur mon compte le vol de cette malheureuse parure, il s'éleva des nuages qui m'alarmèrent sensiblement; les rendez-vous devenaient rares; la Reine était sombre, son humeur devenait inégale, et j'avais personnellement beaucoup à souffrir de cette inégalité; je voyais qu'elle cherchait sans s'expliquer, à me punir de la part que

---

même du Cardinal. Si elle n'a pu être écrite par moi, elle n'a pu l'être que par la Reine; le Cardinal a donc, en cette occasion du moins, vu l'écriture de S. M.; il a donc pu la comparer avec cent autres lettres qui avaient passé par mes mains.

j'avais prise à son rapprochement du Cardinal, qui me paraissait de jour en jour lui devenir plus insupportable ; elle ne me parlait plus de lui. C'est sans doute pour expier ces petites cruautés en attendant qu'elle se débarrassât de moi (car je ne puis douter qu'elle n'en eût déjà formé le projet en reprenant celui de perdre le Cardinal) ; c'est probablement, dis-je, dans l'une et l'autre de ces vues qu'un jour qu'elle m'avait accueillie avec ses belles mines, elle me dit en me présentant une boîte : « Tenez, il y a longtemps que je ne vous ai rien donné ; prenez cette boîte, et ne dites point au Cardinal que je vous ai fait ce cadeau : ne lui dites même pas que vous m'avez vue, *entendes-vous?* ne lui parlez pas de moi. »

J'ai certainement de grands torts avec la Reine; j'ai déjà avoué, que dans l'affaire de la Demoiselle Oliva, j'avais révélé son secret au Cardinal; la même partialité me fit commettre en cette seconde occasion la même indiscrétion; après avoir examiné le contenu de la boîte, sans être en état d'en apprécier à beaucoup près la valeur, je n'eus rien de plus pressé que de voler chez le Prince, et de lui montrer combien j'étais riche, lui contant tout ce qui s'était passé à Versailles, et le conjurant de garder le secret. Après avoir examiné assez en gros les diamants qu'il répandit sur sa table, il me dit « cela me paraît considérable, que comptez-vous en faire? » je répondis que mon intention était de vendre la plus grande partie et de faire monter le reste pour mon usage : il les examina encore et finit par me proposer de les lui laisser jusqu'au lendemain, ce que je fis sans hésiter et ce qui est infiniment heureux pour moi que j'aie fait, puisqu'en forçant le Cardinal à avouer qu'il me les avait

renvoyés, j'ai fourni la preuve incontestable que je les
lui avais montrés au moment même où je les avais
reçus, que par conséquent je ne les avais pas volés. (1)
Je le quittai donc en laissant mes pierres éparses sur
la table; il me dit en me reconduisant qu'il les pèse-
rait et m'en dirait à peu près la valeur. En effet, le
lendemain son suisse me les rapporta dans un paquet
soigneusement ficelé et cacheté, contenant de plus un
billet portant: « Je vous verrai demain avant de partir
pour Versailles, et je vous parlerai plus confidemment
sur l'objet que je vous renvoye : je vous engage à vous
en défaire au plus vite. »

Mon mari ne savait rien encore de ce qu'alors j'appelais ma bonne fortune — ah Dieu ! — avant de lui
en rien dire, je mis à part l'entourage du bouton et
les pierres qui composaient en partie les glands; je
me proposais de les vendre secrètement pour acheter
de leur produit différentes choses que je désirais.

Lorsque je lui montrai le reste, il me dit que ces
pierres lui paraissaient avoir appartenu au collier, et
qu'avant de chercher à en disposer il fallait consulter
le Cardinal; qu'il y aurait probablement des précau-

---

(1) J'ai souvent tiré des aveux du Cardinal en lui faisant
entendre que j'allais le confondre par ses propres écrits.
Comme il se rappelait de la lettre qu'il m'avait écrite en me
renvoyant par son suisse les diamants que je lui avais
laissés, et croyant que je la tenais dans ma main pour la produire, il préféra dire la vérité pour éviter sa représentation.
Après avoir balbutié quelque temps, il dit qu'il se rappelait en effet que revenant un jour de Versailles je lui avais
montré des diamants que je disais avoir reçus de la Reine,
et qu'il me les avait renvoyés le lendemain par son suisse.
Toutes ces contradictions prouvent combien le Cardinal était
embarrassé d'après les conseils qu'on lui avait donnés de ne
jamais prononcer le nom de la Reine. Je me trouvais souvent dans le même embarras que lui.

tions à prendre afin que ces diamants, par la circulation rapide du commerce, ne tombassent pas dans les mains de Bohmer et de Basanges. Comme nous en parlions le Cardinal arriva, mais il était pressé, il ne prit que le temps de me dire qu'il me verrait à son retour de Versailles, et qu'en attendant il me conseillait de ne montrer mes pierres à personne.

A son retour, il descendit chez moi, me dit qu'il avait vu la Reine qui ne lui avait pas fait la moindre mention du collier; qu'il ne concevait pas ce silence; qu'ayant examiné les diamants qu'il m'avait renvoyés, il avait reconnu la plupart des pierres marquantes de cette parure ; qu'il ne trouvait point extraordinaire que la Reine y voulût faire quelques changements, mais qu'il l'était infiniment qu'elle ne lui en eût pas dit un mot; qu'il serait au désespoir si les joailliers venaient à apprendre que leur parure a été ainsi dénaturée. — C'est ce qui ne manquerait pas d'arriver promptement, ajouta-t-il, si vous cherchiez à vous défaire dans Paris de ces pierres irrégulières. Croyez que la Reine n'a pas la moindre idée de la valeur du présent qu'elle vous a fait, parce que ces pierres plates et ovales n'entraient pas dans le dessin de la parure qu'elle désire, elle les a regardées comme des bagatelles, mais je vous assure que vous en avez pour plus de cent mille écus, dont vous ne pouvez vous défaire trop tôt ni trop secrètement.

Ayant rendu cette conversation à mon mari, il approuva l'avis du Cardinal, conforme à ce qu'il avait prévu : il vit en conséquence le même jour un juif nommé Franque, qui, moyennant certaines conventions, se chargea de faire le voyage d'Amsterdam mais les troubles qui s'y étaient élevés alors ayant rendu l'opération impraticable, le Juif revint sans avoir rien fait : ce fut alors que mon mari se détermina à passer en Angleterre. Le Chevalier Oneil, Capitaine des Grenadiers et Chevalier de St-Louis, lui ayant proposé de l'accompagner, ils partirent le 12 avril 1785.

Je rendrai le compte le plus complet et le plus exact des diverses opérations que M. de la Motte fit à Londres lors de ce premier voyage ; mais des événements plus importants réclament la préférence sur ces détails, que je renvoie à la fin de mes mémoires.

Depuis le 1er février jusqu'à l'époque du 12 avril, où je suis actuellement arrivée, j'ai déjà observé que la mésintelligence avait fait des progrès rapides ; les rendez-vous devenaient de plus en plus rares ; les entrevues se passaient en altercations ; le Cardinal avait presque perdu de vue le collier ; il lui arrivait seulement quelquefois de me dire : « Il est bien singulier qu'elle ne fasse rien de ses diamants, on ne voit rien paraître ; lui avez-vous vu quelque parure nouvelle ? A tout cela je répondais non, parce que c'était la vérité ; mais il m'en parlait rarement ; deux griefs bien plus sérieux lui tenaient à cœur. Premièrement il soupçonnait la Reine (et je crois qu'il n'avait pas tort) de l'avoir desservi auprès de l'Empereur dont il ne recevait plus de nouvelles ; en second lieu, il lui reprochait de l'avoir amusé, de laisser traîner en longueur *des conventions positives faites avec elle.* Il n'en disait pas la nature, mais je concevais de reste qu'il s'agissait du ministère promis ; il s'était mis d'ailleurs dans la tête qu'il fallait que la Reine le reçût ouvertement. Comme

elle y était moins disposée que jamais, car à cette
époque on avait réveillé en elle toutes ses anciennes
préventions, ne voilà-t-il pas que l'infortuné maniaque
se mit dans la tête de la forcer à lui tenir prompteme n
parole ; on ne devinerait jamais comment. — En lui
faisant éprouver les rigueurs de l'absence ! Il me fit
part un beau jour de son rêve, en me disant bien
sérieusement que *cette femme* avait besoin de lui,
qu'elle ne pouvait se passer de lui, que l'unique
moyen de la forcer à lui donner *de la consistance* et
à le faire reconnaître pour *son favori*, était de s'éloigner quelque temps et de jouer le mécontent. — Il me
fit frémir.

Je ne chercherai point à me faire un mérite des
représentations que je lui fis ; hélas ! en aucun temps
il n'y a déféré — on ne vit jamais aveuglement pareil.
Je lui dis positivement que je croyais voir au
moment où il me parlait, un frénétique sur le bord
d'un précipice, passant un bandeau sur ses yeux avant
de s'élancer ; je versai même des larmes. Il ne tint
compte de rien Dix ou douze jours après le départ de
mon mari, il partit lui-même pour Saverne, très persuadé qu'il ne tarderait pas à être rappelé. J'étais d'autant plus affectée qu'il m'avait confié une conversation
qu'il avait eue quelques jours auparavant avec la Reine,
et qui me paraissait n'avoir pu que déplaire infiniment
à S. M. Il avait encore été question d'une somme d'argent qu'il n'avait pu lui procurer. Sur quelque chose
d'un peu sec que lui avait dit la Reine, il lui avait répondu (selon ce qu'il m'a rapporté) : « Madame, vous
connaissez l'état de mes affaires ; depuis la banque-
route de Mme de Guéménée j'ai beaucoup de peine à
trouver du crédit ; si j'étais dans une position diffé-

rente, ce qui dépend de vous, je trouverais des moyens, des ressources que je n'ai pas, et tout serait à vos ordres. Sans élévation je ne puis rien, la preuve en est qu'avec tous les efforts de mon zèle je n'ai pu trouver la somme que vous désirez. » Depuis cette conversation il n'avait pas revu la Reine, lorsqu'il partit vers la fin d'avril. Entre cette époque et celle du 22 mai où la Reine m'expédia à Saverne pour lui remettre un paquet, dont je parlerai, je continuai de faire ma cour à S. M. qui ne me parlait jamais de lui que pour en dire des choses désagréables. Je voyais clairement qu'il se mêlait beaucoup de jalousie à mille autres causes qui aigrissaient son humeur; que les rapports continuels qui lui revenaient des intrigues du Cardinal, de ses indiscrétions, des imprudences impardonnables auxquelles il s'était livré en parlant de S. M. à des seigneurs qu'il croyait ses amis, l'avaient *exaspérée* à un point qui ne permettait plus d'espérer le retour de ses bonnes grâces.

Les choses étaient en cet état lorsque, le 22 mai, ainsi que je l'ai déjà dit, la Reine m'ordonna de partir pour Saverne et de remettre moi-même entre les mains du Cardinal un paquet qu'elle me confia en me chargeant d'en avoir le plus grand soin. Je partis le soir même. On conçoit que j'eusse donné tout au monde pour connaître le contenu de ce paquet; mais il était enveloppé d'un cordonnet de soie cacheté en tous sens, de manière qu'il n'était pas possible de satisfaire ma curiosité à moins de me déterminer à en faire l'aveu, ce qui était trop délicat. J'espérais que le Cardinal me mettrait dans le secret, il n'en fit rien, de sorte que je n'ai jamais su au juste ce que contenait cet envoi mystérieux; mais à l'abattement du Cardinal je ne conçus que trop que ma mission était fâcheuse, et que le paquet était l'avant-coureur d'une disgrâce confirmée. Il ne me fit que des plaintes vagues, m'annonça qu'il partirait le lendemain pour Paris, sans me dire s'il était mandé, ou si c'était un parti qu'il prenait de lui-même pour tâcher de détourner le coup qui le menaçait. Quoi qu'il en soit, ou qu'il en ait pu être, il revint à Paris, écrivit à Versailles, mais il n'y fut point mandé. Le parti de la Reine était invariablement pris; cette dernière extravagance l'avait révoltée, et les ennemis du Cardinal, ainsi que je le lui avais prédit, avaient profité de son absence pour démontrer à S. M. le danger d'une liaison *quelconque* avec un homme qui, au *moral et au physique,* était perdu. Je souligne ces dernières expressions parce qu'elles sont celles dont se servit dans le temps la Demoiselle Dorvat en me parlant du Cardinal. Sans doute elle les tenait de bonne source; cependant il ne se rebutait pas d'écrire. La Reine qui ne voulait pas encore éclater, ou qui plus probablement n'était pas encore montée à ce point de ressentiment que le Baron de Breteuil s'appliquait à irriter en elle, et qu'il porta enfin à la dernière période; la Reine, dis-je, condescendait quelquefois à lui écrire quelques lignes de réponse. Je n'ai eu que deux occasions d'en prendre copie; ce sont deux billets, l'un du 6 juillet, l'autre du 19 du même mois. Quoique le premier ne se rapporte pas précisément à la période de temps qui fixe en ce moment mon attention; comme il n'a rien qui caractérise un événement particulier, et ne peut qu'indiquer vaguement les dispositions et les réserves de la Reine à l'époque si immédiatement liée à celle de la catastrophe, je le placerai ici. On y démêlera un peu de dissimulation, pour ne pas dire de fausseté; mais

on n'a pas perdu de vue les lettres où S. M. s'accuse
elle-même de ce petit défaut, qui percera plus sensiblement encore dans le N° XXXI, le dernier de la
correspondance, lorsque, comparant les dates, on verra
combien celle du 19 juillet se rapproche du 15 août.

Je viens de parler du Baron de Breteuil; c'est actuellement lui qui va jouer, *derrière la toile,* le rôle principal du drame horrible. Je ne répéterai pas ce que j'ai
déjà observé, que ce dispensateur de lettres de cachet,
ce porte-foudre du despotisme, était l'ennemi mortel
du Cardinal ; je crois même avoir indiqué la source de
cette inimitié implacable. Comme chef suprême de la
haute police, on conçoit qu'à l'aide de cinquante mille
espions à sa solde, peu de choses lui sont cachées ; il y
avait longtemps qu'il était instruit de la négociation
du collier, et qu'il avait conçu l'espoir d'en tirer parti
pour consommer la perte du Cardinal ; en conséquence,
attentif à tout ce qui se passait il avait mandé plusieurs fois les joailliers qui en avaient chaque fois
donné avis au Cardinal. Celui-ci chaque fois leur avait
recommandé le secret, et leur avait même conseillé de
dire que *le collier était parti pour le pays étranger.*
Le ministre attendait avec impatience l'échéance du
premier paiement, dans l'espoir de faire éclater les
bijoutiers, s'il venait à manquer, ainsi qu'il se le promettait. Le Cardinal de son côté dénué de moyens, attendait avec anxiété que la Reine remplît à son égard
ce qu'elle appelait ses *engagements particuliers,* lorsque le 19 Juillet il en reçut la lettre que j'ai annoncée
pour la dernière de la correspondance. Elle est cotée
N° XXXI. Il suffit d'en parcourir le premier alinéa
pour concevoir l'embarras du Cardinal ; mais je le
rendrai plus sensible encore et j'ajouterai un moyen
de plus à la multitude de ceux qui concourent à ma

justification en transcrivant ici un *memento* du Cardinal, produit au procès et que S. E. a reconnu avoir été écrit par son valet de chambre sous sa dictée.

Voici comment il est conçu ; sa date est du 22 au 25 juillet :

« Envoyé chercher pour la seconde fois B. (Bohmer ou Bosanges) crois que c'est pour lui parler encore de ce qui a été dit la première fois sur le secret en question ; s'il est envoyé chercher par le ministre (Breteuil) qu'il dise que l'objet en question est envoyé en pays étranger. »

Ces expressions confuses que le Cardinal faisait jeter sur le papier pour secourir au besoin sa mémoire, ne prouvent-elles pas évidemment qu'instruit des démarches du Baron de Breteuil, il ne s'occupait que des moyens de mettre le secret de la Reine à couvert ? Il était donc persuadé que la Reine avait le collier, que de quelque manière qu'il lui eût plu d'en disposer, elle était obligée à le payer. D'ailleurs ce paiement de 30 mille livres que S. M. faisait à compte des intérêts, annonçait de sa part l'intention de faire honneur à ses arrangements particuliers ; de sorte que, toutes réflexions faites, le Cardinal se tranquillisa et entrevit encore un instant la route de ce qu'il appelait *l'élévation*. Les joailliers, après quelques représentations, refusèrent d'accepter les 30 mille livres sur les intérêts, mais les reçurent à compte sur le principal et en fournirent leur reconnaissance portant qu'ils avaient reçu de S. M. la Reine. (1)

____

(1) Voici une troisième finesse du genre de celles dont j'ai déjà eu occasion de parler ; on a dit au procès que ces 30 mille livres avaient été fournies par moi-même ! Je n'ai encore pu concevoir ce que je pouvais gagner à me dessaisir de 30 mille livres ; mes détracteurs n'ont jamais pu l'expliquer, ainsi que je le laisse à deviner.

Le Baron de Breteuil instruit de ce dernier arrangement, remua ciel et terre pour donner des inquiétudes aux bijoutiers et, avant de savoir de la Reine si elle avait autorisé ou non le Cardinal à traiter avec eux, il prit hardiment sur lui de déclarer que le fait était faux, que le Cardinal les jouait, ajoutant qu'ils n'avaient de parti à prendre que celui de rendre plainte et de présenter un mémoire à S. M. Les bijoutiers intimidés rendirent alors au ministre un compte exact de tout ce qui s'était passé ; comme dans le nombre des circonstances celle de la signature *Antoinette de France* était la plus frappante, M. de Breteuil la saisit avec avidité et, affectant le zèle d'un sujet indigné, il demanda à la Reine un entretien particulier dans lequel il lui exposa avec chaleur tout ce qu'il venait de découvrir.

Il ne faut que le sens le plus ordinaire pour concevoir que la Reine, ainsi surprise, ne jugea pas à propos de faire ses confidences au ministre ; il était moins dangereux d'affecter la surprise et l'indignation, et le collier une fois nié, sera nié dans l'éternité ; il n'était pas possible de revenir sur ses pas : point d'alternative entre se compromettre ou sacrifier deux infortunés. M. de Breteuil transporté de joie mande de nouveau les joailliers, et, sans leur dire que la Reine s'est expliquée, les presse de préparer un mémoire à S. M. qui, à la lecture de la première ligne, s'écrie : « Que veulent dire ces gens-là? Je crois qu'ils perdent la tête ».

Il est à observer que la présentation du mémoire ne suivit pas d'aussi près la conversation du ministre avec la Reine que ces deux faits paraîtraient l'être par ma manière de les rapprocher. Il s'était écoulé entre les deux époques, dont la dernière est le 2 Août, un espace de temps dont il faut rendre compte.

Mon mari était de retour de Londres : j'ai dit que je parlerais de ce voyage à la fin de mes mémoires. Vers la fin de juillet, probablement dès le lendemain de la démarche que le Baron de Breteuil avait faite auprès de la Reine, on me dit que ma maison était entourée d'espions. Le Cardinal à qui j'en parlai me répondit qu'il était persuadé que la sienne l'était de même ; qu'il ne pouvait concevoir ce que cela signifiait. « En ce cas, lui dis-je, j'en parlerai à la Reine. » Je me rendis exprès à Versailles ; je fis part de ce qui se passait à S. M. qui me répondit en termes très vagues et affecta de parler d'autre chose. Dans le cours de la conversation elle me demanda si dans la saison où nous étions, je n'étais pas dans l'usage d'aller tous les ans à la campagne? Quoique un peu étourdie d'une pareille question, je répondis que je n'avais d'autre désir que celui de passer auprès de S. M. tous les moments qu'elle daignait me donner; que je ne m'absenterais jamais qu'autant que j'en recevrais l'ordre exprès de sa part. Je me retirai dans un état d'agitation violente : je sentais que mon sort était attaché à celui du Cardinal, c'était m'en former une idée bien triste. Je me rendis tout droit chez celui que je regardais déjà comme la cause et le compagnon de mon infortune ; je lui fis part de ce qui venait de se passer ; il parla peu, me parut sombre, rêveur et plus affecté qu'à l'ordinaire.

Le lendemain, après avoir vu les joailliers, qui s'entendaient évidemment avec le Baron de Breteuil, il revint furieux contre la Reine; jamais il ne s'était servi contre elle d'expressions si peu mesurées ; c'est en vérité beaucoup dire. Il n'y avait pas de danger à s'abandonner ainsi en ma présence, mais je vis avec le dernier effroi qu'il avait été encore plus loin dans l'entretien qu'il avait eu avec les joailliers ; qu'il leur avait fait les confidences les plus délicates, tracé les tableaux les plus indécents ; qu'en un mot il avait parlé de la Reine comme on ne parle pas des créatures avec lesquelles il a plu à S. M. de me faire vivre pour récompenser ma fidélité. Tout était dans une fermentation qui ne se décrit pas ; je voyais la perte du Cardinal comme absolument inévitable et je m'attendais à m'y voir enveloppée, lorsque je reçus de la part de la Reine une petite boîte contenant trois billets de caisse de mille livres chacun et cent louis en or, avec un billet de la main de S. M. (brûlé à Bar-sur-Aube avec cent autres) portant que, par des raisons particulières qu'elle me communiquerait en temps et lieu, elle désirait que je partisse pour la campagne, me promettant de me donner de ses nouvelles et m'assurant de ses bontés.

Le Cardinal, à qui malheureusement j'avais contracté de tout temps l'habitude de communiquer tout, lut dans ce billet l'arrêt de sa chute immédiate, se hâta de consulter Cagliostro et reçut de cet empirique les funestes conseils qui l'ont perdu ainsi que moi. Voici à quoi ils montaient en somme. Premièrement à empêcher que le Cardinal entrât en arrangements personnels avec les bijoutiers qui s'en fussent contentés ; en lui disant que la Reine n'oserait jamais ouvrir la bouche sur cette affaire, qu'elle serait obligée d'étouffer. En second lieu, à lui suggérer l'idée de m'effrayer et de me faire disparaître ; afin que dans le cas où la

Reine nierait la réception du collier, il pût m'en impu-
ter le vol, et en donner pour preuve ma fuite en pays
étranger; tels étaient les conseils de l'homme méchant, telle fut la résolution de l'homme faible.

En conséquence le même jour à dix heures du soir
le Cardinal passa chez moi, prétendant avoir fait des
découvertes importantes et cherchant à me persuader
que la Reine avait formé contre lui et moi le plus
noir des complots. Quoique le billet et le présent que
je venais de recevoir de S. M. ne me parussent pas
être des indices d'une noirceur préméditée contre moi,
prise ainsi à l'improviste, n'ayant pas le temps de réfléchir et accoutumée comme je l'étais à déférer aux
avis et aux volontés du Cardinal, je parus un peu
ébranlée. Il saisit ce moment pour m'entraîner en me
disant que j'étais perdue si je ne prenais pas le parti
de me réfugier dans son hôtel avec mon mari et ma
femme de chambre, fille affidée qui fréquemment avait
été témoin à Versailles des rendez-vous que lui et moi
avions avec la Reine. — Je suivis aveuglément ce perfide conseil émané de Cagliostro, et, laissant des instructions pour mon mari, nous prîmes, lui, moi et ma
femme de chambre, le chemin de son hôtel où nous
nous rendîmes par des rues détournées.

Lorsque M. de la Motte rentra, mon portier lui remit le billet que j'avais laissé pour lui; je lui disais
simplement qu'à sa réception il fallait qu'il se rendît
sur le boulevard, où il trouverait M. de Carbonnières
qui le conduirait où j'étais : ne concevant pas ce qui
avait pu m'arriver, car il ignorait que tout fût en combustion, il se rendit machinalement à l'endroit indiqué, où il trouva effectivement M. de Carbonnières

accompagné de deux heyducs armés jusqu'aux dents.
On le conduisit mystérieusement à l'hôtel. Quelques
questions qu'il ait pu faire pendant le trajet, il n'ob-
tint d'autre réponse sinon que le Cardinal lui expliquerait tout. Arrivé enfin dans les cours, le Cardinal
s'écria : « Ah ! Dieu soit loué, il n'y a plus rien à
craindre. » Il monta et, comme il se précipitait vers
moi pour me demander ce qui était arrivé, le Cardinal
lui dit : « Tout cela vous surprend, parce que vous
ignorez tout ; mais n'ayez aucune inquiétude vous
voilà en sûreté ; je défie actuellement la Reine : je me
... d'elle et de toute sa clique ; nous verrons la tournure que les choses prendront. Il est tard, couchez-
vous ; je vous verrai demain de bonne heure et nous
causerons. » Il se retira, ferma toutes les portes et
emporta les clefs.

Mon mari avait l'air d'un homme qui sort d'un rêve
fâcheux ; lorsque je lui eus expliqué comment les choses s'étaient passées, il me fit les plus vifs reproches
de m'être prêtée à une pareille extravagance. « En
supposant, dit-il, que ce ne soit qu'une folie, mais à
l'air de satisfaction que je vois au Cardinal de nous
avoir en sa possession je le soupçonne de quelque
chose de pis, cet ambitieux effréné peut nous jouer
quelque mauvais tour : il faut, à quelque prix que ce
soit, sitôt qu'il fera jour, sortir de cette espèce de prison. » Après avoir passé la nuit à faire des conjectures, nous eûmes la satisfaction de voir arriver le
Cardinal à sept heures du matin. — Il était temps,
nous dit-il en entrant, vous étiez enlevés dans la nuit
si vous ne vous fussiez réfugiés chez moi. Je crois
qu'on soupçonne que vous êtes ici, nous verrons la
nuit prochaine à prendre les précautions nécessaires

pour vous faire partir pour *Couvrai*. Votre maison et la mienne ont été entourées toute la nuit; mais il n'y a rien à craindre ici.

M. de la Motte le soupçonnait toujours de quelque mauvais dessein suggéré par Cagliostro, et, déterminé à ne pas attendre la nuit, lui dit avec fermeté : « Je ne comprends rien, Monseigneur, à tout ce que vous dites : n'ayant aucune part à vos intrigues avec la Reine, ne pouvant y être compromis en rien et n'ayant rien à me reprocher, je n'ai rien à craindre. Vous permettrez donc que je retourne à l'instant même chez moi, où me trouvant à la veille de partir pour la campagne j'ai des ouvriers qui emballent mes effets, et des gens que mon absence doit inquiéter. Mon mari faisait effectivement emballer des meubles pour Bar-sur-Aube, et les voitures devaient partir le lendemain ; ce qui n'annonçait pas beaucoup d'inquiétude sur sa position, puisque nous devions suivre d'autant plus près que je devais me conformer aux ordres de la Reine, et m'absenter à ce que je croyais pour quelque temps.

Le Cardinal, déconcerté par la fermeté de cette réponse, fit l'impossible pour ramener mon mari à ses vues; mais le trouvant inébranlable, il lui dit : « Puisque vous voulez vous perdre je m'en lave les mains; mais attendez du moins le retour de mon courrier qui m'apportera des nouvelles de Versailles. » Il insista si fort sur ce point que M. de la Motte se rendit, à condition qu'il écrirait quelques mots à son portier pour rassurer ses gens.

Les nouvelles arrivèrent, et voici le compte que le Cardinal nous en rendit, adressant la parole à mon mari. « Eh bien, vos projets sont contrariés ; je suis actuellement certain qu'on vous cherche partout et que vous serez arrêté si vous sortez. Voici le parti qu'il faut absolument que vous preniez. Je vais vous faire conduire à *Couvrai* : vous trouverez là une voiture qui vous mènera à Meaux. Le maître de poste auprès duquel vous vous ferez passer pour m'appartenir, vous donnera des chevaux ; vous passerez le Rhin et gagnerez un village d'Allemagne, où vous vous établirez chez une personne à qui je vous recommanderai; vous resterez là inconnu à tout le monde jusqu'à ce que les affaires aient pris une tournure plus favorable. Au reste je vous munirai d'un passeport et de toutes les lettres nécessaires. » — J'ai l'honneur de vous répéter, répondit mon mari, que je ne conçois pas ce que je puis avoir personnellement à craindre : cependant, comme j'ignore à quel point la Comtesse a pu porter l'imprudence dans la malheureuse intrigue où vous l'avez embarquée; comme lorsqu'on a des ennemis puissants on ne sait ce qui peut arriver, je ne l'abandonnerai certainement pas et je partagerai son exil si vous le jugez absolument nécessaire, mais j'ai l'honneur de vous prévenir qu'avant de penser au voyage d'Allemagne je suis déterminé à passer quelque temps à Bar-sur-Aube, afin d'y mettre mes affaires en ordre et de prévenir tout éclat.

Ici l'altercation étant devenue un peu vive et mon mari ayant menacé de sauter dans le jardin par la fenêtre, le Cardinal céda. « Vous avez une mauvaise tête, dit-il, elle vous perdra; vous ne doutez de rien; vous ne connaissez pas les gens auxquels vous avez affaire : ils sont capables de tout. Réfléchissez encore jusqu'à demain, car pour aujourd'hui je ne veux absolument pas vous laisser sortir; c'est précisément l'heure où rôdent les espions. Je vous verrai demain matin; si vous êtes encore dans la même résolution, les portes vous seront ouvertes. »

Le Cardinal tint parole le lendemain, et laissa sortir mon mari après lui avoir fait donner sa parole d'honneur que quoiqu'il pût lui arriver il ne révélerait jamais le lieu de ma retraite; il promit aussi de revenir le soir même et de réfléchir sur le projet du voyage d'Allemagne. S'étant reudu chez lui il y trouva tout tranquille; le portier lui dit qu'il n'avait vu personne d'étranger. Dans le cours de la journée il vaqua à ses affaires, parut en public, au palais royal où il dîna; en un mot se montra partout sans découvrir nulle part les traces de l'espionnage. En conséquence, ayant le lendemain des caisses à faire partir, il chercha à se dégager du rendez-vous qu'il nous avait donné, et s'étant rendu sur le Boulevard à l'heure indiquée, il dit à M. de Carbonnières qu'il ne pouvait absolument pas le suivre ce soir-là, mais que le lendemain il viendrait me prendre. Il retourna chez lui et se coucha; circonstance infiniment heureuse en ce qu'elle lui procura le lendemain des éclaircissements de nature à mettre au plus grand jour les manœuvres du Baron de Breteuil.

S'étant levé de bonne heure, il était dans sa cour occupé avec les voituriers et, les emballeurs, lorsque Basanges, que nous n'avions pas vu depuis longtemps, se présenta à la porte; l'ayant aperçu dans la cour il l'aborda et lui demanda si j'étais visible.

* * * Comme ce dont je rends compte à présent, et

ce que j'aurai à traiter presque immédiatement après ne m'est connu que par le rapport que m'en a fait mon mari, je le prie de prendre la plume et de raconter les choses au public avec la même simplicité, la même vérité qu'il a mises dans les récits qu'il m'a faits, et de faire usage autant qu'il sera possible des termes dont il s'est servi. Je vais, tandis qu'il continuera ma tâche, prendre haleine et recueillir les forces nécessaires pour la finir. »

(N.-B. C'est M. de la Motte qui parle)

« Basanges m'ayant abordé me demanda s'il pouvait voir la Comtesse à qui il avait quelque chose d'important à communiquer, je lui dis qu'elle était à Versailles ; que s'il voulait monter nous causerions plus commodément ; il accepta.

« Ce que j'avais, me dit-il, à communiquer à Madame la Comtesse est que j'ai vu hier le Cardinal ; il était furieusement agité ; je suis très fâché de sa disgrâce et *je ne voudrais pas que M. Bohmer contribuât à le mettre dans de plus grands embarras* (1), M. le Cardinal nous porte ses plaintes, se récrie devant nous sur la manière indigne dont il est traité. Cela peut être touchant, mais n'a aucun rapport avec l'affaire à arranger entre lui et nous : que ce soit pour la Reine ou pour toute autre personne qu'il ait acheté le collier, cela nous est indifférent; nous ne voulons même pas le savoir. Un jour il nous dit que nous devons être tranquilles, que c'est lui qui a pris avec nous tous les

---

(1) C'était avec Bohmer que le baron de Breteuil concertait son complot; ainsi cette naïveté de Bosanges, son associé, me paraît très significative.

arrangements pour les payements, qu'il est juste que nous soyons payés et qu'il nous payera; puis, se promenant à grands pas, il s'agite, tient des propos que je ne puis répéter et finit par nous dire que, *puisqu'on lui nie le collier, il peut bien le nier aussi*. Cela est fait pour nous donner beaucoup d'inquiétudes, car nous n'avons pas de titre, nous sommes à la merci de sa bonne foi, et s'il *niait* comme il en menace quelquefois, *nous ne pourrions recourir qu'à l'autorité ;* (leçon du Baron de Breteuil), dans cet état d'anxiété, je venais consulter Madame la Comtesse, et tâcher de savoir d'elle quelle est la dernière résolution du Cardinal; nous ne lui voulons point de mal, et nous serions au désespoir *des suites que cette affaire pourrait avoir —* MAIS — il en resta sur le *mais* qui me parut expressif: il était évident qu'on les pressait de rendre l'affaire publique, mais qu'ils étaient encore retenus par la crainte de perdre le prix du collier, attendu qu'ils n'avaient entre leurs mains aucun écrit du Cardinal qui pût prouver l'emplette qu'il en avait faite. Le cas était effectivement très alarmant pour eux ; Cagliostro exhortait sans cesse le Cardinal à *nier* jusqu'à la négociation du collier. Dans les démarches que la Reine faisait faire auprès d'eux, à l'instigation de Breteuil, elle ne faisait point espérer de payement, et certainement le Baron de Breteuil n'était pas disposé à s'en charger ; de sorte que, tout considéré, quoique le délabrement des affaires du Cardinal leur fût connu, il avait tant de ressources, des revenus si immenses quoique obérés, qu'ils eussent préféré un arrangement tel quel avec lui, à toutes les promesses que leur faisait Breteuil. Ils étaient d'ailleurs d'autant plus portés (même par honnêteté) à se prêter à tout ce qui pourrait lui convenir, qu'ils sentaient, voyaient et avaient la bonne foi

5

de dire, assez ouvertement qu'on voulait les rendre les instruments de la perte du Cardinal ; mais le refrain était toujours « au bout de tout cela qui nous payera notre collier ? » Basanges me le répéta au moins dix fois. Enfin, après une très longue conversation à laquelle je ne prenais guère part, ne me connaissant aucune influence sur le Cardinal, et connaissant toute celle de Cagliostro ; il me quitta en me priant de le faire avertir lorsque la Comtesse serait de retour. « Il faut espérer, dit-il en sortant, qu'elle nous apportera de bonnes nouvelles. »

Le même jour, à l'entrée de la nuit, je retournai chez le Cardinal qui entra un instant après mon arrivée : je lui rapportai la conversation que j'avais eu le matin avec Basanges, d'après celle qu'il avait eu avec les deux associés. Il n'attendit pas la fin de mon rapport ; il s'emporta contre la Reine jusqu'au point de la traiter comme la plus effrénée et tout à la fois la plus dégoûtante des créatures. Ce serait révolter les personnes même qui ont perdu tout sentiment de pudeur que de retracer les images hideuses que le moment de sa fureur lui fit dévoiler. Je me bornerai à dire que plus d'une fois devant moi et devant plus d'une personne, le Cardinal irrité s'était permis d'exprimer dans les termes les plus grossiers et avec les plus affreux détails combien d'objets de répugnance il avait trouvé au milieu de ces mêmes jouissances que son ambition lui avait tant fait chercher. (1) L'a-

---

(1) Malheureux prince ; sans doute il le savait, et à qui le devait-il ? à la Comtesse qui, le voyant livré aux égarements les plus sinistres, lui dit, lui répéta en dix occasions différentes qu'il n'avait qu'un moyen de se sauver ; que ce moyen

trocité des emportements du Cardinal, repétés devant plus d'un témoin est sans doute l'explication et, s'il est permis de le dire, l'excuse de la cruelle proscription qu'un ressentiment implacable a prononcée contre lui.

Je crus qu'il ne finirait pas ; cependant il se sentit fatigué, et après une courte pause il remit sur le tapis le voyage d'Allemagne : c'est ce que Cagliostro lui avait le plus recommandé ; j'étais vraiment étourdi de tout ce vacarme, je sentais qu'il fallait que la Comtesse s'absentât, que je la désobligerais ne l'accompagnaht pas ; en un mot, comme il fallait finir par prendre un parti, je dis au Cardinal que je consentais à passer en Allemagne, mais qu'auparavant il était absolument indispensable que je passasse quelques jours à Bar-sur-Aube ; que là je prétexterais d'aller à Spa. Le Cardinal me parla encore de danger, de mauvaise tête, d'obstination, je n'en voulus pas démordre ; alors il prit une carte sur laquelle il marqua le jour de notre départ de Paris, le temps de notre trajet à Bar-sur-Aube ; celui du séjour que nous y ferions, et enfin celui que nous employerions pour

---

était de se jeter aux pieds du Roi et de lui révéler tout, excepté ce qui ne se dit jamais à un mari; c'est-à-dire de présenter ses liaisons avec la Reine comme affaire de pure politique, dans laquelle il avait été embarqué par l'ambition, et dans le cours de laquelle il avait fait pour plaire à sa souveraine des efforts au-dessus de ses facultés, tels entre autres que l'emplette du collier, etc. Dix fois il lui avait promis de le faire, et dix fois l'infâme Cagliostro l'en avait détourné. C'est ce vil empirique qui, sous tous les rapports, a perdu le Cardinal, mon épouse et moi. Son insatiable avidité, en s'opposant à ce que le Prince prit avec les bijoutiers les arrangements promis, a surtout amené la catastrophe

nous rendre en Allemagne. Calcul fait, le tout montait à 14 ou 15 jours. Il me donna des renseignements sur la route que nous devions suivre et l'endroit où nous allions nous établir ; mais quant au passe-port et aux lettres qu'il m'avait promises, Cagliostro lui avait observé avec assez de raison que si après nous avoir imputé le vol du collier (1) on découvrait qu'il avait connivé à notre fuite, il serait sérieusement compromis : il me dit donc à ce sujet que je n'en avais pas besoin, et nous partîmes sans le presser à cet égard, attendu qu'il s'en fallait beaucoup que je fusse déterminé à passer en Allemagne ; je n'en voyais pas la nécessité, et, sur ses derniers temps, le Cardinal m'était infiniment suspect. L'événement a prouvé que les pressentiments qui m'inspiraient de la défiance n'étaient que trop fondés.

Cette déclaration calomnieuse qu'il fit au Roi au moment où on l'arrêta, (déclaration si ridicule lorsqu'on considère toutes les circonstances qui l'avaient précédée) produisit, en pure perte pour lui, l'effet le plus funeste pour nous, qui étions loin de concevoir comment nous pouvions être enveloppés dans sa disgrâce.

J'ai dit que nous étions tranquilles à Bar-sur-Aube

---

(1) Ce bas subterfuge n'était pas dans l'âme du Cardinal, mais Cagliostro l'avait si bien endoctriné qu'au moment où le Roi le fit arrêter, il dit en perroquet : « J'ai été trompé par une femme nommée Valois de la Motte, que l'on m'a dit être en pays étranger. » Il le croyait et espérait qu'au moyen des instructions qu'il nous avait données, on ne nous trouverait pas. Cependant, ainsi qu'on le verra, nous étions parfaitement tranquilles à Bar-sur-Aube, le sachant à la Bastille.

où nous avions déjà passé quinze jours. Le 17 Août nous étions chez le duc de Penthièvre à Château-Villain ; c'était la veille de son départ. De là nous avions pris la route de Claivaux où nous étions arrivés à l'entrée de la nuit ; nous venions d'être informés que le Cardinal était à la Bastille, et, sur ce seul avis, si nous eussions eu quelque chose à nous reprocher, nous eussions profité d'un moment si favorable pour nous dérober à toute poursuite ; la Comtesse et moi avions tous nos diamants, une bonne voiture, quatre chevaux frais et quatre autres qui nous avaient amenés de Château-Villain ; nous pouvions dans la nuit même sortir du royaume ; que fîmes-nous ? Nous retournâmes chez nous à Bar-sur-Aube.

En conséquence de l'avis que nous venions de recevoir, le premier soin, je devrais dire le premier devoir de la Comtesse, fut de brûler tout ce qu'elle avait de lettres ou billets, soit de la Reine, soit du Cardinal ; elle y employa deux grandes heures, ensuite elle fut se coucher. Le lendemain 18 j'aperçus en me levant un monceau de cendres noires que je ramassai pour les jeter dans la cheminée. Je finissais à peine lorsque mon valet de chambre m'annonça deux messieurs qui désiraient me parler. Je fis entrer ; l'un d'eux me dit de ne faire aucun bruit, qu'ils avaient des ordres du Roi pour s'emparer de tous mes papiers ; je ne fis aucune difficulté et leur livrai toutes les clefs des commodes, secrétaires, etc. Pendant qu'ils s'assuraient de tous les papiers qu'ils mirent dans une boîte que je scellai de mon cachet, la Comtesse s'était levée ; l'un d'eux me tira en particulier et me dit qu'ils avaient ordre d'emmener la Comtesse pour être présente à l'ouverture des scellés, qu'il ne fallait pas qu'elle s'ef-

frayât, qu'ils la conduisaient chez le baron de Breteuil
où les choses seraient promptement arrangées. Je lui
fis part de cet incident qu'elle prit avec beaucoup de
sérénité; elle demanda le temps de s'habiller, de dé-
jeuner et de se munir des choses nécessaires au voyage.
Dans cet intervalle, je demandai à ces gens s'il m'était
libre d'accompagner mon épouse; ils me répondirent
qu'ils n'y voyaient aucun inconvénient; je passai en
conséquence dans mon appartement pour m'habiller,
et je donnai des ordres pour une voiture et des chevaux. Lorsque je rentrai où ils étaient, ils m'obser-
vèrent que si je partais avec eux on croirait qu'ils
avaient des ordres pour m'emmener avec la Comtesse,
qu'il valait beaucoup mieux rester quelques heures
dans la ville pour me montrer et partir ensuite. D'ailleurs, me dirent-ils, vous avez de meilleurs chevaux
que nous, nous n'allons coucher qu'à Nogent, il vous
sera facile de nous rejoindre; d'après cet avis, qui me
parut raisonnable, je restai déterminé à les suivre
deux heures après. Plût au ciel que je l'eusse fait! On
ne tardera pas à voir de quelle conséquence cela eût
été pour la Comtesse et pour moi.

A peine eus-je perdu la voiture de vue que je m'en-
fermai dans mon appartement, situé dans l'aile du
bâtiment qui faisait face à celui de la Comtesse. J'y
avais un secrétaire que j'avais fait faire à Paris avec
un secret pour contenir de l'argent ou des papiers; les
exempts l'avaient fouillé, mais n'avaient pas trouvé le
secret extrêmement ingénieux. Lors de notre dernier dé-
ménagement à Paris, la Comtesse y avait mis des papiers qu'elle me cachait, et heureusement lorsqu'elle
avait fait main basse sur tous ceux qu'elle croyait
avoir pour les brûler, elle ne s'était pas rappelé ceux-là,

Lorsque les exempts avaient visité ce secrétaire, ils y avaient trouvé un petit portefeuille contenant pour 35 mille livres de billets de la caisse des fermes et s'en étaient saisis, quoiquejeleureussefortementreprésenté que ces billets étaient de l'argent et non pas les papiers qu'ils cherchaient (1). Ils me répondirent que leur ordre portait de prendre *tout papier écrit,* sans regarder ce que c'était.

Le baron de Breteuil, parfaitement instruit de toute l'intrigue ainsi qu'on a vu qu'il l'avait donné plus qu'à entendre à la Comtesse, était persuadé que l'on trouverait dans ses papiers des lettres de la Reine et du Cardinal, et avait défendu à ses émissaires d'y porter un œil profane, afin que seul maître du secret de la Reine, il pût se faire valoir auprès d'elle, tant pour sa discrétion que pour son activité; mais le hasard en avait disposé autrement. En portant les yeux

---

(1) Il serait superflu sans doute de faire observer une seconde fois que si nous eussions cru pouvoir être compromis le moins du monde par le désastre du Cardinal, il nous était facile de dérober ces effets, notre argent comptant et nos bijoux aux recherches de la police; nous n'avions songé qu'aux papiers parce qu'ils pouvaient compromettre la Reine et le Cardinal; aussi n'était-ce que les papiers que l'on cherchait : cette circonstance a donné lieu à une remarque que la Comtesse a faite le lendemain de son entrée à la Bastille. M. de Crosne étant venu pour l'interroger, lui dit que le Cardinal l'accusait de lui avoir escroqué un collier sous le prétexte que la Reine le désirait ; après lui avoir marqué sa surprise, elle lui dit qu'elle ne pouvait s'imaginer que le Cardinal l'eût accusée d'une chose qu'il savait être fausse ; que cependant, si le fait existait, elle était surprise qu'au lieu de s'emparer de tous ses bijoux pour vérifier le délit et la convaincre, on se soit borné à s'emparer strictement de tous les papiers qui étaient chez elle, ce qui dans pareil cas était très inutile. Ce fut à cette occasion qu'elle exigea la présentation de tous ses bijoux que les exempts avaient laissés dans son secrétaire.

sur ce secrétaire que je venais de voir si scandaleuse-
ment dépouiller, l'idée me vint d'en ouvrir le secret;
et je ne fus pas médiocrement surpris d'y trouver un
paquet de papiers enveloppés, ficelés dans un sac où il
y avait eu de l'argent. Je fermai ma porte, examinai
ces papiers, et, les jugeant être d'une conséquence sérieuse, je fus d'abord tenté de les brûler; la Providence
retint mon bras.

Dans ces entrefaites, le duc de Penthièvre passa à
Bar-sur-Aube; un officier de sa suite, que je rencon-
trai comme je revenais de conduire la Comtesse à sa
voiture, instruit de ce qui venait d'arriver, me dit que,
dans une affaire d'une nature pareille, j'avais tort d'être
aussi tranquille que je paraissais l'être, et que le parti
le plus prudent que j'avais à prendre était de me mettre
en sûreté en attendant la tournure que les choses prendraient. Ma famille et mes amis que je vis dans le
cours de la journée, me donnèrent le même conseil. Je
me décidai en conséquence à passer en Angleterre où
j'avais formé des connaissances dans mon premier
voyage, et où j'avais laissé quelques diamants qu'il
était naturel que je retirasse.

La Comtesse était partie à onze heures du matin, je
partis le même jour à dix heures du soir, avec cent
louis dans ma bourse et deux paquets de perles dont
je parlerai ci-après, laissant à mon beau-frère tous
mes bijoux, tous ceux de la Comtesse et les clefs de
tout ce qui nous appartenait. Je conduisis ma sœur
jusqu'à Meaux où nous nous séparâmes; je lui donnai
mon adresse à Londres, persuadé que la première lettre
que je recevrais d'elle m'apprendrait que la Comtesse
était libre et m'attendait à Paris.

J'arrivai à Boulogne-sur-Mer le samedi soir 20 août. Le lundi 22, je m'embarquai à midi et, arrivé à Londres, je descendis à l'hôtel où j'avais séjourné lors de mon premier voyage. Ma première sortie fut pour me rendre chez le bijoutier Gray, chez lequel j'ai dit avoir laissé quelques diamants pour monter un collier et des boucles d'oreilles destinés, lorsque je les lui avais remis, pour l'usage de la Comtesse; je les trouvai montés, et sans cette ressource j'aurais péri de misère, ne m'étant soutenu longtemps que du produit de ces deux objets.

Trois jours après mon arrivée je fus trouver l'avocat Linguet, à qui je rendis un compte fidèle de toute l'affaire telle que nous la rapportons aujourd'hui. Il me dit que je ne devais pas m'inquiéter sur le sort de la Comtesse. Qu'il paraissait par ce qu'il avait entendu dire par des personnes bien instruites, que l'intention de la Reine était de perdre le Cardinal, et que le collier avait servi de prétexte et de moyen : il me conseilla d'envoyer mon valet de chambre à ma sœur qui était à Paris, afin de savoir ce qui se passait, ne pouvant rien faire, me dit-il, avant d'avoir reçu des avis sûrs, sur lesquels on pût rédiger un plan de conduite. Je fis partir le lendemain mon valet de chambre qui fut arrêté en arrivant à Paris ; je ne l'ai jamais revu.

Deux jours après, je reçus la visite d'un prêtre irlandais, ami de Mac-Dermott (1), qui me dit que ce dernier était à Lancaster, que si j'avais quelque chose à lui faire dire il lui écrirait le jour même et se chargerait de ma commission; je le remerciai.

---

(1) On verra avant peu quel était ce Mac-Dermott, et le rôle qu'il a joué dans cette affaire.

5.

Comme toutes les personnes de ma connaissance étaient à la campagne et que je m'ennuyais beaucoup, en quittant cet Irlandais, qui sans doute me suivit de l'œil, je me rendis au petit théâtre de Hay-Market; il pleuvait lorsque j'en sortis; je pris un fiacre pour retourner chez moi. A peine étais-je entré dans Piccadilly que je reçus à la tête un coup violent dont je fus étourdi pendant quelques minutes; j'avais un chapeau rond qui heureusement avait paré le coup et empêché l'épée de pénétrer. Je crus, dans le premier moment, que la voiture avait versé; mais m'étant remis, et sentant qu'elle roulait, je cherchai à découvrir ce qui avait pu me causer un choc si rude; en me retournant j'aperçus un trou à la lucarne de derrière et, me levant pour l'examiner, je vis un homme tenant de chaque main les deux montants qui servent d'appui aux domestiques, il avait à la main quelque chose que je pris pour une canne. Je pensai que cet homme avait voulu monter derrière la voiture, comme cela arrive continuellement, et qu'ayant manqué son coup, le bout de sa canne avait porté sur la lucarne et m'avait ultérieurement atteint. Je me remis en conséquence au fond de la voiture et me jetai machinalement sur l'angle droit; en cela le hasard me servit mieux que la prudence; car au moment où le cocher allait tourner dans Duke-street Piccadilly, pour gagner Jermyn-street, où je demeurais, je vis sortir du même trou la lame d'une épée qui, me passant à la hauteur des yeux, cassa la glace du côté où j'étais. Si j'avais été placé au milieu dans une attitude moins penchée, le fer m'atteignait à la gorge. Eclairé enfin sur le danger que je courais, n'ayant pour armes qu'une petite baguette, je tirai le cordon; le cocher descendit; je lui fis remarquer les deux glaces cassées et l'homme qui

fuyait à toutes jambes; mais ne sachant pas un mot
d'anglais, et ne pouvant m'exprimer que par signes, il
remonta sans avoir rien compris sinon que j'avais
cassé ses glaces dont il demanda le payement sitôt
qu'il m'eut déposé à l'hôtel. Là, je trouvai enfin à qui
parler; je racontai ce qui venait de m'arriver, et l'on
me dit pour tout conseil, que je devais prendre garde
à moi. Le lendemain matin je vis M. Linguet à qui
je fis le même rapport; il me dit que ma vie n'était
pas en sûreté à Londres; que le coup partait ou de la
Reine ou du Cardinal, que j'avais autant à craindre
de l'une que de l'autre; qu'il concevait pourquoi mon
existence les inquiétait également; qu'en un mot,
il fallait absolument que je me tinsse caché dans l'endroit le plus retiré et le plus sauvage, ayant soin
de lui faire passer mon adresse sitôt que j'aurais
choisi un domicile, afin qu'il pût me faire parvenir
les nouvelles que me rapporterait mon valet de chambre et m'indiquer le parti qu'il y aurait à prendre
selon les circonstances.

Je partis le même jour avec un domestique interprète, qui ne m'a pas quitté de ce moment à celui de
mon retour à Londres. Après avoir fait détour sur détour, pensant que Mac-Dermott pourrait me servir
dans des circonstances aussi critiques, je me déterminai à l'aller joindre à Lancaster. Arrivé dans cette
ville, on me dit qu'il était à 20 milles de là; je m'y rendis : il fut très surpris de me voir; il savait la triste
aventure du Cardinal et de la Comtesse, et me croyait
moi-même à la Bastille. Ce fut dans cette entrevue et
celles qui suivirent que je lui confiai les détails relatifs à l'intrigue de la Reine et du Cardinal, et que je
lui dévoilai l'affaire du collier dans toutes ses circon-

stances. Je lui montrai le petit que je venais de retirer des mains de Gray ainsi que les boucles d'oreilles. En général je m'ouvris infiniment trop, et ce qui arriva dans la suite prouve qu'à mesure que je lui donnais des éclaircissements sur cette affaire, j'irritais en lui le désir d'en tirer parti. Effectivement, au bout de deux jours d'ouvertures de ma part, de méditations de la sienne, il me conseilla de passer en Irlande et d'y changer de nom. Il me donna diverses lettres de recommandation, et nous convînmes qu'il partirait le lendemain pour Londres, qu'il verrait M. Linguet, me ferait passer les dépêches de mon valet de chambre; qu'en un mot, en toutes circonstances, il agirait de manière à prévenir ou redresser tout ce qui pourrait m'être contraire. C'est ainsi que nous nous séparâmes à Lancaster, et je n'en ai entendu parler depuis qu'en apprenant que le Cardinal l'avait fait venir à grands frais pour signer une déposition fabriquée par l'avocat Target. Il avait déjà commencé ses impostures et ses perfidies à Londres où on lui avait déjà dicté des dépositions qui sont un amas informe de faussetés démontrées par les faits (1); et c'est sur cette base

---

(1) Le Capucin Mac-Dermott après avoir fait une déposition à Londres, à l'instigation de Carbonnières, s'est ensuite rendu à Paris à grands frais pour déposer un tas de mensonges qui ne prouvaient rien. Je vais à cette occasion rapporter la conduite du rapporteur et du greffier pour tâcher d'intimider la Comtesse. Lorsqu'elle entra dans la salle de conseil, elle vit sur la figure de ces deux messieurs un air morne, un regard farouche qu'elle n'avait pas encore aperçu. Le rapporteur (Dupuis de Marcé) lui adressa la parole en ces termes et avec un son de voix sépulcral: « Madame, je suis bien fâché de vous annoncer que vous allez être confrontée avec une personne qui vient de bien loin et que vous n'attendez sans doute pas ; » s'imaginant d'abord que c'était moi, elle répéta ce qu'elle avait dit cent fois, que ma présence ne pouvait que lui être très avanta-

mensongère que l'impudent Target a posé l'édifice ridicule de ce mémoire boursouflé qui arracha des larmes au Cardinal lorsqu'il vit que tout y était faux. Tout le monde sait qu'il le rejeta, défendit qu'il parût, et nia solennellement le contenu entier, et s'écria dans son indignation qu'il ne voulait pas qu'on le fît passer pour un sot, A cela Target répondit : « Monseigneur, votre famille le veut ainsi; nous n'avons pas d'autre moyen de vous sauver. »

Arrivé à Dublin, je remis moi-même à leurs différentes adresses les lettres que Mac-Dermott m'avait données: je fus parfaitement accueilli et introduit au bout de quelques jours dans les meilleures sociétés. J'eus même occasion de voir le Vice-Roi qui me fit beaucoup de questions sur l'aventure du Cardinal; me

---

geuse, persuadée que je dirais la vérité et confondrais le Cardinal. « Mais; Madame, je crains de vous causer une révolution ? » — « Ne craignez rien, répondit-elle, la présence de cette personne qui vient de si loin ne peut que me faire grand plaisir. » Voyant enfin qu'il ne pouvait parvenir à l'effrayer, il dit à Fremyn en poussant un profond soupir! allez donc Fremyn : faites entrer cette personne ; Fremyn se lève et va ouvrir une porte d'où elle vit sortir une mine hypocrite qui s'avança jusqu'à elle les yeux baissés. N'ayant jamais vu cette figure elle s'écria : en voilà encore un autre; voyons ce qu'il dira. On lui lut d'abord sa déposition qui avait certainement été dressée par l'avocat Target; accoutumée comme elle l'était à entendre journellement de pareilles lectures, elle reconnut parfaitement le style et les tournures d'un homme versé dans la chicane; après cette lecture qu'elle interrompit souvent par des observations tendantes à humilier ce scélérat, et à démontrer le mépris et l'horreur que lui inspiraient ceux qui participaient à toutes ces iniquités; elle dit que cette déposition était un amas de faussetés et de mensonges abominables et que celui qui avait l'infamie de la faire méritait une punition exemplaire. Comme il s'étendait beaucoup sur les confidences qu'il disait que je lui avais faites des liaisons de la Comtesse avec la Reine et le Cardinal, elle lui représenta

dit des choses honnêtes, entre autres, que lorsqu'il serait en ville (il résidait principalement à la campagne), il serait charmé de me voir. Dans le cours de la conversation, il feignait d'admirer un cordon d'acier que j'avais à ma montre, au bout duquel était mon cachet, qu'il examina, circonstance qui ne me permit pas de douter qu'il savait qui j'étais ; on verra bientôt, par les confidences que me fit après le comte d'Adhémar ,que je ne me trompais pas. ·

Il y avait près de trois semaines que j'étais à Dublin et je n'avais reçu aucune nouvelle de Mac-Dermott ;

---

que, puisque j'avais une aussi grande confiance en lui, je devais lui avoir dit le lieu de ma retraite ; elle insista à en avoir une déclaration de sa part afin qu'on pût me faire venir et lui être confronté ; il répondit à cela qu'il n'en savait rien. Dupuis de Marcé et Fremyn, qui étaient intéressés à la trouver coupable, lui disaient souvent (surtout lorsqu'elle poussait des arguments à ce capucin, et se servait d'expressions faites pour lui) « Mais, Madame, vous ne savez pas ce que votre mari a pu dire dans les conversations qu'il a eue avec l'Abbé Mac-Dermott ; c'est un homme d'honneur, qui n'est pas capable de venir ici pour en imposer. « Nous allons voir, répondit-elle ? « puisque M. de la Motte n'est pas ici pour le confondre sur les points qui le regardent, je vais le faire sur les observations que j'ai déjà faites sur sa déposition. » Il avait fait une longue ampliation des bijoux qu'il disait m'avoir vu, à mon premier voyage à Londres ; elle avait remarqué, entre une multitude d'absurdités qu'il faisait mention d'une superbe paire de boucles de souliers montées en brillants ; comme je les avais heureusement laissées à Bar-sur-Aube et qu'elles étaient déposées à la Bastille dans un de ses cartons, elle les fit venir, non sans beaucoup de difficultés, et le fourbe capucin eut l'humiliation de voir que ce bijou superbe valait à peu près deux louis. Il en a été de même de toutes ses dépositions. Après l'avoir traité comme un nègre, elle dit au rapporteur que sans doute il ferait bientôt venir le savetier du coin pour venir déposer contre elle ; après cette sortie elle quitta la place, indignée et furieuse contre tous ces scélérats.

cela me donnait beaucoup d'inquiétude; mais s'il ne m'écrivait pas, il écrivait à d'autres, et n'était pas inactif à mon égard.

J'étais souvent invité à des parties de plaisir dans les environs de Dublin; je m'y rendais sans prendre avec moi mon domestique; j'en revins un jour malade; je perdis tout à coup l'appétit; j'attribuai cet état à l'inquiétude et au chagrin qui me dévoraient. Traînant l'ennui partout, soupçonnant que j'étais connu à Dublin, en un mot, tourmenté par des pressentiments désagréables quoique très heureux pour moi, je me determinai à quitter cette île pour passer en Ecosse; je dis aux personnes de ma connaissance que j'allais voir le célèbre lac de Killarney, que je reviendrais ensuite par Cork, que je désirais voir; mais, prenant une route opposée, je gagnai un petit port qui conduit en Écosse. Mon mal empirait à chaque instant, j'étais méconnaissable; il y avait 18 jours que je n'avais rempli les fonctions du corps les plus naturelles et les plus indispensables, lorsque j'arrivai à Glascow. Je fis venir un médecin que je consultai; après m'avoir examiné et fait beaucoup de questions, il me dit qu'il y avait quelque chose de bien extraordinaire dans ma maladie, qu'il n'y connaissait rien, et qu'il me conseillait de me rendre sans perdre un moment à Edimbourg, où je trouverais tous les secours de l'art mieux qu'en autre lieu du monde; en attendant il me donna quelques remèdes destinés à me rafraîchir, mais qui ne produisirent aucun effet. Arrivé le lendemain de bonne heure à Edinbourg, je mandai un médecin et un chirurgien de la plus haute réputation; après une longue consultation, ils me quittèrent en me disant qu'ils reviendraient le lendemain juger de l'effet qu'opéreraient les remèdes qu'ils allaient m'envoyer. Cet effet fut que le lendemain je me trouvai beaucoup plus mal, et que quelques jours après il ne me fut plus possible de quitter le lit. C'est à cette période extrême que je reconnus par leurs questions, et les remèdes qu'ils m'administraient qu'un empoisonnement avait succédé à l'assassinat manqué; ils me dirent que si je fusse arrivé huit jours plus tard il eût été impossible de me sauver. Quelle main avait dirigé le fer meurtrier? quelle main avait empli la coupe empoisonnée? ce qui me reste à dire ne l'indiquera que trop; l'Ambassadeur de France ne m'a pas laissé de doute; je ne m'expliquerai pas plus clairement qu'on verra qu'il l'a fait lui-même, certainement sans le vouloir.

De cette seconde tentative il est résulté que j'ai passé trois mois au lit et quatre mois et demi sans sortir de mon appartement; pendant tout ce temps-là je n'ai pas su un mot de l'affaire du Cardinal. Lorsque je fus en état de soutenir la lecture, mon domestique me proposa de m'amener un maître de langue qu'il rencontrait tous les jours à la taverne qui fournissait ma table; pour m'engager à le recevoir, il me dit que cet homme allait montrer l'italien chez les ducs de Gordon et de Buccleugh; qu'il entendait parler journellement de mon affaire et que je pourrais tirer de lui, sans affectation, des détails intéressants; pour apprendre quelque chose, j'eusse pénétré dans la caverne des voleurs; je goûtai l'idée et je vis l'homme le soir même; je lui dis que pour me désennuyer je voulais apprendre l'italien.

Il était grand parleur, et sans que je le misse sur la

voie, il mêla à son farrogo de nouvelles les noms du Cardinal, de la Comtesse de la Motte, de Cagliostro; me dit qu'il avait paru des Mémoires sous ces trois noms; mais il n'en savait pas davantage. Ayant remarqué à Glasgow qu'un certain café recevait la *Gazette de Leyde*, je pris une voiture et m'y transportai; je me fis apporter la collection entière que je feuilletai avec précipitation et fus aussi surpris qu'indigné de voir par les fragments de ces mémoires la tournure insidieuse que l'on avait donnée à la défense de la Comtesse. Je maudis, sans le connaître, l'avocat imbécile ou fripon qui avait si indignement dénaturé une affaire si simple en elle-même. Je passai deux jours et deux nuits à copier tout ce qui me parut porter sur les points les plus essentiels, et retournai à Edimbourg dans la ferme résolution d'expédier un exprès à Me Doillot, que je ne connaissais pas, que je savais encore moins avoir été choisi et dirigé par le Baron de Bréteuil. Le cercle de mes connaissances ne pouvant être que très étroit à Edimbourg, je jetai *malheureusement* (1) les yeux sur le maître de langue qui, mourant à peu près de faim, me parut devoir être disposé à entreprendre un voyage qui lui rapporterait quelque argent. Comme précisément il s'avisa, à mon retour, de m'entretenir pour la dixième fois de ses malheurs, je saisis cette occasion de lui faire entendre que je pouvais lui être utile; je me découvris à lui et

---

(1) Bien malheureusement en vérité : ceci était encore pis que Mac-Dermott. L'homme dont je parle et qui va jouer un rôle si atroce dans ce qui me reste à rapporter de mes aventures personnelles, était un aventurier insigne qui se faisait appeler Benevent, mais dont le nom connu en Angleterre était Costa, qu'il avait échangé contre celui de Mus, son véritable nom.

lui proposai de faire le voyage de Paris pour remettre à un avocat des papiers dont je le chargerais. Il me répondit qu'il ferait avec plaisir tout ce qui pourrait m'être agréable. Le lendemain matin il revint me dire qu'il avait réfléchi sur la proposition que je lui avais faite; que, puisqu'il ne s'agissait que de remettre un paquet, sa femme pourrait s'acquitter aussi bien que lui de la commission, et même mieux en ce qu'elle donnerait moins de soupçons et ferait moins de dépense. Je goûtai son avis. J'écrivis à Mᵉ Doillot une lettre en forme de mémoire par laquelle je l'instruisais de tout ce qui m'était arrivé: je lui demandais conseil sur la conduite que j'avais à tenir et lui marquais positivement que j'étais déterminé à retourner à Paris pour partager le sort de mon épouse, la défendre et *dire la vérité* si l'on m'y forçait. Telles étaient mes expressions (1); j'ajoutais que je n'attendais que sa réponse pour partir.

J'envoyai Costa arrêter une place à la diligence; je donnai à sa femme l'argent nécessaire pour son voyage, lui remis le paquet destiné pour Doillot, et lui donnai les instructions nécessaires pour la soustraire à tout

---

(1) Ce radoteur de Doillot, dans le mémoire qu'il composa avec son teinturier, en conséquence de ma lettre, mais toujours sous l'influence meurtrière du Baron de Breteuil qui lui avait défendu de nommer la Reine, et ordonné de charger le Cardinal à outrance. Cet imbécile vénal, dis-je, cite dans sa mauvaise rapsodie, intitulée Sommaire, les passages décisifs de ma lettre. Il y dit en lettres italiques que je suis décidément disposé à tenter l'impossible pour me réunir au sort de mon épouse; mais cela est noyé dans un cloaque de mensonges d'autant plus criminels qu'il savait la vérité, et que la Comtesse lui avait donné par écrit tous les détails tels qu'elle et moi les rapportons aujourd'hui.

désagrément. Elle partit le lendemain à quatre heures du matin, le 2 ou le 3 avril.

Lorsque la dame Costa arriva à Paris, elle se fit conduire chez le sieur Doillot à qui elle demanda à parler, ayant des papiers de conséquence à lui remettre. Le vieux rustre, qui voyait tout de travers, prit cette femme pour un homme, pour un espion en jupes et refusa de lui parler avant que sa femme ne l'eût visitée, ce que la dame Doillot fit effectivement avec beaucoup de gravité et, sur le rapport qu'elle fit au cher époux de la régularité de la conformation de *ladite* messagère, M. l'Avocat daigna examiner les papiers qu'il trouva également en règle; alors il prescrivit à la Costa de rester à l'auberge où elle était descendue et de n'en pas sortir qu'elle n'ait eu de ses nouvelles. Que fit le conseil fidèle de la Comtesse? au lieu de faire repartir sur-le-champ cette femme avec la réponse que son état lui prescrivait de me faire, au lieu de lui ménager le temps de sortir du royaume avant de communiquer ma lettre, s'il croyait être obligé à le faire; il vole à l'instant même chez le Baron de Breteuil pour mendier ses ordres; il passe, chemin faisant, chez le Lieutenant de Police, afin de le préparer à en recevoir, et, de crainte que la police accoutumée au secret ne sonne pas le tocsin, il va le sonner lui-même en publiant dans les carrefours et partout où il passe, qu'il a reçu des lettres du Comte de la Motte qui va venir et se constituer prisonnier! Qu'arrive-t-il? La famille du Cardinal est instruite que je veux partir *pour dire la vérité*. La vérité est un coup de foudre pour elle; comment parer ce coup? en s'adressant *secrètement*, très secrètement au Comte de Vergennes, qui, paraissant vouloir m'avoir à tout prix, déploie toutes les petites

ressources de sa politique coutumière, précisément
pour ne m'avoir pas. On lèvera les épaules lorsqu'on
verra, dans un moment, les moyens employés par ce
grand homme d'État, aujourd'hui si petit. Le fait est
que, quoi que m'en ait dit depuis le hâbleur Adhémar, il
haïssait on ne peut plus cordialement la Reine; et si
je ne me trompe pas dans mes conjectures, qui ne me
sont pas tout à fait personnelles, il a eu lieu de s'en
repentir au lit de la mort. Haïssant la Reine, il était
nécessairement l'appui secret de ses ennemis; le Cardinal l'était devenu, il fallait le soutenir; mais c'est
ce qu'il n'eût pu faire s'il se fût déclaré ouvertement;
il trouva donc prudent, et de sublime politique, de
paraître le blâmer et d'assurer son salut en proportion
de ce qu'il exagérait ses torts.

Revenons à Doillot et à Breteuil, tous ces honnêtes
gens-là doivent être couplés ensemble. Le Baron ministre, après avoir pris quelques jours de réflexion,
manda l'Avocat Doillot et lui dit qu'il pouvait
m'écrire que je n'avais de meilleur parti à prendre
que de venir à Paris sans perdre un seul instant, et
m'assurer en son nom que je n'avais rien à craindre.
Doillot, en conséquence, écrit le même jour et porte
lui-même sa lettre à la Costa en lui recommandant
de partir, de faire toute la diligence possible; la pauvre femme se met en conséquence en route le jour de
Pâques 1786; — elle n'ira pas loin.

Pendant que les Doillot et les Breteuil se concer-
taient sans trop bien s'entendre, le rusé Vergennes
avait expédié un courrier au Comte d'Adhémar. Le
projet était alors de m'enlever à Edimbourg et un secrétaire de l'ambassadeur était chargé de l'expédition.
Il s'agissait de m'avoir mort ou vif, mais le premier

était infiniment plus convenable, en sorte que si le petit secrétaire (nommé Darragon) eût réussi, je n'eusse certainement jamais revu Paris : je rendrai bientôt cette vérité plus que sensible.

Ce parti une fois pris, il fallait éviter de me mettre sur mes gardes, et par conséquent empêcher que la femme de Costa me remît la lettre de Doillot. M. de Vergennes pourvut à tous ces obstacles. Il la laissa partir, et à une certaine distance de Paris il la fit arrêter et conduire à la Bastille où elle passa trois jours.

FIN DE LA SECONDE PARTIE

TROISIÈME PARTIE

Pendant que tout cela se passait en France je m'aperçus en Ecosse que j'étais suivi et espionné. Je fis part de mes observations à mon digne confident Costa, qui était dans la confidence de l'Ambassadeur et avait eu diverses entrevues avec Darragon. Il me répondit qu'il n'y avait pas d'apparence ; que mon inquiétude pouvait me présenter des objets qui n'existaient pas en réalité ; qu'au reste si je ne croyais pas être en sûreté à Edimbourg je ferais bien de changer de place, et sur-le-champ il me proposa pour retraite la ville de Newcastle sur la Tyne. Le fait est qu'il avait rencontré trop d'obstacles à exécuter dans Edimbourg l'enlèvement dont il était chargé, et il se flattait qu'en m'attirant dans une ville moins considérable où je n'avais aucune connaissance, il pourrait mettre plus aisément le projet en exécution ; je donnai dans le piège et partis pour Newcastle. L'enleveur Darragon prit le même jour le chemin de Londres pour aller informer l'Ambassadeur des nouvelles dispositions prises par Costa, et comme les courriers ne coûtaient rien dans uue affaire si majeure, le Comte d'Adhémar en expédia un au comte de Vergennes pour l'informer du nouveau tour que prenaient les choses. Quand le Pacificateur de l'Europe apprit que le coup était manqué à Edimbourg ; jugeant désormais inutile la détention de la femme Costa, il la fit sortir secrètement de la Bastille, escortée par deux exempts de police qui la conduisirent chez le baron de Breteuil. Ce ministre que la Comtesse a si bien désigné sous le titre de porte-foudre du despotisme lui fit donner cent louis de consolation et lui remit pour moi une lettre signée Doillot, qui n'avait point été écrite par Doillot, mais bien dans les bureaux du chef suprême de la police, qui lui fit de plus les plus belles promesses si elle engageait son mari à entrer dans ses vues; c'est-à-dire me livrer *mort* ou vif. Lorsqu'elle sortit de l'hôtel du ministre un des exempts la conduisit chez lui et ne la quitta plus. Il l'accompagna jusqu'à Boulogne, où il la fit embarquer sous ses yeux, et lorsqu'elle arriva à Douvres elle trouva sur le rivage l'éternel Darragon qui l'attendait. — Combien d'honneurs prodigués à une pauvre créature qui, au moment où j'écris partage journellement le dîner de mes domestiques ! A peine avait-elle mis pied à terre que le fidèle Darragon lui tend respectueusement la main, s'en empare, la fait monter dans une chaise de poste et la conduit à l'indolent Adhémar qui, dans cette occasion extraordinaire, daigna se soulever à demi sur sa bergère. Il ratifia les promesses qu'elle avait reçues du baron de Breteuil, et rafraîchit sa mémoire en lui renouvelant avec ampliation les instructions qu'elle avait reçues à Paris.

Il faut actuellement savoir que M. Costa avait écrit à sa femme pour qu'elle le joignît à Newcastle où nous étions, aussitôt qu'elle serait de retour de France, et que, dans le cas où cette lettre ne lui parviendrait pas à Londres, il en avait laissé une au même effet, à Edimbourg, dans la maison où il avait logé ; mais ces précautions étaient superflues. Darragon, qui avait reçu notre adresse presque aussitôt que nous avions fixé notre domicile à Newcastle, la donna à la Costa qu'il fit partir en lui disant qu'il la suivrait dans deux ou trois jours : nous la vîmes donc arriver au moment où son mari et moi étions à table. Elle me remit en entrant la prétendue lettre de Doillot dont je ne connaissais pas l'écriture, en sorte qu'à cet égard il était facile de me tromper ; mais lorsque je l'eus parcourue et vu qu'elle ne répondait à aucun article de la mienne, je commençai à former des soupçons qui se fortifièrent à mesure qu'interrogeant cette femme j'en recevais des réponses qui décelaient en elle le plus extrême embarras ; elle rougissait à chaque mot, et quoique j'affectasse de fixer les yeux sur la lettre qu'elle m'avait remise, ils n'en étaient pas tellement occupés que les signes que le mari faisait pour l'encourager m'échappassent. J'en avais déjà assez entendu, assez vu pour ne pas douter que j'étais en très mauvaises mains, et le parti de m'éloigner d'eux secrètement fut promptement pris ; mais afin de leur ôter tout soupçon, j'évitai de faire des questions embarrassantes : j'affectai de croire tout ce que la femme me dit, et, le dîner fini, je saisis le moment où ils se retirèrent, pour appeler mon domestique à qui je fis part de mes soupçons avec d'autant plus de confiance qu'heureusement il détestait également et le mari et la femme ; je lui communiquai donc mon projet de

5..

les laisser à Newcastle ; le chargeai de faire secrètement ma malle et d'avoir une chaise de poste prête pour minuit ou une heure. Lorsque j'eus donné mes ordres, je montai à pas de loup jusqu'à la porte de la chambre où mes honnêtes gens s'étaient retirés ; ne pouvant distinguer ce qu'ils disaient parce qu'ils parlaient anglais, j'entrai brusquement, et, comme je n'étais pas attendu, je trouvai étalées sur les tables, les chaises, et même sur le lit toutes les emplettes que la Costa avait faites à .Paris avec partie de ses cent louis. Je n'eus besoin que d'un clin d'œil, et me retirai en disant : « vous êtes en affaire, je vais faire un tour. »

Costa, qui me connaissait, se douta que ce que je venais de voir me donnerait à penser, et me ferait probablement prendre un parti qui frustrerait ses espérances. Pour prévenir ce qu'il regardait comme le plus grand malheur qui pût lui arriver, et m'inspirer de la confiance, il se détermina à me confier en partie ce qui se tramait contre moi ; il me dit que sa femme avait été à la Bastille ; me raconta comment elle en était sortie, comment on l'avait conduite chez le baron de Breteuil, le passage de la mer, la rencontre de Darragon à Douvres, et l'arrivée prochaine de ce petit archer à Newcastle ; après avoir, ainsi qu'il me le dit, *déchargé ainsi son cœur*, il me jura une fidélité à toute épreuve, serment que je ne pris que pour ce qu'il valait. Je lui fis cependant promettre, à tout événement, de ne rien faire sans me consulter, l'assurant que je lui fournirais les moyens de tirer de l'argent du gouvernement s'il s'entendait avec moi et ne me cachait rien ; il me le promit.

Deux jours après, sur les dix heures du soir, tandis que nous étions à table, Costa reçut une lettre de Darragon qui lui faisait part de son arrivée et le mandait à son auberge ; il s'y rendit sur-le-champ et ne revint que deux heures après. Lui ayant demandé de quoi il s'agissait, il me dit que le secrétaire de M. l'Ambassadeur de France venait pour m'enlever ; qu'il était accompagné de deux exempts de police nommés Grandmaisons et Quidor ; qu'ils attendaient un vaisseau parti de Dunkerque, chargé d'un essaim de suppôts de la police aux ordres de l'exempt Surbois ; qu'ils avaient tous pris des titres et changé de nom ; que leur prétexte pour ne point donner d'ombrage dans Newcastle était un essai sur le charbon de terre, qu'ils étaient munis de lettres de recommandation à cet effet. Je demandai à Costa ce qu'il leur avait dit ? « rien, me répondit-il, sinon que j'ai demandé jusqu'à demain pour réfléchir ; je dois, continua-t-il, partir à six heures du matin avec Darragon pour reconnaître le port et convenir de la manière dont nous nous y prendrons pour vous transporter à bord du vaisseau. » Je lui conseillai de tout promettre, de tout assurer, mais auparavant de se faire compter mille bonnes guinées ; « quand vous les aurez, lui dis-je, vous leur direz que, toute réflexion faite, un enlèvement dans un port si fréquenté et si éloigné de la ville est chose impraticable ; qu'ils peuvent retourner à Londres et assurer l'Ambassadeur que dans quatre jours vous y serez avec moi ; et que de manière ou d'autre vous vous engagez à me rendre à Paris moyennant la somme de dix mille livres sterling. Vous savez que j'ai envoyé votre femme à Paris pour me procurer les moyens de m'y rendre moi-même ; je vous déclare à présent, foi d'honnête homme, que je vais partir pour

Londres, voir l'Ambassadeur, me rendre ensuite à Paris et que je vous ferai gagner vos dix mille livres sterling. »

La première demande des mille guinées fut accordée au premier mot, à la petite défalcation près de soixante que l'honnête Darragon retint pour ses honoraires. Quant aux dix mille, elles furent promises à condition que le même Darragon en retiendrait un cinquième. Oh! c'est un très digne homme que ce Monsieur Darragon, encore aujourd'hui secrétaire de l'Ambassadeur de France; en voici une preuve que je n'ai acquise que postérieurement aux manœuvres dont je parle; l'honnête petit archer était muni d'une fiole remplie d'une liqueur qui, disait-il, avait la propriété d'endormir seulement pour 24 heures tout d'un somme, et il avait voulu engager Costa à me faire prendre cette petite dose dans du thé ou du vin, sans doute à mon choix; lui disant que, quand j'aurais ce doux soporifique dans l'estomac, on pourrait me mettre dans un sac comme un paquet de linge sale, me conduire au port à la faveur de l'obscurité et me transporter sur le vaisseau en guise de valise; me mettre à fond de cale et sans doute finir par me jeter à la mer, car il est plus que démontré qu'on ne voulait pas de moi vivant: on n'en doutera pas dans cinq minutes. Je tiens ces agréables détails de la femme Costa, dont j'ai su quantité d'autres choses également édifiantes.

Malgré cette apparence de confiance avec laquelle Costa avait cherché à capter la mienne, il n'en était pas moins entré dans le complot; les dix mille guinées étaient prêtes, s'il ne les gagna pas en faisant usage de la fiole, c'est que mon domestique était un terrible obstacle ; il aurait fallu lui faire prendre la même dose..... pour le métamorphoser en *valise*, et la chose était plus que difficile. Je l'observais de près, il savait combien il m'était devenu suspect ; le moindre mouvement qu'il eût fait, portant le caractère d'un enlèvement, l'eût perdu d'autant plus certainement que sachant le nombre et jusqu'aux noms des satellites employés à faire le coup, en les dénonçant j'eusse fourni la preuve de leur attentat, et, lorsqu'il n'y va de rien moins que d'être pendu, on y regarde à deux fois.

Messieurs de la police voyant qu'il n'y avait rien à faire à Newcastle, partirent donc pour Londres comme ils étaient venus, mais bien persuadés d'après les promesses de Costa que leur proie ne leur échapperait pas.

J'arrivai à Londres peu de jours après eux ; le soir même Darragon vint trouver Costa pour lui dire que l'Ambassadeur voulait lui parler le lendemain matin ; il vint lui-même le chercher et le conduisit dans une rue où ils rencontrèrent son Excellence qui condescendit à monter en troisième dans un fiacre ! Telle fut la salle de conseil où le noble Triumvirat délibéra sur les moyens de m'enlever. Darragon dit qu'il en avait un dont il répondait : il consistait à faire jurer contre moi une dette de six mille livres sterling : il avait gagné un officier du sheriff qui, après m'avoir arrêté, se chargeait de me conduire à bord pourvu que M. l'Ambassadeur se chargeât des événements et des dépenses.

Costa, qui savait que j'étais au fait de tous ces tours,

dit qu'ils étaient usés, que je ne donnerais pas dans le piège, qu'au moment où je serais arrêté je me ferais conduire à pied à Newgate, suivi du peuple ameuté ; que tout serait perdu. Il finit par dire à l'Ambassadeur qu'il y réfléchirait plus mûrement et que le lendemain son Excellence aurait de ses nouvelles.

Instruit du rendez-vous, je pris le parti d'en prévenir l'effet en écrivant directement à l'Ambassadeur, dans la vue de l'amener à entrer avec moi en composition, et de lui ôter la confiance qu'il avait dans son Costa, en lui faisant voir que, par son agent même, j'étais informé de tout. Je lui mandais que, d'après les démarches que j'avais faites pour me rendre à Paris, j'étais surpris des tentatives, des efforts même qu'il faisait pour m'enlever ; que je désirais avoir une explication avec lui ; je finissais par dire que je le rencontrerais partout où il le jugerait convenable, excepté dans son hôtel. Il me donna rendez-vous le même jour chez Lady Spencer. Je m'y rendis avec Costa et mon domestique qui resta à la porte suivant mes ordres. On était encore à table, mais le comte d'Adhémar parut dans le salon où l'on m'avait fait entrer, au moment même qu'on m'annonça. Il me tira dans l'embrasure d'une croisée afin que Costa ne pût entendre notre conversation. Après lui avoir fait verbalement l'abrégé de tout ce que contiennent ces mémoires, lui avoir exposé la conduite du Cardinal avec la Reine, ses propos peu mesurés, ses projets insensés, son ambition folle, les suites nécessaires du délabrement de ses affaires, le malheur qu'avait eu la Comtesse de lui être attaché par la reconnaissance, etc., etc. ; enfin presque tout ce que la Comtesse a déjà écrit. Je lui demandai dans quelle vue on paraissait si acharné à m'enlever puisque j'avais offert de me rendre à Paris de mon plein gré, et que j'étais prêt à partir, pourvu que l'on me donnât les sûretés d'usage en pareil cas, et que sous aucun prétexte on ne pût attenter à ma liberté. « C'EST PRÉCISÉMENT, *me dit-il*, CE QU'ON NE VEUT PAS ; » (1) — mais écoutez, j'ai imaginé un autre moyen : venez demain chez moi, je vous en ferai part et nous parlerons à fond de tout ce qui vous concerne ; je vous donne ma parole de gentilhomme que vous n'avez rien à craindre ; vous *savez* que je suis du parti de la Reine, intimement lié avec Madame de Polignac, par conséquent ennemi naturel du Cardinal ; la Reine a juré sa perte ; vous pouvez mieux que personne au monde lui en faciliter les moyens, puisque votre épouse a pour lui des ménagements si déplacés, si dangereux pour elle. Je sais que dès les commencements de l'affaire elle a reçu de très mauvais conseils qu'elle a imprudemment suivis et qui la conduiraient infailliblement à sa perte, s'il n'y avait point de remède ; heureusement il y en a encore ; votre présence et vos dépositions bouleverseront entière-

---

(1) Ces quatre mots échappés à l'Ambassadeur donnent la clef de toute l'affaire. Pourquoi ne voulait-on pas que je parusse ? parce que j'aurais dit la vérité. J'avais dit à plusieurs personnes que mon projet était de demander en plein Parlement aux juges, si, dans le cas où je dirais tout ce que je savais, ils me prendraient sous leur protection, me soustrairaient à la Bastille, et me donneraient la Conciergerie pour prison jusqu'à jugement définitif. Voilà ce qu'on ne voulait pas. Pourquoi voulait-on donc m'enlever ? il est évident comme je l'ai dit que ce n'était pas pour m'avoir vivant et capable de dire la vérité qu'on redoutait, mais mort et discret comme le tombeau. Il est par conséquent de la même évidence que le prétendu soporatif était du bel et bon poison. Mais mon entrevue avec l'ambassadeur a changé toutes ces dispositions, ainsi que je vais l'expliquer.

ment tout ce qui a été fait jusqu'à présent et l'affaire prendra une tournure toute différente. « Ici m'ayant demandé quelques détails sur divers points que j'avais rapidement effleurés, je vis que mes réponses lui donnaient une satisfaction infinie ; la joie étincelait dans ses yeux ; il voyait déjà le Cardinal sur l'échafaud.

Avant de le quitter, je lui dis que j'étais déterminé à tout révéler quoi qu'il ne pût arriver à autrui, n'ayant que le salut de la Comtesse et notre honneur commun en vue ; mais que je craignais que la maison de Rohan eût assez de crédit pour parer le coup, et faire juger le procès avant mon arrivée. A cela il répondit que je n'avais rien à craindre, *que les Bourbons devaient l'emporter sur les Rohans,* et que *la politique exigeait que le Roi eût raison ;* qu'ayant renvoyé par lettres patentes la connaissance de cette affaire à son parlement, c'était premièrement le juger coupable et qu'il fallait de toute nécessité qu'il fût jugé tel ; la Reine, continua-t-il, y est intéressée sous tous les rapports, par mille considérations ; ainsi, d'après la connaissance que vous devez avoir du pays où se passe la scène, vous n'avez rien à craindre de l'influence des Rohans lorsqu'elle sera aux prises avec celle des Bourbons. Dans le fait ou pour mieux dire, dans la forme le Cardinal plaide contre votre épouse et vous, mais vous n'êtes que les représentants ; la véritable partie adverse est la Reine ; songez donc à tirer parti de ce que je vous dis. Dans les commencements de l'affaire je pouvais vous faire enlever à Dublin ; le Duc de Rutland (1) m'avait écrit en conséquence, en me promettant de faciliter tous les moyens ; à la réception de sa

---

(1) Ce même Vice-Roi qui avait examiné mon cachet.

lettre j'en avais rendu compte à Versailles ; mais comme on croyait à cette époque avoir assez de preuves pour convaincre le Cardinal on ne jugea pas votre présence nécessaire, et l'on me manda en réponse que je pouvais en rester où j'en étais et vous laisser tranquille ; mais lorsque peu de temps après on vit que les Rohans prenaient le dessus, c'est alors qu'on a remué ciel et terre pour vous avoir. La Reine aurait sacrifié la moitié du royaume à cet objet.

Voilà le point où les choses en sont, tel est le principe de mon activité ; aussi ne vous dissimulerai-je pas que votre lettre m'a fait le plus sensible plaisir ; j'ai expédié sur-le-champ un courrier à Versailles, pour prévenir M. de Vergennes que j'ai dû vous voir aujourd'hui, et concerter avec lui les arrangements à prendre pour votre départ. J'ai joint votre lettre au paquet, afin que M. de Vergennes, voyant de ses propres yeux que vous êtes à ses ordres, en donne d'immédiats pour suspendre toute procédure avant votre arrivée ; ainsi vous voyez que vous n'avez rien à craindre d'un jugement précipité. »

Je quittai M. l'Ambassadeur en lui promettant de me rendre chez lui le lendemain, et, réfléchissant sur tout ce que je venais d'entendre, je me rendis facilement compte des différentes vues que l'on avait eu sur moi selon la différence des circonstances, et je vis combien la vie ou la mort d'un individu tiennent à peu de chose lorsque l'une ou l'autre est utile ou nuisible à la puissance.

Le lendemain, exact à mon rendez-vous, je me rendis chez M. l'Ambassadeur qui, dès les premiers mots, m'expliqua plus clairement encore qu'il ne l'avait fait la veille, pourquoi, après avoir voulu m'avoir *mort*, on voulait m'avoir *vivant;* « ON AVAIT CRAINT, me dit-il, QUE VOUS NE PRISSIEZ LES INTÉRÊTS DU CARDINAL DE PRÉFÉRENCE A CEUX DE LA REINE. Actuellement je suis tranquille, et votre lettre que j'ai jointe à la mienne, ainsi que je vous l'ai dit hier, rassurera *le parti*, et je ne doute pas qu'on ne m'expédie promptement tout ce que j'ai demandé pour votre sûreté. Mais écoutez, depuis hier j'ai eu le temps de réfléchir, et j'ai totalement changé les dispositions dont nous étions convenus. Je vais vous faire sentir qu'il y aurait de l'inconvénient à précipiter votre départ. Vous ne vous dissimulez pas qu'étant absent vous avez tort; que les Rohans vous accusent d'être parti avec les restes du collier, qu'ils ont assez généralement réussi à le persuader au public. Si, dans de pareilles circonstances, on vous voyait arriver tout à coup libre à la faveur d'un sauf-conduit, tout le monde s'écrierait : le voilà ; il ne craint rien, s'il se sentait coupable, il se garderait bien de se montrer, de quitter l'asile où il était en sûreté. D'un autre côté vos dépositions étant foudroyantes pour le Cardinal, sa famille crierait : oui, le voilà muni d'un sauf-conduit que lui a fait donner la Reine ; c'est elle qui le mande après l'avoir fait endoctriner à Londres ; il apporte ses dépositions écrites ou bien on les lui a dictées et il les sait par cœur ; on avait besoin de lui pour consommer la perte du Cardinal, etc.— Tout cela produirait le plus mauvais effet ; mais il est un autre moyen de vous faire paraître devant les juges, et qui, remplissant à votre égard le même objet, ne peut compromettre la Reine ; écoutez bien.

Le Cardinal affecte politiquement de dire partout

qu'il désire ardemment votre présence — le roi supposé instruit de cette circonstance peut dire : « J'ai ordonné toutes les démarches nécessaires pour faire enlever le Comte de la Motte ; on n'a pu réussir ; mais lui-même, informé des tentatives faites contre lui, s'est rendu de son plein gré chez mon Ambassadeur près de S. M. Britannique, et lui a témoigné le désir de partir pour Paris si je voulais lui accorder un sauf-conduit. Comme il n'existe pas d'autre moyen de l'avoir et comme il m'a été représenté que le Cardinal regarde sa présence comme essentielle à l'instruction de son procès, j'ai accordé audit de la Motte le sauf-conduit demandé.

Alors le Cardinal et sa famille n'ont rien à dire, et vous vous trouverez libre dans Paris au milieu de personnes intelligentes qui vous dirigeront dans tout ; je vous préviens seulement que vous serez obligé de passer un jour ou deux à la Conciergerie pour faire lever votre décret de prise de corps ; c'est une affaire de forme à laquelle on ne peut vous soustraire. Je vais écrire encore à M. de Vergennes pour lui donner de plus amples détails sur ce que vous m'avez dit hier et dans cette seconde entrevue, et je le presserai de m'envoyer par le retour du courrier le sauf-conduit que vous serez supposé tenir du Roi même.

Darragon, mon secrétaire, portera le paquet, vous pouvez vous tenir prêt à partir.

Je suis sûr que le sauf-conduit sera ici dans huit ou dix jours au plus tard. »

Je représentai à M. d'Adhémar que tout ayant été

saisi chez moi et n'ayant que très peu d'argent il me serait impossible de faire mes affaires et de me présenter comme auparavant ; il me répondit que je ne devais avoir aucune inquiétude à cet égard, qu'il avait à sa disposition une somme considérable qu'on lui avait fait passer pour agir contre moi ; qu'il serait bien plus flatté de l'employer à m'être utile, et que si j'avais besoin de cinq ou six mille louis il me les donnerait.

Tout étant convenu entre nous, il me dit qu'*il ne s'agissait plus que de savoir ce que je dirais pour ma défense*. Je répondis que, pour l'histoire du collier, je ne savais trop quelle tournure prendre sans compromettre plus ou moins la Reine, que pour le reste je n'étais nullement embarrassé. Il me recommanda de ne jamais dire que la Comtesse voyait la Reine ; encore moins que je savais que le Cardinal avait été en correspondance avec elle, en avait reçu des rendez-vous à Versailles et à Trianon : — dites seulement que le Cardinal vous a montré beaucoup de lettres qu'il vous a assuré lui être écrites par la Reine ; ajoutez qu'il vous a souvent dit qu'il couchait avec elle ; faites en sorte, en rapportant tout ce qu'il vous a dit à ce sujet, de broder l'histoire ; n'oubliez pas surtout ses propos malhonnêtes, croyez que *cela ne fera point de peine à la Reine ;* mais gardez-vous de rien dire qui ait rapport à MM. de Polignac, Coigny, Vaudreuil, Dillon, Ferfen (1).

---

(1) Il faut avouer que l'Ambassadeur de Sa Majesté très Chrétienne était bien aimable de me donner ainsi gratuitement la liste des bienheureux, dans le cas où je n'en aurais pas eu une — même un peu plus longue.

(1) On va le voir.

Quant à l'affaire du collier, dites que vous êtes persuadé que le Cardinal l'a donné à votre épouse en partie ou en totalité ; votre épouse n'a pas voulu en convenir, mais je suis certain que cela est réellement.

Je sentis le coup ; mais je ne répondis ni oui ni non. Lui ayant parlé ensuite du Baron de Breteuil, il me dit de bien me garder de prononcer son nom, et surtout de faire aucune démarche auprès de lui, parce que CELA SERAIT TROP MARQUANT.... « Suivez mon conseil, continua-t-il, M. de Vergennes a la réputation d'homme juste et *incapable de cabaler* (1) pour satisfaire les désirs de la Reine ; cependant, sans que cela paraisse, il est de son parti (2) ; il a été indigné de la conduite, des propos scandaleux et de l'ambition insensée du Cardinal et il a partagé le ressentiment de la Reine ; c'est chez lui qu'il faut que vous alliez descendre ; quoique vous ayez un sauf-conduit, dites-lui que vous venez vous constituer son prisonnier ; vous verrez que cela produira un bon effet et qu'il approuvera votre conduite. »

Lui ayant dit que mon intention était de remettre à ce ministre le collier que j'avais fait monter chez Gray, M. d'Adhémar approuva beaucoup mon dessein, et me dit que le Roi me saurait gré et recompenserait mon désintéressement ; « car, ajouta-t-il, ce collier vous appartient et vous pouvez en disposer comme il vous plaira. »

Après une très longue conversation je pris **congé**.

---

(1) On va le voir.
(2) C'est ce qu'on verra ensuite.

Il me dit, en me quittant, que je devais rester tranquille jusqu'à ce que j'eusse reçu de ses nouvelles ; que Darragon partirait dans deux où trois jours, ayant d'autres dépêches à lui donner. « Rien ne presse à présent, me répéta-t-il, il n'y rien à craindre ; M. de Vergennes est prévenu. »

Il me pria de changer de nom afin de cacher mon retour à Londres et d'éviter les propos du *Courrier de l'Europe*.

Tout allait à merveille comme on le voit, à cela près que M. l'Ambassadeur se trompait dans tous ses calculs, que M. de Vergennes n'était rien moins qu'attaché au parti de la Reine ainsi qu'il le prétendait, devant par la nature de ses liaisons être mieux instruit; et qu'il tenait on ne peut plus fortement aux Rohans. Lors donc que le ministre rusé vit par la lettre de l'Ambassadeur et par la mienne qu'il n'y avait pas de temps à perdre pour tirer le Cardinal d'affaire ; au lieu d'accorder un délai de 15 jours qu'avait demandé la Comtesse, il fit précipiter le jugement qui, à l'étonnement et à la haute indignation de M. l'Ambassadeur et de *son parti*, était rendu le jour ou la veille de l'arrivée de Darragon. Il est vrai que le Comte de Vergennes a été puni de sa perfidie ; mais il n'en est pas moins vrai que l'infortunée Comtesse en a été la victime, et que la mort même du ministre ne l'a que faiblement vengée.

Lorsque M. d'Adhémar reçut cette étrange nouvelle, il m'écrivit pour me donner un rendez-vous dans Hyde-Park (j'ai la lettre) ; je le trouvai sombre et furieux ; il me dit qu'il ne concevait pas pourquoi on s'était si fort pressé à juger ce procès (moi je l'avais prédit, comme on l'a vu) ; qu'il y avait dans le dénouement de cette affaire quelque chose d'incompréhensible, qu'au surplus *il n'y avait rien de déshonorant pour nous ! !*

Que je ne devais point m'affliger, que je n'en partirais pas moins pour Paris où l'on avait plus que jamais besoin de ma présence. — Je lui demandai comment ? Il me répondit que, lorsque le Roi avait renvoyé la connaissance de l'affaire au Parlement, il n'avait été fait mention que du collier dans les lettres patentes, où le nom de la Reine n'était entré pour rien ; que malheureusement les conseils qu'on avait donnés à la Comtesse ayant tourné à son désavantage, le Cardinal avait pris le dessus et s'était défendu ; mais que, lorsqu'il serait question de ses propos indécents contre la Reine et des papiers qu'il avait montrés, il ne saurait que répondre. « C'est la faute qu'on a faite dans la rédaction des lettres patentes, ajouta-t-il, qui a suggéré au parti qu'ont les Rohans dans le Parlement l'idée d'adhérer au pied de la lettre, et de se renfermer dans sa seule affaire du collier qui n'a pas suffisamment fourni prise contre le Cardinal ; mais à présent que ce point est jugé, je vous préviens de ce qui va arriver, afin de vous faire sentir combien vous serez nécessaire ; le procureur général va rendre une nouvelle plainte contre le Cardinal, pour attentat contre la Reine, propos tenus, lettres montrées, rendez-vous nocturnes, etc., etc., et de suite décret de prise de corps lancé contre lui, et je puis vous assurer qu'il ne se tirera pas de cette seconde affaire comme de celle du collier. Lorsque vous serez à Paris on vous fera revenir sur la première ; il existe des ordonnances précises en vertu desquelles le Parlement sera obligé de recommencer toute la procédure ; ainsi soyez tranquille, et ne parlez à qui que ce soit au monde de ce qui s'est passé entre nous. »

Je vis quelque probabilité dans ce que me faisait espérer l'Ambassadeur, et je me retirai un peu rassuré ; mais, quelques jours après, Darragon vint me trouver de sa part pour m'apprendre *que des raisons particulières* avaient déterminé la Reine à se désister de ses poursuites ; qu'il n'y aurait point de seconde plainte rendue, que cela donnerait lieu à trop de *mauvais propos*, ce que S. M. voulait éviter, et qu'elle avait préféré se venger en déployant toute l'étendue de l'autorité, en ôtant le cordon au Cardinal, ainsi que ses places à la Cour et en le reléguant chez des moines au fond de l'Auvergne.

En me communiquant cette nouvelle, qui fut pour moi un coup de foudre, Darragon avait reçu sans doute pour instruction de verser sur la plaie le baume du mensonge dont les Ambassadeurs emportent toujours provision des Cours qui les employent.

Vous devez sentir, me dit-il, que ce parti qu'a pris la Reine ne détruit rien du mérite de votre conduite que M. l'Ambassadeur ne lui a pas laissé ignorer ; qu'elle n'abandonnera ni vous, ni votre épouse, et qu'elle récompensera le désir que vous avez marqué de l'obliger. M l'Ambassadeur part pour Versailles ; il m'a chargé de vous dire qu'il n'épargnera rien pour vous servir, et, pendant son absence, vous pouvez disposer de moi dans toutes les occasions où vous me croirez être de quelque utilité.

J'écrivis à l'Ambassadeur avant son départ, je n'en reçus aucune réponse. A son retour de France je lui écrivis deux lettres, (qui ont paru dans le temps dans les papiers publics), auxquelles il ne répondit pas davantage ; je n'en suis point étonné et ne lui en fais aucun reproche, il avait été à portée de savoir ce qui se passait ; il n'avait pas ignoré que, lorsque la Reine témoigna le désir de soustraire la Comtesse à l'iniquité de son jugement, les gens qu'elle appelle ses sangsues, et notamment l'Abbé de Vermont lui persuadèrent que, si elle avait seulement l'air de la connaître, elle se compromettrait horriblement, à plus forte raison si elle paraissait s'y intéresser.

Je crois qu'après le récit que je viens de faire ce serait insulter le lecteur que de lui offrir une seule réflexion ; il voit que la vie du Cardinal n'a tenu qu'à un fil ; que, si le plus léger souffle eût rompu ce fil, la Comtesse était déchargée de toute accusation ; il reste donc à décider si l'influence victorieuse des Rohans a pu constituer un crime que l'influence de la Reine eût lavé si elle eût été prépondérante.

Avant de rendre la plume à mon épouse, je vais lui épargner le travail d'un morceau ingrat qu'elle a annoncé et qui porte sur des objets qui me sont plus familiers qu'à elle ; je parle du compte qu'elle a promis de rendre de la partie de diamants que la Reine lui avait donnés, sans se douter probablement de la huitième partie de leur valeur. Voici ce qu'ils ont rendu, et l'usage que j'en ai fait. Je les eusse vendus à Paris tête levée si le Cardinal ne nous eût pas observé qu'ils pourraient tomber dans les mains des bijoutiers, ce qui ne pourrait être que désagréable pour la Reine.

Je suis arrivé à Londres le 17 avril avec le Chevalier Oneil, qui était parfaitement instruit de l'objet de mon voyage ; comme il savait que la Comtesse voyait la Reine, je ne lui avais pas fait mystère du cadeau qu'elle en avait reçu, ni du motif qui m'engageait à m'en défaire à Londres. J'avais une lettre de crédit sur MM. Morland and Cᵒ ; j'y allai le lendemain de mon arrivée. M'étant informé du nom des principaux joailliers on me donna l'adresse de Jefferys et de Gray. J'allai d'abord chez Jefférys ; je lui dis que j'avais des diamants à vendre, je lui donnai mon adresse, il vint chez moi le lendemain matin ; je lui montrai les 18 pierres ovales qui avaient appartenu au collier, et je lui dis le prix que le Cardinal avait fixé ; il me demanda à les emporter pour les examiner, et m'offrit une reconnaissance que j'acceptai : il me promit de m'apporter une réponse dans quatre jours. Je partis le lendemain avec le Chevalier Oneil pour Newmarket ; nous y restâmes cinq jours pendant lesquels je gagnai neuf cent soixante guinées. J'en dépensai soixante tant pour les frais du voyage que pour des emplettes de selles, brides, couvertes, fouets, etc., etc. Le Chevalier Oneil a déposé de ces circonstances.

Arrivé à Londres j'allai moi-même chez Jefferys, qui me dit qu'un gentilhomme offrait quatre mille livres sterling, qu'il ne pouvait donner aucun argent comptant, qu'il ferait des billets payables à six mois et un an, et qu'il donnerait une personne qui serait sa caution. Je lui dis que je m'aviserais. Je repris les diamants et lui rendis la reconnaissance. J'allai le même jour chez Gray, je lui laissai la plus grande pierre ovale, et je lui dis de venir chez moi le lendemain, que je lui en ferais voir une plus grande quantité ; je lui achetai le même jour une montre qui se remontait d'elle-même. Il vint le lendemain avec un Juif nommé Eliason, je lui remis les mêmes pierres que j'avais confiées à Jefferys; il me dit qu'il les avait déjà examinées, et qu'un courtier dont se servait Jefferys les avait apportées chez lui; je lui dis pour lors l'offre que Jefferys m'avait faite, et les conditions des paiements; j'ajoutai que, ne connaissant point Jefferys ni la personne dont il m'avait parlé, je ne voulais pas m'exposer à donner un objet aussi considérable à crédit; que d'ailleurs je comptais rester peu de jours à Londres, que vraisemblablement je n'y reviendrais jamais, et que je ne voulais rien laisser derrière moi qui pût me donner de l'inquiétude. Il me répondit que j'avais raison, et que, si nous convenions de prix, il me payerait comptant. Je lui dis mon prix, et il partit avec les diamants, me promettant de revenir le lendemain avec une réponse. Le lendemain il revint, toujours avec Gray; il m'offrit trois mille guinées que je ne voulus pas accepter; après m'avoir fait examiner plusieurs pierres où il y avait des taches et d'autres défauts ils partirent, m'assurant que l'offre qu'ils me faisaient argent comptant était très raisonnable, et que je ne trouverais personne qui m'offrît davantage; je les laissai aller, en leur disant que je garderais mes diamants plutôt que de les donner pour ce prix. Le lendemain matin ils revinrent à la charge, et demandèrent à examiner les pierres une seconde fois; je les leur donnai; Oneil était présent, ainsi que mon valet de chambre. Eliason tira pour lors de sa poche un collier de perles, composé de deux rangs très beaux, une tabatière garnie de brillants et de perles avec un médaillon sur le couvercle, et plusieurs paquets de semence de perles; il me dit que si

je consentais à prendre une partie de ses bijoux, il lui
serait plus facile de s'arranger avec moi ; je mis de
côté la boîte, le collier et environ une livre de semence
de perles. Il me fit l'estimation de ces différents objets
et les fit monter à cinq cents soixante livres sterling.
Je lui dis que, s'il voulait me donner quatre mille livres sterling et ces objets, le marché serait conclu ; il
se récria beaucoup, et finit par s'en aller, m'offrant
trois mille livres sterling et les bijoux que j'avais
choisis, ce que je ne voulus pas accepter. Dans cet intervalle, Jefferys revint à la charge ; je lui dis que mon intention était de vendre seulement pour de l'argent
comptant. Je lui remis 13 pierres du premier rang ; les
deux plus belles n'avaient point été données à la
Comtesse, et sûrement la Reine en aura fait cadeau à
Mlle Dorvat ou à quelque femme de son intimité, car
elle en avait plusieurs. J'en avais choisi deux, l'une
destinée à monter une bague pour la Comtesse, et
l'autre pour moi : Regnier, mon bijoutier à Paris, les
a montées toutes deux avant mon départ de Londres ;
je portais la mienne à mon doigt ainsi que la Comtesse. Le Cardinal les a vues toutes deux. Je passai le
lendemain chez Gray pour acheter différentes choses
en acier. J'y trouvai Eliason qui me dit que j'étais
trop tenace, qu'il m'offrait un prix raisonnable ; il me
fit voir de fort belles perles pour une garniture de
bracelets et une bague formant bouton de col. Je
passai dans un appartement séparé où nous entrâmes
en arrangements. Après deux heures de difficultés de
part et d'autre nous conclûmes enfin le marché pour
les 18 pierres ovales : savoir trois mille livres sterling comptant, le collier de perles à deux rangs
estimé deux cents livres, la tabatière cent quarante,
les semences de perles cent vingt, une étoile de dia-

mants que je pris dans la boutique de Gray estimée
trois cent livres. Premier marché. Lorsque j'eus reçu
argent et bijoux, il me dit que le courtier de Jefferys
lui avait apporté d'autres diamants ; qu'ils m'appar-
tenaient sans doute ; que, si je voulais les vendre, il
valait mieux traiter avec lui qu'avec un autre ; que j'y
gagnerais la commission et de l'argent comptant.
J'allai dès le même jour retirer des mains de Jefferys
les treize pierres que je lui avais confiées ; comme il a
su que je les avais vendues à Gray, fâché d'avoir manqué cette occasion, il a saisi la circonstance qui s'est
présentée pour faire entendre qu'il avait été plus délicat que Gray ; que lui, Jefferys, soupçonnant que ces
diamants avaient été volés, il avait été faire la déclaration à l'Office (ce qui est faux) et qu'il n'avait pas
voulu les acheter. Il a fait d'autant plus volontiers ce
serment à la réquisition de M. de Carbonnières, agent
du Cardinal, qu'il me croyait en Turquie, et comptait
ne jamais me revoir en Angleterre. On verra par sa
conduite avec moi lorsque je suis revenu à Londres
combien ce Jefferys était délicat, puisqu'il est venu me
trouver après le jugement pour me demander si je n'a-
vais pas des diamants à vendre, me disant qu'il les
achèterait et me ferait plus d'avantage que Gray. Cn
verra plus loin ce que je lui ai répondu et la tournure
que j'ai prise afin de faire voir évidemment en quoi
consistent les pièces justificatives que le Cardinal a
produites. Ayant donc retiré les 13 pierres des mains
de Jefferys, je les ai portées chez Gray, et je lui ai dit
que le lendemain j'irais moi-même chez lui, qu'il
pouvait prévenir Eliason de s'y trouver à la même
heure. Le départ du Chevalier Oneil m'empêcha de me
trouver au rendez-vous ; il avait reçu une lettre de son
frère et une de son colonel qui lui marquaient de re-

6.

venir le plus promptement possible, devant rejoindre
son régiment pour le 15 mai ; il n'avait pu obtenir une
prolongation comme il l'espérait ; les troupes que l'Empereur faisait marcher vers la Hollande étaient le
motif des ordres qu'il avait reçus. Il fut donc forcé de
me laisser seul à Londres ; je le chargeai de plusieurs
emplettes que j'avais faites, et lui remis le paquet de
perles que j'avais eu en échange. Comme il prit la diligence, il fut arrêter sa place la veille ; il trouva au
bureau du Sieur Guyon le capucin Mac-Dermott, espion de profession, qui mériterait qu'on en fît un
exemple pour les choses que je sais de son aveu, et
certainement celles-là sont les plus honnêtes. Ce capucin connaissait le Chevalier Oneil, ils renouvelè-
rent connaissance ; ayant appris dans la conversation
qu'il était venu avec moi, il le pria de le présenter, ce
que le Chevalier fit. Il me dit que, comme je ne savais
pas l'anglais, il serait mon interprète, et me rendrait
tous les petits services qui dépendraient de lui : j'acceptai ses offres obligeants ; dès le même jour il dîna
avec moi. Il avait été procureur de son ordre à Vassy,
à six lieues de distance de Bar-sur-Aube ; il connaissait
ma famille, et m'avait vu enfant à ce qu'il m'apprit. Il
me dit qu'il avait été employé par M. de Choiseul et
les ministres qui l'avaient suivi, qu'il avait rendu de
grands services à l'État ; que, pour récompense, on ne
lui avait donné que cent louis de pension par an, assi-
gnés sur les fonds de la marine ; qu'il craignait qu'un
ministre de mauvaise humeur ne lui retirât cette
pension ; que, pour être à l'abri de ce désagrément, et
en même temps décharger le gouvernement, il demandait que la pension soit convertie ou échangée contre
un bénéfice, et ensuite sécularisée ; il ajouta qu'il avait
présenté un mémoire à Madame Louise, qui le proté-

geait, mais qu'il craignait que cela ne traînât en longueur; qu'il avait fait une grande perte, lors de la disgrâce de M. de Choiseul; comme il avait rendu de
grands services sous son ministère, il en attendait des
récompenses considérables, et elle lui étaient promises. Ayant peu à peu gagné ma confiance, et ayant
appris à son dernier passage à Bar-sur-Aube que la
Comtesse voyait la Reine, qu'elle en était aimée, et
que toute notre fortune venait d'elle; on doit juger de
son empressement à m'être agréable. Insinuant et hypocrite, il se rendit utile auprès de moi, et, comme il
était le prêtre habitué d'une grande partie de la noblesse anglaise, il m'introduisit dans les meilleures
maisons. Je fis avec lui plusieurs excursions dans les
environs de Londres. Ce fut dans ces petits voyages
qu'il me parla de ce qu'il avait entendu dire à Bar-sur-
Aube; il me parla du Cardinal et me dit que, si je voulais lui rendre service, cela dépendait de moi; que le
Cardinal pouvait le faire séculariser en lui donnant
une place auprès de lui *ad honores,* et ensuite faire
changer sa pension contre un bénéfice; que le gouvernement y gagnerait et lui aussi. Je lui conseillai de
faire un mémoire dont je me chargerais volontiers,
ajoutant que je ferais tout ce qui dépendrait de moi
pour l'obliger. Dans ce premier voyage je ne lui parlai
point de l'intimité de la Comtesse avec la Reine, encore moins du Cardinal; il ne sut point que j'avais des
diamants, qu'ils avaient été donnés à la Comtesse par
la Reine, qu'ils venaient d'un collier; enfin je ne lui
dis rien de particulier. Je lui dis seulement que j'a-
vais de l'argent à faire passer à Paris: il me répondit
qu'il connaissait un négociant dans la cité, nommé
M. le Motteux; que, si je le lui remettais, il me ferait
l'avantage qu'on fait aux négociants, au lieu que

M. Hammerfley me traiterait en seigneur ; il calcula le bénéfice que je ferais en remettant cette somme à M. le Motteux. Comme cela me parut assez considérable, et qu'il me persuada que M. Hammerfley ne me ferait pas le même avantage, je me décidai à aller chez M. le Motteux ; il m'y accompagna. Je lui remis les trois mille livres sterling que j'avais déjà reçues sur le premier marché.

Revenons aux 13 pierres que j'avais laissées chez Gray en lui donnant rendez-vous pour le lendemain. Quand le Chevalier Oneil fut parti, j'allai chez ce joaillier ; il envoya aussitôt à la cité pour avertir Eliason que je l'attendais chez lui. Il vint, mais nous ne convînmes de rien : huit à dix jours se passèrent en allées et venues sans rien terminer. Ils me disaient souvent qu'ils étaient surpris qu'un seigneur pût se connaître aussi bien en diamants, en savoir la juste valeur ; mais que je n'ignorais pas sans doute qu'on trouvait difficilement à placer de pareils objets ; qu'ils seraient forcés de les garder peut-être deux ou trois ans avant de les vendre, que pendant ce temps l'intérêt de l'argent était perdu, et beaucoup d'autres choses semblables. Enfin après bien des tracasseries et des démarches de leur part, nous conclûmes le marché de ces treize pierres pour la somme de deux mille livres sterling comptant : une bague formant bouton de col estimée deux cents livres sterling, et que je n'ai vendue que cent dernièrement ; un paquet de fort belles perles pour une garniture de bracelets estimé cent cinquante livres, un autre paquet de perles estimé soixante livres, et une paire de girandoles estimées cinq cent livres ; voilà les deux marchés que j'ai faits avec Eliason en présence de Gray. Les six pierres qui formaient la rosette de deux pierres ovales, je les ai échangées chez Gray contre un médaillon entouré de petits brillants, deux épées d'acier, une épingle de chemise, une pince pour les asperges, et une pompe pour soutirer le vin des bouteilles. Quatre pierres qui étaient entre la rosette et les quatre glands ont été pareillement échangées chez Gray, contre une bague que j'ai encore, un petit jonc de semence de diamants, un nécessaire de femme satin et or avec toutes les garnitures, une paire de boucles d'acier, et une miniature. Il me restait 60 pierres provenant des glands, 22 des festons, et la pierre qui formait le bouton. J'ai fait un choix, dans les 60 pierres, de 28. Je les ai données à Gray pour les monter en boucles d'oreilles Mirza, et les 22 provenant des festons pour en faire un collier d'un seul rang ; il ne me restait donc plus que 32 pierres provenant des glands, et la pierre qui formait le bouton.

J'ai choisi les 16 plus belles que j'ai gardées sans être montées, et les seize autres je les ai vendues à Gray sur le pied de huit livres le carrat ; sur quoi j'ai pris dans la boutique différentes petites choses qui ne méritent pas d'être mentionnées. Voilà tous les marchés que j'ai faits à Londres. Il me restait la pierre qui formait le bouton, je la montrai à M. Morland en lui demandant s'il ne pourrait pas trouver l'occasion de me la faire vendre avantageusement ; il me dit qu'il la ferait voir à quelqu'un de sa connaissance, et qu'il me donnerait réponse dans deux ou trois jours. Il passa chez moi deux jours après, il me dit qu'il avait la pierre à sa banque, qu'on en offrait mille guinées, et qu'il croyait qu'on irait à douze cents. Il me proposa de passer dans Pall-Mall pour prendre la pierre, et aller de là dans la cité chez M. Duval, me disant que c'était lui qui avait fait cet offre, mais qu'il croyait que ce n'était pas pour lui. Nous trouvâmes M. Duval, qui me fit voir plusieurs bijoux. Je lui dis que mon intention n'était pas d'en acheter puisque je venais au contraire pour lui vendre un diamant que M. Morland lui avait montré. Après l'avoir examiné de nouveau, il me dit que la personne à qui il l'avait fait voir n'en offrait que mille livres sterling, et qu'il croyait que c'était la juste valeur. Je repris le diamant, et je me décidai à le garder, en attendant l'occasion de le placer plus avantageusement. Je le donnai le même jour à Gray pour le monter en bague. Voilà généralement tous les diamants que j'ai vendus et échangés à Londres ; voyons actuellement ceux qui ont été vendus, et échangés à Paris. Avant mon départ de Paris pour l'Angleterre, la Comtesse avait remis à M. Filleux des diamants qu'elle avait détournés, provenant des festons et des nœuds des glands ; elle le pria de les vendre pour elle et de lui remettre l'argent, lui recommandant de ne m'en pas parler ! Il a vendu la totalité à un nommé Paris, bijoutier, pour la somme de 28 mille livres tournois. Deux pierres provenant des festons ont été échangées par moi pour deux pendules chez un nommé Furet, rue St-Honoré ; j'ai donné en outre 25 louis. Un diamant venant de même des festons a été monté en bague par Regnier, mon bijoutier. J'avais une chaîne en petits brillants que Franque le Juif m'avait vendue, je l'ai donnée à Regnier et j'y ai ajouté quelques petits diamants qui accompagnaient les nœuds des glands ; avec le tout il m'a composé une chaîne que les conseils du Cardinal ont évaluée à quarante mille livres ; j'ai eu beaucoup de peine à la vendre soixante livres sterling à Londres. Il en a été à peu près de même de tous les objets ; il fallait bien multiplier pour faire voir que j'avais eu la totalité du collier. Il me restait en tout, seize diamants que j'avais rapportés à Londres, vingt-quatre très petits qui étaient à côté de chaque pierre ovale du bas des glands, l'entourage des deux grandes pierres ovales, deux petits à côté du bouton, seize de la même grosseur dont six tenaient les deux pierres ovales entre les festons, et les douze autres venaient immédiatement après le ruban du haut; les rosettes et ce qui tenait les glands n'étaient pas encore démontés. Je remis le tout à Regnier ; sur tous ces objets il a fait un choix des meilleures pierres et à peu près de la même égalité, pour faire un cercle dessus une boîte et pour monter une petite paire de boucles d'oreilles Mirza dont la Comtesse voulait faire un cadeau ; le reste, je lui ai dit de le vendre ; il en a tiré treize ou quatorze mille livres tournois. Voilà généralement tout ce que j'ai vendu tant à Paris qu'à Londres. Récapitulons : argent comptant à Londres cinq mille livres sterling de M. Eliáson, 50 ou 60 livres sterling de M. Gray.

En bijoux.

Un médaillon, une étoile, une paire de girandoles, une bague, une épingle de chemise, un jonc, deux épées d'acier, une paire de boucles d'acier, une livre de semence de perles, deux rangs de perles formant collier, une garniture de bracelets, un petit paquet de perles, un bouton de col faisant bague, une tabatière, une pince pour les asperges, une pompe pour soutirer le vin des bouteilles, un nécessaire de poche de femme, satin et or avec ses garnitures, une miniature, un porte-plume de roses estimé 60 livres sterling. J'ai eu d'autres petits articles de la boutique de Gray, comme aiguilles, couteaux, fourchettes d'acier, des pinces à ressort, une paire de ciseaux, une paire de boucles d'argent, une lunette d'opéra, un petit cordon de montre d'acier, etc.

Vendu à Paris au sieur Pâris pour 28 mille livres tournois, et à peu près pour cinquante louis de semence de perles que le chevalier Onéil avait rapportée de Londres ; le reste a été vendu à Mardoché, juif, demeurant rue aux Ours.

J'ai déjà dit que j'avais remis à Gray 22 pierres pour monter un rang de collier, et 26 pour des boucles d'oreilles Mirza. Je lui avais annoncé le jour de mon départ, et il m'avait promis que l'ouvrage serait fini ; cependant la veille il me montra toutes les pièces qui n'étaient qu'ébauchées, m'assurant qu'il y avait beaucoup plus d'ouvrage qu'il n'avait pensé ; que, si je voulais les lui laisser, il avait une occasion de me les faire tenir à Paris dans la quinzaine. Je lui laissai les pierres avec mon adresse et je partis un dimanche matin avec le capucin Mac-Dermott, qui m'accompagna jusqu'à Douvres. En le quittant je lui fis présent d'une fort jolie boîte où il y avait une très belle peinture sur le couvercle, et je lui donnai de l'argent pour retourner à Londres. J'avais pris en partant de Paris un crédit de deux mille écus ; j'ai gagné à Newmarket à peu près mille livres sterling ; sur les deux sommes j'ai acheté tant en selles qu'en brides, fouets, couvertes, harnais, habillements de chevaux de courses, pour cent guinées ; un phaéton cent guinées ; cent cinquante guinées pour des étoffes anglaises et des habits pour moi et mes gens ; le reste a été dépensé pour mes

voyages et mon séjour à Londres qui a été de six semaines. Cette dépense ne paraîtra pas extraordinaire
lorsqu'on saura que j'étais descendu dans un des hô-
tels les plus chers de Londres, que j'avais deux domestiques, une voiture de remise, deux chevaux de selle ;
que je donnais souvent à manger, et qu'étant répandu
dans les meilleures sociétés j'étais obligé de jouer et
de faire de la dépense.

Il ne me restait plus des débris du collier que
deux bagues, une à moi, l'autre à la Comtesse, un
petit diamant monté sur une pierre de couleur prune
Monsieur, une paire de boucles d'oreilles Mirza, et
un cercle sur une boîte d'écaille noire. J'avais laissé
à Gray le collier de 22 pierres et les boucles d'oreilles.

Voilà le plus grand détail des pierres que j'ai vendues, échangées, et tout ce qui me restait.

D'après le calcul que je viens de faire de toutes les
pierres que j'ai eues du collier, et que j'ai reconnues sur
la représentation exacte gravée d'après la grandeur
des diamants, il se trouve que la Reine a gardé deux
cent cinquante-six diamants de la même grandeur,
quatre-vingt-dix-huit plus petits de la même forme,
et les deux plus beaux diamants du premier rang. Les
deux cent cinquante-six diamants étaient ce qu'il y
avait de plus beau dans le collier pour l'assemblage
et la régularité d'une aussi grande quantité de pierres.
M. Duval, qui est retiré du commerce et qui l'a cédé à
son frère, a fourni à la Reine d'Angleterre une quantité de pierres semblables à celles qu'elle a gardées,
pour faire une garniture de bracelets. La Reine de

France avait donné ordre à ce même M. Duval de lui en procurer de semblables; mais il m'a dit à moi-même qu'il n'avait jamais pu en réunir une assez grande quantité. Comme il connaissait le collier, et qu'il l'avait eu entre les mains, je lui ai montré sur le dessin ce que j'avais eu, et ce que la Reine avait gardé; cela lui a fait rappeler l'ordre qu'il avait reçu d'elle pour de semblables diamants. Comme elle avait le plus grand désir d'avoir des bracelets semblables à ceux de la Reine d'Angleterre, il est vraisemblable que ceux qu'elle a gardés seront un jour employés pour faire cette parure. La Comtesse prétend qu'ayant nié une fois, elle niera dans l'éternité, et qu'elle est femme à les avoir plutôt fait jeter à la mer que de laisser subsister les traces d'une action dont les suites ont été si funestes pour nous. Cela est possible; la seule vérité que je prétends tirer de ce long exposé est que nos persécuteurs n'ayant jamais pu prouver que nous ayions disposé d'un carat au delà de l'état que je viens de donner, nous calomnient gratuitement lorsqu'ils disent que nous avons volé le collier; tout ce qu'ils peuvent nous objecter de plausible, c'est que nous ne prouvons pas le don de la Reine! Que savent-ils? S. M. aura peut-être un bon moment, nous l'attendons au lit de mort; qu'ils attendent aussi!

On n'a pas oublié que je suis parti de Bar-sur-Aube avec cent louis et que j'ai laissé généralement tous mes bijoux, ceux de la Comtesse, ainsi que tout ce que je possédais entre les mains de ma famille; cette circonstance qui dépose évidemment de mon innocence, et prouve combien j'étais éloigné de prévoir ce qui est arrivé, a cependant le plus contribué à donner prise sur moi, la famille de Rohan faisant publier partout que j'étais parti avec les restes du collier. Ces bruits s'étant accrédités, il était sans doute de l'honnêteté et du devoir de ma famille de représenter mes diamants et ceux de la Comtesse, d'autant plus qu'elle en avait donné un état exact peu de jours après son arrivée à la Bastille ; mais calculant et espérant que la famille de Rohan l'emporterait sur nous, et qu'ils pourraient par conséquent s'approprier non seulement nos bijoux mais la plus grande partie de notre argenterie et de nos effets, ils se gardèrent bien de faire une seule démarche tendant à changer, ou affaiblir les soupçons que mon départ avait fait naître ; on ne doutera pas dans un instant de leur avidité et de leur turpitude.

Peu de temps après le jugement, voyant dans les papiers publics qu'ils n'avaient rendu aucun de nos bijoux, je leur envoyai un exprès dans l'espoir qu'ils lui en remettraient au moins une partie. Que firent-ils ? après s'être répandus en injures contre moi, ils le renvoyèrent sans même lui donner de quoi faire le voyage. Pensant bien que je n'en resterais pas là et que je les forcerais d'une manière ou d'une autre à une restitution, ils se décidèrent à faire un sacrifice, espérant qu'ils pourraient garder impunément tout ce qu'ils avaient volé chez moi. Ils mirent en conséquence, dans l'écrin de la Comtesse, ses bracelets, une étoile de brillants, un médaillon, des girandoles, un porte-plume, une boîte d'écaille noire avec un cercle de brillants sur le couvercle, un collier de perles, une garniture de bracelets de grenats montée en or, et trois ou quatre bagues valant au plus 30 ou 40 guinées. Ils prétendirent ensuite avoir trouvé cet écrin dans un endroit où je l'avais caché avant mon départ, et, pour faire voir leur honnêteté, leur désintéressement, ils l'envoyèrent à la police, persuadés, d'après cette restitution volontaire, qu'elle ne ferait aucune recherche chez eux, et qu'ils pourraient m'écrire impunément (comme ils l'ont fait) que tout ce qui m'appartenait ayant été généralement saisi, il était bien étonnant que je leur envoie journellement des émissaires pour leur faire des demandes indiscrètes ; qu'une fois pour toutes je devais me persuader qu'ils n'avaient rien à moi. Ils finissaient cette épître en m'observant que, les ayant déshonorés, je ne devais pas m'attendre à aucun secours de leur part. Peu de temps après la réception de cette lettre je reçus de Paris l'état de tout ce qui avait été vendu à l'hôtel de Bullion. Assuré par ce moyen de leur friponnerie, je fis partir sur-le-champ un autre exprès porteur d'une lettre menaçante ; ils en furent si fort effrayés qu'ils promirent de se rendre eux-mêmes à Londres pour me remettre ce qu'ils avaient eu (disaient-ils) le bonheur de sauver. L'époque qu'ils avaient annoncée étant passée et ne recevant d'eux aucune lettre, je leur envoyai une autre personne avec de nouvelles instructions. Voyant qu'il n'y avait plus moyen de reculer ils se décidèrent à partir.

Les habitants de Bar-sur-Aube disant hautement qu'ils avaient gardé une partie de mes bijoux, indignés de leur conduite et de la spoliation qu'ils avaient faite dans ma maison (puisque la frayeur qu'on leur avait faite les avait forcés à rendre une partie de mon argenterie qu'ils avaient enterrée dans un tas de fumier), se doutaient bien que les différentes personnes que j'avais envoyées étaient venues pour réclamer ce que je leur avais laissé. Croyant leur donner le change et détourner leur attention, ils firent courir le bruit qu'ils allaient à Paris, et prirent la route de Boulogne; ils eurent grand soin de faire partir avant la personne que je leur avais envoyée, évitant surtout de la faire passer par Paris, dans la crainte de quelque indiscrétion.

Arrivés à Londres peu de jours après la Comtesse (à qui ils avaient refusé 25 louis à son passage à Bar-sur-Aube), ils me remirent une bague qui avait formé le bouton du collier, une chaîne de montre que j'ai vendue 50 livres sterling, et une boîte que j'avais eue en échange et que j'ai vendue à Gray 60 livres sterling. En me rendant ces trois objets ils me dirent que c'était tout ce qu'ils avaient pu détourner de tous nos bijoux. Comme ils avaient eu tout le temps de combiner leurs mensonges et qu'ils étaient persuadés que je n'avais pu être instruit de leur conduite et leurs déprédations, ils n'épargnèrent rien pour me convaincre de la vérité de leur récit, qui m'aurait paru bien naturel, si je n'avais pas été aussi bien informé.

Ayant paru satisfait de ce qu'ils m'avaient remis, j'allai le même jour prendre un — WRIT — espérant par ce moyen les effrayer et leur faire rendre le surplus des bijoux qu'ils avaient gardés ; mais s'imaginant d'après les informations qu'ils avaient prises avant leur départ que je ne pouvais les inquiéter d'aucune manière, ils me firent sentir qu'ils étaient indignés de ma conduite envers eux, et leur dernier mot fut qu'ils n'avaient rien à moi, qu'ils avaient tout rendu, et que s'ils eussent prévu mon peu de reconnaissance de la démarche qu'ils venaient de faire, ils auraient donné généralement tous mes bijoux et m'auraient privé par ce moyen des trois objets qu'ils venaient de me remettre.

Jugeant par leur ton d'assurance qu'il fallait plus que des paroles pour les mettre à la raison, je n'insistai pas davantage et remis le *writ* entre les mains d'un officier du shériff qui, le moment d'après, arrêta mon cher oncle, homme riche, sans enfants, occupant les premières places de la ville où il fait sa résidence, et jouissant de l'estime et de la considération de tous les habitants. A la vérité, il n'en est pas de même de sa chère moitié ; cette femme méprisable, détestée de toutes les personnes qui la connaissent, avait sans doute engagé son mari à faire cette bassesse ; aussi du moment où elle le vit arrêté elle vint me trouver pour m'engager à accepter des billets pour la somme que je réclamais, m'assurant toujours qu'elle n'avait rien à moi et qu'elle allait vendre une partie de son bien pour acheter la liberté de son mari. N'ayant pu accepter les engagements qu'elle voulait prendre avec moi, elle se décida à tout avouer, et elle partit pour aller chercher ce qu'elle avait assuré, sous serment, avoir rendu au gouvernement.

A son retour, elle me remit deux bagues qui avaient appartenu au collier ; une paire de boucles d'oreilles mirza dont elle avait détaché quatre diamants (ce que je n'ai aperçu qu'après son départ), un anneau, un bouton de col, une bague montée en cheveux avec un entourage et une autre bague de peu de valeur. Le lendemain de cette restitution forcée, mes honnêtes parents sont retournés dans leurs foyers, où ils ont partagé le reste de mes dépouilles, et je n'en ai entendu parler depuis, que pour apprendre, avec le plus grand détail, tout le pillage qu'ils ont fait dans ma maison de Bar-sur-Aube, et tout le mépris dont ils se sont couverts par la conduite qu'ils ont tenue envers nous.

Comme ils sont capables, d'après ce qu'ils ont fait, de dire qu'ils sont venus m'apporter les restes du collier, je crois devoir ajouter que, de tout ce qu'ils m'ont rendu, il n'y avait que trois pierres appartenant au collier et dont j'ai parlé plus haut. Tout le reste, ainsi que ce qui a été vendu à l'hôtel de Bullion, à Paris, était (à peu de chose près) en notre possession, avant que nous ayons jamais entendu parler du collier.

J'ai vendu généralement tout ce qu'ils m'ont rapporté, à M. Gray de New-Bond-Street, pour la somme de deux mille deux cents livres sterling.

Ici finit tout ce que j'ai dû laisser dire par le comte de la Motte lui-même et que lui seul pouvait rendre; je reprends la plume et je crois pouvoir présentement affirmer que, quelles que soient les préventions qu'a dû faire naître contre moi le jugement inique qui a été le résultat des intrigues tant de la Reine que de la maison de Rohan, l'homme du monde qui en serait encore le plus entiché ne peut du moins se dissimuler, depuis qu'il nous a entendus, que nous avons été sacrifiés. La seule conversation du Comte de la Motte avec l'Ambassadeur de France, en développant les manœuvres que méditait le parti de la Reine, donne une idée de celles qui ont été *réellement employées* par le parti des Rohan; mais je ne veux pas que le public s'en tienne à une simple idée. Je veux lui développer entièrement celles des intrigues de mes adversaires dont j'ai la preuve; ce n'est pas la dixième partie de leurs iniquités.

Avant d'entrer dans ce détail, il est important d'observer que, par une fatalité inconcevable, attachée à la nature des circonstances, la Reine qui, dans le fond, faisait cause commune avec moi, ou même dont (comme l'observait très bien le Comte d'Adhémar) je n'étais que la représentante, n'a pu entrer en cause, à raison de l'énoncé des lettres patentes qui, donnant au parti dominant du Cardinal le prétexte de borner ses recherches à la seule affaire du collier, a écarté de la discussion tout ce qui était étranger à cet objet.

Par ce moyen la Reine, comme je l'ai dit, n'étant point en cause, je me suis trouvé non seulement seule, sans appui, sans fortune, ayant à lutter contre le crédit, l'opulence, la considération attachée à une maison illustre et puissante ; mais encore contre l'influence secrète de la Reine elle-même, que mes ménagements *forcés* pour le Cardinal irritaient contre moi. Est-il étonnant que j'aie succombé contre les forces combinées de pareils adversaires !

En supposant, ce qui est assez naturel, que du moment où je me suis vue impliquée dans cette malheureuse affaire, sans avoir pour la vérité un égard qui l'emportât sur ce que je devais à mon propre salut, j'eusse voulu me ranger du côté de l'une des véritables parties, je n'en eusse pas été maîtresse. Je n'ai pas eu un seul instant la liberté de consulter, soit la justice, soit mon inclination, soit mes vrais intérêts ; continuellement obsédée par les agents et les émissaires de deux parties, je ne voyais de toutes parts que des écueils; je n'ouvrais pas la bouche, je n'ébauchais pas une idée, qu'on ne me dît « si vous faites cela, vous êtes perdue. » — Hélas! mon Dieu! m'écriais-je sans cesse, qui écouter? qui croire? — Plus tourmentée de cette incertitude qu'inquiète du fond de l'affaire, je me lassai de penser toujours au même objet, et je tombai dans cet état d'insensibilité qui rend le bien et le mal indifférents. Je n'avais d'idée stable que sur un seul point, parce qu'il y avait longtemps que je l'avais prévu; je me disais: la Reine veut perdre le Cardinal — mais le Cardinal avait été mon bienfaiteur, n'était-il pas monstrueux de me prêter à devenir l'instrument de sa perte! la Reine avait été ma bienfaitrice; si je répugnais à servir sa vengeance, je devais du moins respecter ses secrets. Tout cela eût pu se concilier s'il eût suffi d'être discrète; mais que répondre à des questions éternelles dont la plupart étaient insidieuses? comment se tirer de ces interrogatoires, de ces confrontations? Il y avait de quoi tourner meilleure tête que la mienne, et c'est la seule raison que je puisse rendre des contradictions fréquentes dans lesquelles on me surprenait — « dites *blanc,* me disait l'un, ou vous êtes perdue »; je disais blanc, — « dites *noir,* me disait l'autre, ou c'en est fait de vous »; je disais noir, — « ne parlez pas de telle ou telle chose, me disait un troisième, vous perdriez tout »; on m'interrogeait sur cette chose et je battais la campagne; et sans que je m'en doutasse, toutes ces inconséquences tournaient à ma charge, faisaient preuve contre moi. Mais parcourons quelques-uns des degrés par lesquels on m'a fait passer pour arriver au précipice. Je dis *quelques-uns* parce qu'il faudrait écrire des volumes pour les détailler tous. Depuis mon entrée à la Bastille jusqu'au jour d'abomination, on ne m'a pas fait faire un pas, on ne m'a pas suggéré un seul mot qui n'ait concouru à la consommation de ma ruine.

Il faut savoir d'abord que, peu de jours avant celui que je viens de nommer le jour d'abomination, je reçus une lettre que j'impute encore aujourd'hui au Baron de Breteuil ; laquelle portait en substance que mon salut dépendait de moi, que je n'avais qu'à mettre tout sur le compte du Cardinal et de Cagliostro (1).

Le 18 août 1785, lorsque je fus conduite à la Bastille, déjà indignée contre le Cardinal, qui, pour ménager la Reine et se sauver lui-même, rejetait tout sur moi, je vis arriver le commissaire Chénon, qui, ayant reçu ses instructions du Baron de Breteuil, me demanda ce que je dirais pour ma défense ? Me rappelant alors la lettre que j'avais reçue, mais ne voulant pas aller aussi loin que me le conseillait l'anonyme, je répondis que je pourrais dire que le Cardinal m'avait fait présent d'une quantité de diamants, sans que je susse s'ils provenaient du collier ou non. Il me conseilla de ne point prendre cette tournure, me représentant qu'elle indisposerait le Roi contre moi. Que ce serait dire : j'étais la maîtresse du Cardinal, il n'est point étonnant qu'il m'ait fait ce cadeau. « Dites plutôt,

----

(1) Une preuve sensible que la lettre anonyme que je reçus trois ou quatre jours avant la catastrophe du Cardinal, m'avait été envoyée par le Baron de Breteuil, c'est que tout le monde sait que lorsqu'il alla faire une descente dans l'hôtel du Cardinal à Paris, espérant y trouver la correspondance, et furieux d'apprendre qu'un courrier dépêché à l'abbé Georgel l'avait frustré de cet objet qui avait été livré aux flammes, il s'écria en voyant le buste de Cagliostro : « je ne rencontre partout que la figure de ce charlatan, patience, j'espère que cela finira bientôt. » J'étais dans ce moment bien tranquille à Bar-sur-Aube, et il ne s'exprimait ainsi que parce qu'il était persuadé que je suivrais aveuglément les conseils qu'il m'avait donnés dans sa lettre.

ajouta-t-il, qu'il vous les a donnés pour les vendre à son profit et que vous lui en avez remis la valeur; cela paraîtra plus vraisemblable, et infiniment plus décent pour vous. »

Voilà un premier avis que j'eus la faiblesse de suivre et qui, en me perdant, sauva le Cardinal parce qu'il ne fut pas possible de prouver que je lui avais remis l'argent; au lieu que si j'eusse dit, comme j'en avais formé le dessein, qu'il m'avait donné beaucoup de diamants, c'est lui qui se fût trouvé dans l'impossibilité de prouver le contraire; mais ce ne fut que longtemps après que je sentis la différence des deux déclarations. Le Commissaire que je voyais parfaitement bien être l'organe du Baron de Breteuil, s'était attaché à me distraire de toute réflexion, et, pour fixer mon attention tout entière, m'avait donné à entendre que la Reine me protégerait et me tirerait promptement de la Bastille; « raison de plus, m'avait-il dit, pour éviter de parler d'aucun présent que vous auriez reçu, parce que le Cardinal ne manquerait pas de répondre que vous lui avez dit que vous les teniez de la Reine; alors S. M. serait compromise, ce dont il faut bien vous garder. » J'eus beau lui représenter que ne concevais pas comment je pourrais me dispenser de nommer la Reine dans une affaire dont elle avait été l'âme. Il me répondit: « si vous la nommez, vous êtes perdue. » (1)

---

(1) Lorsque je reçus la seconde visite du Commissaire Chénon, il me communiqua une lettre qu'il me dit avoir reçue du baron de Breteuil, et dont je reconnus l'écriture. Il lui indiquait les conseils qu'il avait choisis, et les moyens de les engager à se charger de ma défense. Il me conseillait de leur écrire d'une manière à leur faire sentir qu'en se déclarant pour moi ils ne pouvaient être que très agréables à

L'avocat Doillot, que M. de Breteuil m'envoya également pour conseil, commença de même par me défendre d'articuler jamais le nom de la Reine, m'assurant *de bonne part* qu'elle me protégerait. D'un autre côté le parti du Cardinal cherchait à s'emparer de moi ; de Launay, gouverneur de la Bastille, dévoué à la maison de Rohan, avait aposté près de moi un certain Abbé Lequesle, Aumônier de cette horrible prison, dont l'emploi principal était de passer de l'appartement du Cardinal dans le mien ; du mien dans celui du Cardinal, et de concerter nos réponses

---

la Reine, au Baron de Breteuil, etc., sans cependant les nommer. Afin qu'ils n'en pussent douter il me persuadait d'ajouter qu'ils pouvaient aller à la police prendre des informations de ce que j'avançais. Cet avis me paraissait excellent, et, regardant le baron de Breteuil comme dirigé par la Reine, j'écrivis sans hésiter sous la dictée du commissaire. Il se chargea de faire parvenir ces lettres. Ceux à qui elles étaient adressées ne tardèrent pas (après avoir été chez M. de Crosne) à se présenter pour me défendre : mais la vanité et la jalousie du sieur Doillot lui firent rejeter ces deux célèbres avocats ; ce fut dans ce moment qu'il publia son premier mémoire qui est un mélange de platitudes et de mensonges. A cette même époque le commissaire Chénon m'avait engagé à lui donner par écrit tout ce que je lui avais dis verbalement, devant, disait-il, le remettre au baron de Breteuil qui, instruit de toute cette intrigue, n'en prendrait que plus d'intérêt à moi. Etant un jour occupée à ce travail qui était presque fini, Doillot entra ; je lui racontai ce qui se passait entre le commissaire et le baron de Breteuil et je lui montrai le mémoire que je faisais pour lui : il s'emporta beaucoup contre moi, me traita d'enfant, et me persuada par plusieurs circonstances qu'il me rapporta que le Commissaire cherchait à me tromper : il finit par m'engager à ne plus le recevoir du tout, conseil que je suivis exactement. En me quittant il prit le mémoire qu'il mit dans sa poche.

Le roi peut exiger de cet avocat de représenter ce mémoire ainsi que celui qu'il me fit écrire ensuite ; il jugera par leur ressemblance que je n'ai jamais varié quand j'ai dit la vérité, et que les circonstances que je rapporte aujourd'hui sont absolument les mêmes que celles que j'ai écrites aux époques dont je parle,

respectives pour les interrogatoires. On pense bien qu'elles étaient combinées de manière que, sans que je m'en aperçusse, les miennes tendaient toujours à donner de la vraisemblance à celles du Cardinal. J'éprouvais bien quelquefois des moments de défiance ; mais ce scélérat d'Abbé était si adroit, me marquait tant d'intérêt, tant de dévouement, que je me laissais aller : il était instruit de tout, m'apportait les messages du Cardinal, et me prévenait toujours de l'objet le plus prochain des confrontations. « Demain, me disait-il, vous serez confrontée avec le Cardinal ; il sera peut-être forcé de vous dire telle ou telle autre chose ; gardez-vous de le contrarier ; *tout cela n'est que pour la forme*, le procès ne sera jamais jugé, il est même impossible qu'il le soit ; le pape y est intéressé ; le chapitre de Strasbourg remue ciel et terre ; vous verrez, et le Cardinal me charge de vous assurer que cette affaire finira sans jugement et que la Reine aura le dessous (1). Le malheur est qu'il ne peut la com-

---

(1) Depuis que je suis à Londres, j'ai lu dans le journal d'un observateur intitulé : *Mémoires secrets pour servir à l'histoire de la République des lettres en France*, une lettre de l'abbé Georgel à Madame la princesse de Marsan. J'ai cru d'autant plus nécessaire de la placer ici, que le lecteur jugera par ce qu'elle contient que l'abbé Lequesle tirait ses informations de la même source que l'abbé Georgel, et qu'au lieu du baron de Planta, j'ai malheureusement été choisie pour la victime immolée à l'autorité compromise.

18 septembre 1785.

« Madame,

« Cessez d'être inquiète de notre cher Cardinal. Il a supporté avec toute la dignité d'un Rohan le coup incroyable qui l'a frappé. Sa santé se soutient dans la prison dont les rigueurs sont modérées, et son âme est en paix autant que peut l'être celle d'un illustre accusé qui prévoit qu'il ne sera jamais jugé. Mais l'autorité reculant, ne sera-ce pas une justification ? Le Roi, sur l'avis de son conseil, vient de renvoyer l'affaire au Parlement. Les lettres patentes sont enregistrées. Tout le procès pourrait bien se réduire là ; car

promettre sans s'exposer à perdre la tête — je suis persuadé, qu'après les services qu'il vous a rendus, vous seriez au désespoir de le conduire sur l'échafaud. »

« Que dois-je donc faire, répondais-je avec vivacité; si je ne puis accuser ni le Cardinal, ni la Reine, tout

---

enfin celui d'un simple clerc ne peut être fait qu'avec le juge d'église; un Evêque, un Cardinal ont-ils moins d'immunités? L'histoire de France offre sept Cardinaux accusés par nos Rois; aucun n'a pu être jugé en personne; d'Aguesseau lui-même convient que, sur douze exemples, il y en a onze en faveur de l'Eglise et il ne peut nier qu'elle a le premier Etat. En 1654, le procès du Cardinal de Retz fut renvoyé au Parlement par lettres patentes, qui sûrement ont servi de modèle à celles de 1785. Mais trois ans après, une déclaration solennelle révoqua l'attribution et confirma le droit antique des évêques de ne pouvoir être jugés que par ceux de leur métropole. Il s'agissait d'un crime de lèze-majesté, et toute la prétention royale était qu'un tel crime faisait cesser toute immunité. Ainsi, lorsqu'il n'y a rien qui concerne le Roi ou l'Etat, nul doute que le droit commun est dans toute sa force. Vous voyez à présent, Madame, à quoi peut aboutir tout l'appareil du jour. Ne croyez pourtant pas qu'il y ait de l'impéritie de la part du Garde des Sceaux et du comte de Vergennes; ils savent tous deux ce qu'ils font : l'un connaît le droit français, l'autre la politique romaine; eux seuls pouvaient éclairer, mais ils sont nos amis. Mêmes vues, mêmes aversions. Ils savent que l'électeur de Mayence revendiquera, que Rome réclamera, que le clergé remontrera, que l'empire même murmurera. Ils se sont tus et ont eu l'air de déférer à l'équité apparente d'un renvoi au juge national. Si les clameurs sont faibles, l'information se fera toujours et de manière à ne distinguer ni accusateurs ni accusés; si les difficultés grossissent, le roi reculera et ce sera d'autant plus favorable pour nous qu'il y aura plus d'imbroglio dans l'instruction; il ne faudra plus alors qu'une victime à l'autorité compromise. Pourquoi le Baron, qui n'a été qu'agent, ne serait-il pas chassé comme auteur? nous triompherions pleinement; tous les intérêts seraient conciliés, de profondes vengeances exercées, et les ressentiments respectifs satisfaits; Madame, je dis le mot, que ce soit le secret de votre ie.... »

tombera donc sur moi ! » — « A votre place, je dirais la vérité, je ne vois point qu'il y ait de mal à avoir reçu des diamants de la Reine, non ;» mais il y a du danger à le dire parce que c'est dire qu'elle a reçu le collier, et elle ne veut pas en convenir. » En général dans ce temps-là je ne voyais uniquement que l'Abbé Lequesle ; il venait très souvent me dire que le Cardinal s'ennuyait beaucoup de la longueur de ce procès et que sa santé s'altérait tous les jours. Me plaignant de mon côté et avec plus de raison, je lui demandais s'il n'y aurait pas quelque moyen de mettre fin à cette affaire ? Il me vint dans ce moment l'idée d'écrire à la Reine, je lui communiquai mon projet, qu'il approuva, il se chargea même de remettre la lettre. J'écrivis donc en sa présence à peu près en ces termes :

Madame,

« MALGRÉ toutes les rigueurs de ma position il ne m'est pas échappé une seule plainte; tous les détours qu'on a pris pour me tirer des aveux n'ont servi qu'à me fortifier dans la résolution de ne jamais rien dire qui puisse vous compromettre ; cependant quoique persuadée que ma fidélité et ma discrétion doivent me faciliter les moyens de sortir d'embarras, je vous avoue que les efforts de la famille de *l'esclave* me font craindre de devenir la victime. Trois mois de confrontations, de tourments de toutes espèces, le désespoir de me voir accusée (moi qui suis innocente) a beaucoup diminué mon courage et me fait craindre de ne pouvoir soutenir longtemps mon rôle. Vous pouvez mettre fin à cette malheureuse affaire en la faisant négocier par B. ; il peut donner au *ministre* la tournure que son intelligence lui suggérera en évitant surtout de vous compromettre. La crainte que j'ai de me voir forcée à tout découvrir me fait recourir à la démarche que je fais aujourd'hui, persuadée que Madame donnera des ordres pour terminer cette malheureuse affaire.

Je suis avec le plus profond respect
de Madame,
La très humble servante

Comtesse de Valois de la Motte.

13 *Avril* 1786.

Je lui donnai ma lettre à lire; il l'approuva et me proposa de la communiquer au Cardinal; comme ce dernier était au moins aussi intéressé que moi à ce que l'on mît un terme aux procédures, je n'y vis point d'inconvénient; je lui remis ma lettre et lui expliquai la manière de la faire parvenir sûrement au moyen de trois enveloppes. Il la mit dans sa poche; après avoir causé de différentes choses pendant plus d'une heure il me dit qu'il s'en allait, et puis il s'arrêta et après une longue pause il m'observa que, toutes réflexions faites, il lui était impossible de remettre pareille lettre sans s'exposer à trouver aussi un appartement à la Bastille : qu'attendu qu'il était de toute notoriété que je ne voyais que lui, on ne pourrait jeter les yeux que sur lui lorsqu'il s'agirait de savoir comment cette lettre était parvenue. Il me la remit donc en me disant qu'il en parlerait au Cardinal et qu'on tâcherait de trouver quelqu'un qui s'acquittât de la commission sans s'exposer au point où il le serait.

C'est ainsi que ce malheureux, en me berçant d'espérances, trouvait le secret de me faire parler et de profiter d'un mot irréfléchi qui pouvait m'échapper.

Les confrontations finies j'eus la douce liberté de voir mon conseil Doillot qui n'était pas un malhonnête homme, mais gagné par le Baron de Breteuil, par conséquent ne songeant qu'à faire décapiter le Cardinal et à empêcher que la Reine fût compromise le moins du monde.

Sa première visite après les confrontations prouvera par le rapport qu'il me fit combien de détours on a employés auprès de lui pour le dégoûter et l'empêcher de faire son second mémoire. Voulant savoir le résultat des confrontations il se rendit chez M. Laurencelle, substitut du Procureur Général, qui, après beaucoup de détours et de représentations sur l'impossibilité où il était de lui rien communiquer, finit par lui dire que j'avais tout avoué, et qu'il en avait la preuve écrite, et que le désespoir où j'étais depuis d'avoir fait cette déclaration m'avait rendue inabordable; qu'il y avait peu de jours que j'avais mordu St-Jean, mon porte-clefs, et lui avais emporté la moitié du pouce. Doillot, étourdi de cette déclaration, répondit qu'il ne pouvait le croire d'après tout ce que je lui avais dit, et les écrits que je lui avais donnés. Le substitut le voyant dans cet état d'incertitude et le regardant déjà disposé à croire ce qu'il avait avancé, lui communiqua les confrontations où il lut l'aveu que j'avais fait. Stupéfait d'étonnement, indigné d'avoir été trompé aussi grossièrement, il se promenait à grands pas dans l'appartement, maudissant les personnes qui l'avaient engagé à prendre ma défense, etc. S'étant un peu calmé et se rappelant tous les moyens dont on s'était servi pour me tromper ainsi que lui, il demanda à examiner les confrontations une seconde fois, et particulièrement à vérifier ma signature ainsi que celles des autres parties ; ce que Laurencelle lui refusa absolument. Soupçonnant alors qu'on voulait le tromper, et l'empêcher de revenir à la Bastille, il se retira, déterminé à s'éclaircir de la vérité. Il vint donc malgré les avis de sa famille et de ses amis. Son air sérieux et inquisitif lorsqu'il m'aborda me parut d'autant plus extraordinaire qu'ayant écrit et récapitulé tout ce qui s'était passé pendant tout le temps des confrontations, je ne pouvais m'imaginer ce qui avait pu produire ce changement ; enfin après m'avoir marqué sa surprise sur ma gaieté il me rapporta tout ce qui s'était passé avec Laurencelle, les bruits qu'on faisait courir, les prétendus aveux que j'avais faits et particulièrement mon accès de rage, dans lequel j'avais emporté la moitié du pouce de mon porte-clefs. Le pauvre St-Jean qui était présent à ce récit ne put se contenir ; après avoir rendu justice à la vérité, il dit que le Gouverneur vendu à la famille de Rohan était l'auteur de ces calomnies, qu'il était prêt à l'affirmer en sa présence, et à lui reprocher la conduite infâme qu'il avait tenue depuis le commencement de ce procès : il ajouta que bien loin d'avoir été méchante comme on le prétendait j'avais été trop douce, qu'à ma place il n'aurait pu y tenir et aurait défiguré tous ces scélérats. Je remis ensuite à Doillot mes confrontations que j'avais eu soin d'écrire à chaque séance ; après en avoir fait la lecture (dont il fut enchanté) il me fit signer à chaque coin de toutes les pages afin que l'on ne pût douter de leur authenticité ; il sortit triomphant, me promettant de faire imprimer tous les détails que je venais de lui donner. Avant de le laisser aller je lui parlai du piège que m'avait tendu le fourbe Abbé, il me dit que j'étais bien bonne de me tracasser la tête de toutes ces misères : qu'il était bien aise que la lettre que j'avais écrite n'eût pas été remise à la Reine, qu'elle n'aurait pu produire qu'un mauvais effet, et l'indisposer contre moi ; qu'en un mot, une fois pour toutes, je devais me persuader que je me tirerais victorieusement de l'affaire ; et il faisait des mémoires, des sommaires, qui n'avaient pas le sens commun, assemblages informes d'absurdités et de mensonges ; il me faisait dire à chaque page que je n'avais jamais vu la Reine ; il me forçait à le déclarer devant les juges ; tandis que ma défense naturelle et sûre consistait à dire ce que j'avais sans cesse dans le cœur et sur les lèvres, que la Reine m'avait comblée de bontés depuis qu'à l'époque de l'accident dont j'ai parlé, j'avais eu le bonheur de l'intéresser à mon sort.

Lorsque Doillot fut parti, l'Abbé Lequesle vint chez moi pour savoir si je ne l'avais pas chargé de remettre la lettre que j'avais écrite pour la Reine ; je lui dis que non. Vous avez très bien fait, me dit-il ; nous en avons causé avec le Cardinal qui croit qu'elle serait passée par les mains du Baron de Breteuil, qui n'aurait pas manqué d'en faire son profit, en l'empêchant de parvenir à la Reine.

J'ai conservé cette lettre jusqu'au moment où je suis montée au Parlement : déterminée, si je m'apercevais qu'on voulût me sacrifier, à la laisser tomber en sortant, ce qui aurait sûrement nécessité une explication que je n'aurais pas manqué de donner, en divulguant toute l'intrigue. Malheureusement pour moi je vis qu'on m'encourageait, qu'on m'applaudissait, et, d'après toutes les espérances qu'on m'avait toujours données dans le cours de ce procès, je sortis persuadée du gain de ma cause. En rentrant dans le salon du concierge je rapportai à sa femme, qui avait beaucoup d'atten-tions pour moi, tout ce qui venait de se passer, en lui faisant part de la circonstance de la lettre que je lui montrai ; elle appella sur-le-champ son mari, qui, effrayé au suprême degré, ferma la porte de l'apparte-ment, et brûla la lettre dans le même instant.

D'après tout ce que je viens de retracer, on voit que ma position était à peu près celle du malade à qui un médecin dit « si vous mangez vous mourrez d'indi-gestion, » un autre « si vous ne mangez pas vous mourrez d'inanition ». Le fait est qu'il fallait mourir, car voyant devant mes yeux le glaive ou le poison si je nommais la Reine, je me gardais bien de la nom-mer, et, ne la nommant pas, je prenais sur moi le vol du collier. — Aussi, comme du moment où l'on vit que le Cardinal se tirerait d'affaire par la perfidie et la maladresse de mes conseils, on sentit qu'il fallait une victime et que je serais immolée ; il est à la fois révoltant et curieux de voir comment juges et témoins se réunirent pour diriger le coup mortel contre moi ; le précis des confrontations (dont le public n'a jamais eu connaissance que par l'infidèle narré de l'impudent Target) ferait frémir, si le dépôt qui les renferme était accessible à tous les yeux. J'en rapporterai quelques traits, que je ne puis avoir inventés.

Il ne faut pas perdre de vue un fait dont j'ai déjà parlé et qui est de notoriété publique, c'est que, tant aux interrogatoires que dans les confrontations, ni le Cardinal ni moi n'avons jamais dit un mot de vérité ; la raison en est bien simple ; c'est que, *sous peine de la vie*, ni lui ni moi ne devions nommer la Reine ; que pouvions-nous donc dire qui ressemblât à ce qui était? En second lieu, ainsi que je l'ai observé encore quelque part, préparés l'un et l'autre à ne dire que des mensonges, nos dépositions, nos déclarations et *dires* divers étaient un jeu combiné, où il est évident que vu l'inégalité immense de nos positions, je ne pouvais avoir l'avantage : car, je faisais la chouette, à qui ? à une grande Reine, et à un grand seigneur ? était-il possible que des témoins de la trempe de ceux qui ont paru dans l'affaire, balançassent entre l'une ou l'autre de mes parties adverses ? Aussi qu'est-il arrivé ? c'est que dans toutes les dépositions que l'on a recueillies à grands frais, les traces de la subornation sautent à l'œil ; j'en demande pardon à M. Dupuis de Marcé, rapporteur de l'inique procès ; mais je puis prouver qu'il a prévariqué à un excès scandaleux. Récapitulons donc, et rapportons à un seul et même principe l'iniquité du jugement qui a couronné toutes les iniquités employées contre moi. La Reine était Reine ; le Cardinal était un grand seigneur, je n'avais que mon nom de Valois. On a vu comment, également victime et de la méchanceté et de l'intérêt même que j'inspirais, j'ai été égarée par les conseils et de mes ennemis et de mes amis ; il me reste à prouver la subornation des témoins produits contre moi et la prévarication dont j'ai accusé le rapporteur ; c'est en citant des exemples du premier cas, que j'en fournirai du second.

Premièrement, comme j'avais eu le malheur de confier tous les détails de l'affaire à ce scélérat de Lequesle, qui, espion du gouverneur et de la créature du Cardinal, était nécessairement le plus dangereux des confidents ; il est constaté par l'événement qu'il com-

7

muniqua dans le temps aux conseils du Cardinal et à ses soutiens ce que je lui avais dit relativement à Villette, et à la fille Oliva ; et que ce fut en conséquence de cette ouverture imprudente que les Rohans employèrent l'autorité de leur ami de Vergennes pour faire arrêter ces deux personnages, afin de les endoctriner et de leur faire déposer tout ce qu'on jugerait convenable. A peine ce Villette fut-il entré à la Bastille qu'on lui promit de le sauver et qu'on lui en fournit les moyens en lui suggérant l'idée d'écrire à M. de Vergennes, qui, certainement, devait être supposé n'avoir rien de commun avec pareille affaire. Il écrivit donc à ce ministre qu'il avait à lui communiquer des choses de la plus grande importance, qu'il ne pouvait confier qu'à lui. L'homme d'État rusé, qui avait conseillé d'embarquer ainsi la chose, mais qui ne voulait pas paraître prendre la moindre part au procès, lui fit dire qu'il était impossible de lui donner audience, mais qu'il pouvait avec la même sûreté *confier tout au gouverneur ;* autant valait-il dire *au Cardinal* et à son conseil.

Villette ayant fait difficulté de s'ouvrir, on lui conseilla d'écrire une seconde lettre dans laquelle il ferait à M. de Vergennes un aveu sincère de tout ce qu'il savait ; à cela il répondit qu'il le ferait volontiers s'il ne craignait de compromettre la Reine ; « eh bien ! lui dit-on, ne la compromettez pas, ne pouvez-vous pas omettre son nom et dire tout ce que vous savez d'ailleurs ? » Comme il parut embarrassé, on lui épargna la peine d'arranger ses dépositions et dès le premier jour on les lui donna toutes faites ; on lui expliqua la nature des aveux qu'il devait éviter, on lui suggéra ceux qu'il devait lui substituer;

et de même que M. de Breteuil, le comte d'Adhémar, le Commissaire Chénon et autres se disant attachés au parti de la Reine, disaient à mon mari et à moi : *mettez tout sur le compte du Cardinal;* les partisans des Rohans disaient aux témoins qu'ils endoctrinaient : *mettez tout sur le compte de la Comtesse de la Motte.* Mais, me dira-t-on, quelles preuves avez-vous de ces allégations qui peuvent être calomnieuses ? — Quelles preuves ? j'en aurais beaucoup ; mais une seule me suffit. La voici : de quelque manière qu'on envisage l'affaire, Villette, de son propre aveu était au moins coupable d'une espèce de faux ; s'il n'était pas de nature à entraîner peine capitale, du moins avait-il mérité quelque genre de punition ; a-il été puni ? non. on lui a fait un sort, on lui a donné un état, en un mot, on l'a récompensé ! de quoi ? de la docilité avec laquelle il s'est prêté à se taire sur le compte de la Reine, et à faire tout tomber sur moi. Est-il besoin d'autre preuve de subornation criante ? Je sais au reste dans les plus menus détails comment cette scène d'iniquité s'est passée ; je suis fâchée d'être obligée de déclarer de qui je le sais ; mais tout ce que je tairai dans ces mémoires, c'est que je l'aurai oublié : je dis donc que je tiens ces particularités du chevalier du Pujet, lieutenant du roi de la Bastille, qui était présent à toutes ces menées atroces conduites par le Gouverneur; l'indignation qu'il en conçut le détermina à m'en instruire afin que j'en fisse mon profit. En effet dans une confrontation que j'eus avec ce Villette, je le fis convenir du fait ; lui ayant observé ensuite qu'il y avait indépendamment du Gouverneur d'autres personnes qui, par des promesses, l'engageaient à déposer de telle ou telle chose, il eut la bonhomie de dire : « cela est vrai, ce sont ces deux messieurs, montrant en même temps le **Rapporteur** et le Greffier ! C'était un homme bien intègre que ce Rapporteur ; j'ignore ce que lui a valu son intégrité ; mais la somme doit avoir été forte si elle a été proportionnée à l'infamie dont il s'est couvert. Je reviendrai à lui plus d'une fois. Disons deux mots de la pauvre Oliva. J'observerai d'abord qu'elle était si simple, si simple que toute l'astuce des de Launay, des Dupuis de Marcé, des Fremyn, n'a jamais pu lui faire dire oui pour non, noir pour blanc ; aussi ses dépositions et ses confrontations sont-elles restées ensevelies dans la Bastille. On n'a jamais pu la tirer de la naïveté de son récit, elle a raconté tout ingénument l'aventure du bosquet, et a soutenu jusqu'au bout la présence de la Reine. En vain lui a-t-on observé que le saisissement lui avait fait voir un objet pour un autre, qu'elle avait pu être trompée par l'obscurité ; en un mot qu'elle avait la berlue ; ne comprenant pas qu'on lui soufflait les réponses pour la tirer d'affaire, elle n'a pas voulu en démordre, et son dernier mot a été : « *je suis bien sûre que j'ai vu et entendu la Reine, et qu'elle m'a parlé.* » On conçoit que, lorsqu'il fut question de la confronter avec moi, on ne lui épargna pas les leçons ; il n'était pas possible d'enfouir les confrontations comme les interrogatoires, et l'on craignait de la faire parler. Pour obvier à cet inconvénient décisif, le Rapporteur crut se tirer d'affaire en lui posant ses questions de manière qu'elle n'avait que oui ou non à répondre ; cela ne m'échappa pas, et je priai M. Dupuis de Marcé de vouloir bien la laisser parler et de ne pas l'emboucher (ce mot trivial me vint je ne sais comment à la bouche). — Il rougit, ému de fureur et, se levant comme un énergumène, il mit fin à la séance !!! A propos de cette séance terminée si brusquement, c'est ici le moment d'observer qu'il n'en faisait pas d'autre, et qu'il recourait presque chaque jour à cette basse ressource : lorsque le Cardinal se trouvait embarrassé et que le digne rapporteur, ou le Greffier Fremin ne pouvaient par leurs œillades ou le faire taire ou lui suggérer ses réponses, ils quittaient sur-le-champ et le siège et la table. D'autres fois, lorsqu'ils me voyaient échauffée, et prête à confondre le Cardinal par quelque argument décisif, ils me cajolaient, affectaient de me parler pour me faire perdre le fil de mon discours que je ne retrouvais plus, soit parce que la chaleur de mes esprits jetaient de la confusion dans mes idées, soit parce qu'ils ne me laissaient pas le temps de me recueillir. — Il n'en était pas de même pour le Cardinal, on lui coupait la parole au milieu d'une phrase ; j'ai souvent vu le rapporteur et le Greffier Fremin rouge cramoisi, se lever avec émotion et dire au Cardinal : « taisez-vous, vous n'avez pas de mémoire, vous contredites votre déposition d'un tel jour. » Ces messieurs avaient encore une autre ressource : tout ce qui était dit en faveur du Cardinal s'écrivait avec une avidité, une exactitude incroyable ; mais lorsqu'il s'agissait de quelque *dire* tendant à le compromettre le moins du monde, j'étais obligée de me mettre en colère pour le faire écrire au Greffier, qui trouvait encore le secret de tromper ; il est de fait, qu'en relisant les dépositions ou les confrontations de la veille, je me suis aperçue plusieurs fois qu'elles étaient altérées ; sur l'observation que j'en faisais, n'obtenant jamais de redressement, je me suis levée plus d'une fois, déclarant que je ne reviendrais plus et que, puisque ces messieurs voulaient absolument me trouver coupable, ils pouvaient aussi bien me juger sans m'entendre, que ma présence était inutile. Une fois je tins bon pendant huit jours ; ce ne fut qu'à force de sollicitations de toutes parts que je me déterminai à retourner à ce que j'appelais l'autel du sacrifice. Ce sont ces diverses scènes qui ont fait dire à ces hommes méchants que j'étais une méchante femme ; je crois que je leur dois aussi la réputation qui m'en est restée. Les méchants, ceux qui le sont d'une manière atroce, sont ceux qui, non contents de toutes les prévarications que je viens de dévoiler, avaient de plus l'infamie d'altérer, de surcharger les minutes, de supprimer, d'ajouter, d'intercaler sur leur papier timbré des lambeaux entiers de prétendus *dires* qui n'avaient jamais été *dits*. J'ai une fois entendu très distinctement l'honnête Dupuy de Marcé dire au Greffier : « écartez un peu plus vos lignes ». Voici un autre escamotage : j'avais un jour fortement insisté pour que l'on écrivît quelque chose d'assez important qui était échappé au Cardinal ; le Greffier m'ayant répondu qu'il n'y avait plus de place, et qu'il l'ajouterait sur la première feuille, je ne voulus pas le quitter qu'il ne l'eût écrit en marge (1) : il le fit.

---

(1) Le Cardinal ayant soutenu que dans plusieurs circonstances, il m'envoyait par son suisse et son valet de chambre 4, 5 et 9 louis dans des cartes, effrayé un jour de différents papiers que je remuais dans ma poche, et ne se rappelant plus les dépositions, dit qu'il était certain que j'avais touché en deux fois cinq cent mille livres qui avaient été déposées chez son notaire. Je le laissai dire jusqu'au bout et ne manquai pas ensuite de lui observer sa contradiction ; lui disant que, puisqu'il était certain que j'avais touché cinq cents mille livres, il n'était pas naturel qu'il m'eût envoyé cinq à six louis. Je forçai le greffier à écrire cette déposition ; sur ce qu'il me représenta qu'il n'y avait plus de place, qu'il l'ajouterait la première fois, je le fis mettre en marge.

Mais ce jour-là, on se garda bien de me faire signer. Deux jours après on me présenta un papier à signer avec la confrontation du jour ; en l'examinant je reconnus que c'était le même sur lequel j'avais fait mettre en marge une note qui ne s'y trouvait plus. Je me récriai contre la perfidie ; on me donna de mauvaises raisons et la note ne fut pas rétablie ! — Que faire avec de pareils brigands !

Un autre jour, je fus réellement *méchante* comme le prétendaient ces messieurs : ils m'avaient mise aux prises avec Cagliostro, et ce charlatan, aussi grossier qu'impudent, s'avisait de me dire des choses malhonnêtes qui réjouissaient merveilleusement M. Dupuy de Marcé. Je mis fin à la comédie en jetant un flambeau à la tête de l'empirique, et, me tournant du côté de M. le Rapporteur, je lui dis que, s'il voulait rendre la chose plus plaisante, je le priais de me faire donner un manche à balai. Ce fut en cette occasion que je découvris une nouvelle infamie de la part de la clique : Cagliostro furieux, me dit en écumant : « il viendra ton Villette, il viendra, il parlera, lui. » — De qui le savait-il ? comment le savait-il ? pourquoi le savait-il ? c'était le temps des interrogatoires et des confrontations, je ne voyais âme qui vive, et ce fripon de Cagliostro savait tout ! Est-il une preuve plus frappante du concert scandaleux qui régnait entre les accusés, les accusateurs, les témoins et les juges ! (1).

---

(1) La querelle que j'eus avec Cagliostro était venue d'une chose assez plaisante ; il s'obstinait à nier les scènes cabalistiques jouées chez le Cardinal, particulièrement celle où il avait fait voir à ma nièce, la Reine, dans une bouteille, accompagnée du grand cophte et de l'ange Michaël qui annonçait à S. M. qu'elle accoucherait d'un enfant mâle, etc. A cette occasion, comme j'avais vu la lettre cotée n° 32, je

Je ne sais où m'entraînerait ma mémoire si je me livrais à toutes les suggestions que j'en reçois et dont mon cœur est plein. Dans ce moment-ci où j'aperçois que j'ai dû fatiguer à l'excès le lecteur des détails arides d'une confrontation si compliquée, je me vois environnée d'une foule de témoins pervers, qui, quelque honteuse qu'elle soit pour eux, semblent solliciter une petit place dans mes mémoires.

Je ne puis me refuser à la tentation de dire un mot sur le rôle qu'on fit jouer à la *Reine douairière*, l'immaculée Du Barry, de monastique mémoire. La

---

lui dis que je savais combien la Reine le méprisait, comme elle le traitait de charlatan, d'imposteur, enfin en quels termes de dédain elle avait refusé au Cardinal de le voir. — « A propos, lui dis-je, grand cophte, votre prière a-t-elle produit son effet ? Si elle a tant de pouvoir, que ne vous en servez-vous pour vous tirer d'ici ? Ce fut à ce sujet qu'il s'emporta et me dit des impertinences. Le rapporteur m'ayant demandé ce que signifiait cette prière, comme je l'avais assez diverti par ma vivacité, je ne jugeai pas à propos de l'amuser ; je lui répondis que Cagliostro m'entendait ; que cela suffisait ; mais j'aurai plus de complaisance pour le public. Le fait est qu'à l'époque où la Reine écrivait au Cardinal les lettres que l'on a vues, où elle se plaignait des vexations des Polignacs, etc. Cagliostro qu'il consultait sur la piqûre d'une épingle, lui dit qu'il avait un secret pour se débarrasser des gens qui donnent de l'ombrage ; il lui donna en même temps deux prières avec la manière de s'en servir. Le Prince n'eut rien de plus pressé que de les envoyer à la Reine, en lui recommandant d'en faire usage, d'y ajouter foi. Comme je fus chargée de remettre ces précieuses amulettes, la Reine m'en fit part en éclatant de rire et en me demandant si le Cardinal devenait fou, ou s'il la prenait pour une imbécile.

Je ne me rappelle pas de ces prières, mais parfaitement de leur vertu. Il y en avait une qui devait être appliquée au-dessous du sein gauche, l'autre dans la poche du même côté, et lorsque la Reine voulait voir tomber quelqu'un à ses pieds, elle n'avait qu'à imposer ses deux mains sur les deux prières, en les récitant ; à l'instant tout se prosternait, tout était à ses ordres et les exécutait ; circonstance qui fit qu'après en avoir ri. la Reine me dit ; « Je pourrais bien en essayer, »

déposition de cette femme portait que j'avais été chez elle pour lui demander *sa protection !* et que je lui avais laissé un mémoire signé *Marie-Antoinette de France*. Le fait est que je n'ai été chez elle que par curiosité, dans une bonne voiture à quatre chevaux ; qu'à cette époque j'avais d'autant moins besoin de sa protection que *Madame* et Madame la comtesse d'Artois m'avaient prise sous la leur. Sur ce qu'elle me marqua qu'elle regardait la branche des Valois comme éteinte, je lui donnai un mémoire auquel se trouvait annexée ma généalogie, signé *Marie-Antoine Dozier de Serigny, juge de la noblesse de France*. C'est ce qu'il lui a plu de transformer en *Marie-Antoinette de France*, disant que je signais ainsi. Lorsqu'elle m'a été confrontée, elle s'est avisée de prendre avec moi un ton de hauteur et d'impudence ; je me hâtai de la mettre à sa place en lui faisant sentir la distance de sa naissance à la mienne ; alors, elle s'écria : « il est bien dur pour moi qu'on me fasse venir ici pour y être humiliée par madame ; » sur quoi le rapporteur lui dit assez haut pour que je l'entendisse : « allez, Madame, ne vous inquiétez pas, vous serez bientôt vengée. » — Le projet de ces Messieurs n'était pas un secret, comme on voit.

Je demande pardon à Madame Du Barry si je la mets en si mauvaise compagnie ; mais, en vérité, sans affectation, le nom de Debrugnières est celui qui se présente immédiatement après le sien.

L'exempt de police a donc déposé qu'il avait vu entre les mains d'un Juif (dont le nom ne me revient pas) des diamants que le sieur Villette lui avait apportés pour vendre, et qui étaient, disait-il, au moins

7.

aussi gros que son pouce. Notez que le pouce du sieur Debrugnières est aussi large qu'un écu de trois livres! Ce sont ces mêmes diamants qui ont été vendus à Pâris, bijoutier, pour la somme de 15,000 livres. Cet honnête Debrugnières a été confondu par la déposition que le Juif a faite de cette circonstance.

Comme j'avais donné un état exact de tous mes diamants et de ceux de mon mari, on en avait demandé un à ma femme de chambre, espérant qu'il différerait du mien ; le rapporteur fâché de voir leur ressemblance, chercha adroitement à lui faire multiplier la grosseur de plusieurs diamants appartenant à mon mari ; mais, ayant des principes d'honnêteté que l'exempt de police n'avait pas, elle s'y refusa et donna la description de nos bijoux tels qu'ils étaient réellement.

Autre honnête homme! Regnier, mon bijoutier, avait été gagné pour donner un état qu'il avait fait monter à une somme considérable. Ayant vu la friponnerie, j'exigeai qu'on me représentât son livre ; on ne m'a jamais donné satisfaction.

Grenier, qui était venu chez moi avec Laporte pour le projet de finance dont j'ai fait mention quelque part, a, ainsi que le capucin Mac-Dermott, fait une déposition très longue, fabriquée par Target ; celle-ci était encore plus révoltante et décelait d'avantage la collusion en ce que Grenier est un homme très borné et point du tout en état de produire une pièce si bien combinée ; elle tendait surtout à prouver que je lui avais dit que je voyais la Reine, et qu'étant dans mon bain, je lui avais montré des lettres que je disais

avoir reçues de **S. M.** et dont l'adresse était *à ma cou-
sine la Comtesse de Valois;* quelle ineptie !

Laporte a fait à peu de choses près la même déposition.

Le Baron de Planta, pour prouver que je voyais la
Reine, a dit m'avoir accompagnée jusqu'à l'appartement de S. M. ; qu'il m'avait attendue au haut du petit
escalier dérobé, et qu'il m'en a vrai vue sortir ; il ajouta
qu'il avait connaissance de plusieurs sommes considérables que j'avais reçues de Sa Majesté. Je me gar-
dai bien de faire aucune observation à la déposition
du Baron qui ne s'apercevait pas qu'elle contrariait
ce que le Cardinal avait dit ; le rapporteur et le greffier gardaient le silence, s'imaginant que ma mémoire
ne me servirait pas mieux que celle du Baron ; mais
lorsqu'ils virent que, malgré leurs réprésentations, j'in-
sistais à faire écrire tout ce qu'il avait avancé, ce fut
alors qu'ils s'emportèrent contre le Baron et me refusèrent la satisfaction que je demandais. Indignée de
cette conduite je sortis furieuse en disant que, puisqu'ils voulaient absolument me trouver coupable, ils
pouvaient aussi bien me juger sans m'entendre ; que
très certainement ils ne me reverraient plus. J'ai rapporté plus haut les promesses et les sollicitations du
Gouverneur pour m'engager à retourner à la salle du
conseil, et qui serait bien mieux nommée la salle de
la Désolation.

Bohmer, dans son premier mémoire à la Reine, n'a
pas fait mention de mon nom ; sa déposition n'était
nullement à ma charge, au contraire ; mais, en quoi
je le blâme, c'est de n'avoir pas dit tout ce qu'il savait.

Il conduisait un jour un nommé Pagan à sa maison de campagne ; passant devant la Bastille, il lui fit remarquer l'endroit où se promenait le Cardinal, en lui disant : « la tête du Cardinal était entre mes mains ; son sort dépendait de moi, mais je n'ai rien dit ; on m'en a bien voulu là-haut (voulant dire à Versailles) ; j'ai cru pendant un temps que je perdrais ma place, mais vous savez que tout s'oublie. »

Le père Loth, Minime, autre scélérat insigne qui m'avait les plus grandes obligations, et à qui (en partant de Paris) j'avais laissé le ménagement de toutes mes affaires, a été celui qui a montré le plus de zèle pour la famille de Rohan ; son projet ainsi que celui du capucin Mac-Dermott était de se faire séculariser, et il a cru ne pouvoir mieux y parvenir qu'en courant partout pour trouver des faux témoins, et déposer lui-même des choses qui révoltent le bon sens. Ayant appris qu'il avait été trouver une jeune personne qui avait demeuré chez moi, pour l'engager à déposer des faussetés, j'exigeai qu'on la fît venir ; en effet elle vint déposer de cette circonstance. Dupuis de Marcé ne put s'empêcher de marquer son indignation, apprenant surtout les services que je lui avais rendus. Je crois qu'il n'est pas à se repentir de sa conduite infâme, car, depuis ce moment, tout le monde l'a abandonné.

De toute cette masse de témoins qu'on a rassemblés contre moi, aucuns (à l'exception du sieur Villette, qui m'a accusée de l'avoir engagé à signer *Marie-Antoitoinette de France*, et dont j'ai rapporté les circonstances) n'ont dit avoir la moindre connaissance du collier. Pourquoi donc m'a-t-on condamnée comme

l'ayant volé ? quelles preuves en avait-on ? aucune !
M. de St-James qui a déposé de faits bien marquants,
ainsi que Bohmer, étaient deux témoins terribles
contre le Cardinal ; on a fait entendre que l'un était
un fat qui ne savait ce qu'il disait ; l'autre un sourd
qui avait entendu une chose pour une autre ! Cependant
le Cardinal a montré à ces deux individus (qui en ont
déposé) des lettres de la Reine, et a dit avoir *eu* entre
les mains de S. M. 600 mille livres dont il n'avait pas
voulu se charger ; si l'on n'eût pas pris à tâche d'étouffer la vérité sur les lèvres même où elle cherchait à
s'ouvrir un passage, eût-on passé aussi légèrement
qu'on l'a fait sur des circonstances aussi essentielles ?
à quoi servent donc les dépositions ? Examinons d'ailleurs en quoi consistaient les pièces justificatives que
le Cardinal a produites pour détruire l'impression
qu'il redoutait et qui devait naturellement résulter de
cette multitude de faits. On a vu qu'un nommé Jefferys, bijoutier, demeurant dans Piccadilly, à qui j'a-
vais d'abord remis une quantité de diamants, m'avait
fait une offre de quatre mille louis payables à des
échéances, laquelle j'avais refusée. Ce même Jefferys
fâché d'apprendre que j'avais conclu le marché avec
Gray, avait saisi cette occasion de se venger de son
confrère en faisant (à l'instigation de Carbonnières)
une déclaration aussi fausse qu'il soit possible de la
faire, dans l'intention de faire passer Gray pour un
homme peu délicat, qui avait acheté des diamants
volés. Ce Jefferys a d'abord dit que, de l'instant qu'il
avait eu les diamants entre ses mains, il avait été à
l'Office faire sa déclaration ; qu'il avait rendu les
même diamants, n'ayant pas voulu les acheter, tant il
était persuadé qu'ils avaient été volés. Voilà sa déclaration envoyée à Paris, et signée par un honnête no-

taire français nommé Dubourg, qui, depuis, n'a jamais voulu communiquer la minute, disant qu'il l'avait envoyée à Paris, et qu'*il ne gardait jamais de double de ces sortes d'objets* (un notaire qui ne garde point de minutes ! (1) Aussitôt que ce Jefferys apprit que mon mari avait conclu le marché avec Gray, il revint à la charge, lui disant qu'il lui aurait fait plus d'avantage s'il avait su qu'il accepterait des bijoux en échange. Il lui demanda s'il avait encore des diamants? il lui montra ce qui lui restait. Jefferys les emporta pour les examiner. M. de la Motte, instruit qu'il les avait portés chez la personne avec qui il avait fait le premier marché, les retira de ses mains et les vendit à la même personne.

Lorsque le Comte de la Motte revint à Londres, Jefferys fut le trouver pour l'assurer qu'on avait interprété sa déposition d'une tout autre manière que celle qu'il avait faite; il finit par lui demander s'il avait encore des diamants à vendre, disant que pour lui prouver que tout ce qu'on avait avancé était faux, il était prêt à les lui acheter. M. de la Motte lui remit à dessein une bague qui pouvait valoir cent louis ; il l'emporta, et revint quelques jours après pour lui faire une offre. Comme son intention n'était pas de s'en défaire et que ce n'était qu'un prétexte pour prouver ses dé-

---

(1) Ce Dubourg, que la famille de Rohan aurait dû ne pas abandonner pour s'être prêté si facilement à ces manœuvres, vient d'être obligé de solliciter M. Darragon et M. Barthélemy, pour obtenir deux guinées qui doivent le conduire à un couvent de moines où il doit prendre l'habit. « C'est sur le témoignage et l'authenticité de la signature de cet enfroqué que la famille de Rohan a présenté des pièces justificatives, calculées, falsifiées et rédigées par ce même Dubourg. »

marches auprès de lui, il le renvoya en lui payant un mémoire de deux guinées pour des boucles qu'il avait achetées chez lui.

Telle a été l'édifiante conduite de ce premier fournisseur de *pièces justificatives;* passons au second.

Gray, en rendant compte des différents marchés que mon mari avait faits avec lui, a dit qu'il était persuadé qu'il n'avait jamais vendu pour le compte de personne, mais bien pour le sien, et qu'il n'avait jamais prononcé ni le nom de la Reine, ni celui du Cardinal. Cette déclaration vraie, était alors contre nous en ce qu'on m'avait conseillé de dire que le Cardinal m'avait remis des diamants pour vendre à son profit, et que je lui en avais remis le montant. Ajoutez à ces deux dépositions celle du capucin Mac-Dermott, voilà à quoi se réduisent ces pièces justificatives sur lesquelles on a si follement fait tant de fond !

J'ai dit que je craignais de ne jamais finir ; voilà encore ma mémoire qui me rappelle quelques faits importants dont je choisirai les plus frappants. Heureuse, en faisant grâce au lecteurs du reste, si je puis jamais l'oublier.

Au dernier interrogatoire, M. Titon de Villotran me prit par la main en me disant : « Ma chère Comtesse, croyez-moi, dites la vérité, c'est le seul moyen de vous sauver ; nous avons des preuves certaines que vous voyez la Reine, pourquoi ne pas vouloir en convenir ? persuadez-vous donc que ce que je vous dis n'est que pour votre bien. » — Mon conseil et toutes les personnes qui m'entouraient m'avaient tellemen effrayée et en même temps persuadée que je devais surtout éviter de prononcer le nom de la Reine, que j'eus la faiblesse de suivre aveuglément leurs conseils.

Quant à la D^{lle} Dorvat, peu de temps après mes malheurs, elle fut reléguée dans le fond d'une province ! Voilà comment la Reine récompense les personnes qui lui sont le plus attachées.

Je m'arrête, j'épargne au lecteur un plus grand nombre de pareils détails qui pourraient le fatiguer sans que chacun d'eux peut-être, pris séparément, pût lui paraître un moyen suffisant de conviction. Il serait bien difficile que je fusse en état de répandre un jour très lumineux au milieu d'un chaos d'intrigues que tant d'intérêts divers et puissants se sont efforcés d'embrouiller ; mais le lecteur attentif et impartial reconnaîtra dans la simplicité de mes récits les principales vérités qu'on a voulu ensevelir dans les ténèbres ; il verra que si je suis obligée de dire des choses si étonnantes, et même si extravagantes qu'elles peuvent paraître choquer les vraisemblances ; ce qu'on avait présenté jusqu'à ce moment à ses yeux est bien moins concevable encore et infiniment plus absurde. A-t-on jamais pu et pourrait-on jamais donner la moindre explication raisonnable de tout ce qui s'est passé, si je n'avais pas déchiré le voile épais dont on l'avait couvert ? Comment concilier la certitude des relations très secrètes et très intimes qu'il y avait entre la Reine et le Cardinal, avec la résolution prise subitement et avec éclat de le faire périr sur un échafaud ? Comment supposer le Cardinal assez inepte et assez dupe d'une femme telle que moi pour avoir fait autant

d'imbécillités, de folies, de bassesses et d'inconséquences qu'on lui en a attribué pour le disculper et
rejeter tout sur mon compte? Quel sens donner à
l'aventure romanesque de la d'Oliva, à l'emploi de la
fausse signature, à la disparition absolue des principales parties du fameux collier et à la manière étrange
dont la Reine se trouve mêlée dans l'une et l'autre
aventure? Enfin, comment trouver naturel que, d'abord
accueillie avec bonté par une grande souveraine, arrêtée ensuite, mais traitée avec ménagements pendant
tout le cours du procès, obsédée alternativement par
des promesses et des menaces, j'aie fini par être, au
milieu de tant d'accusés, la seule victime abandonnée
aux rigueurs de la justice, et, puisqu'il faut le dire,
que la main du bourreau ait été le salaire du silence
qu'on m'avait tant recommandé? J'ai donné la clef de
toutes ces énigmes, c'est la véritable, puisque c'est la
seule; il est impossible d'en trouver d'autre. Je n'ai
point d'extrême perversité sans grands motifs, ni
d'intrigue violente sans causes extraordinaires. J'ai
dévoilé ces motifs et ces causes en ne faisant que
raconter mon histoire, et, sans savoir la méthode de
discuter des preuves je m'abandonne à l'impression
naturelle que doit causer dans le public la lecture de
mon récit. Malheur à ceux qui m'y ont forcée! Que ne
puis-je excuser ce qu'il m'a fallu révéler! Je n'ai garde
de croire que l'auguste princesse dont je suis victime
m'eût destiné l'infâme traitement que j'ai souffert, ni
que d'elle-même elle se fût jamais portée aux extrémités dans lesquelles l'enchaînement des circonstances l'a nécessairement entraînée. Qu'on rapproche
et qu'on reprenne avec ordre ce que ma plume a versé
sur le papier sans méthode; on verra que, malgré le
désordre de mes idées et de ma mémoire, on retrouve

facilement l'origine et la suite des événements liés
avec leurs causes. On a vu que, née du sang de Valois,
pauvre, fière et ambitieuse, je me suis livrée aveuglément à tous les moyens de me procurer de la protection ; que ma liaison intime avec le Cardinal de
Rohan, l'homme le plus propre à servir mes vues,
m'a conduite bientôt à une intimité d'un tout autre
genre avec la Reine ; que le Cardinal aspirant depuis longtemps à la toute-puissance ministérielle, a
cru pouvoir se servir de moi comme d'un moyen de
rapprochement pour faire oublier les graves imprudences qui lui avaient attiré le courroux de cette
Princesse ; qu'il ne s'était point borné à ce faible
moyen et que bientôt la politique de l'Empereur
avec qui il avait conservé des relations, était venue
à son secours, je ne sais pourquoi ni comment, mais
sans doute parce qu'il avait fait croire à l'Empereur
qu'il lui serait très utile s'il gouvernait la France,
et que la Reine, livrée avec trop de préférence aux
intérêts de son frère, crut devoir sacrifier à cette
cause politique ses anciens ressentiments, au point
de recevoir dans ses bras celui dont auparavant elle
eût demandé la tête avec autant d'acharnement qu'elle
en a mis depuis dans cet affreux procès dont toute
l'iniquité est retombée sur moi. On a vu que le
Cardinal *ruiné !* (comme l'a observé une créature de
la Reine) *au moral et au physique*, unissant à ce dernier défaut celui d'une indiscrétion criminelle, pro-
clamant partout ses rendez-vous, gémissant des faveurs qu'on lui dispensait, racontant à moi, au Prince
de Soubise, au duc de Lauzun, au prince de Luxembourg, à Mesdames de Guéménée, de Brionne, au
baron de Planta, aux joailliers et à vingt autres personnes, comme quoi, lorsqu'il allait en bonne for-

tune à Trianon, non seulement il se munissait de gouttes irritantes que distillait Cagliostro, mais que, *pour monter sa tête, il passait à Passy,* où il entretenait *une fille charmante qu'il mettait dans le costume de notre mère Ève,* le tout pour se mettre en état d'aborder *sa rousse.* Enfin toutes ces monstruosités étant parvenues à l'oreille de la Reine, très peu de temps après la livraison du collier, sa perte fut irrévocablement jurée, et personne n'en sera surpris. Mais ce qui serait infiniment surprenant s'il s'agissait d'une simple particulière, c'est qu'avant d'éclater, la Reine n'ait pas renvoyé le collier. L'étonnement est naturel, j'en conviens, sa tête marche à peu près de niveau avec sa sensibilité, ses affections, ses goûts : rien de stable, rien de réfléchi.

On se rappelle comment elle fut prise au dépourvu, lorsque le Baron de Breteuil ayant tiré le secret des joailliers, se fit un mérite de lui faire part de ses découvertes ; elle dit dans ce premier moment : « *je n'ai jamais entendu parler de ce collier.* » Il n'est pas étonnant qu'elle ait cru devoir soutenir ce mensonge ; il en est à peu près de même de la réponse que fit le Cardinal au moment où, intimidé par la présence de Sa Majesté, il dit : *j'ai été trompé.* Il n'a jamais dû dire autre chose ; de sorte que ces deux assertions, quelque inconsidérées qu'elles aient pu être, ont également concouru à accréditer contre moi l'accusation du vol (1). Mais si ce vol a été prouvé, comme on

---

(1) Le Cardinal n'a pas trouvé d'autre moyen de se tirer d'affaire qu'en m'accusant d'avoir volé le collier : s'il avait été persuadé de son assertion, il n'aurait pu que me témoigner du mépris et de l'indignation ; je vais donner des preuves du contraire. J'ai déjà dit que l'Abbé Lequesle était

serait tenté de le croire puisque j'en ai subi la peine; pourquoi a-t-on prodigué tant d'or, de faveurs, de grâces, pour empêcher la preuve du contraire? pourquoi cette subornation manifeste de témoins qui, au lieu d'être envoyés les uns dans des maisons de force, les autres aux galères comme ils l'avaient mérité, ont été caressés, récompensés, établis, protégés? pourquoi cette intelligence prouvée entre les accusés, les accusateurs, les témoins et les juges? Nous étions six coaccusés; pourquoi dans ces six individus, plus ou moins coupables, mais tous coupables à un certain degré, la Comtesse de la Motte est-elle la seule que l'on ait jugée telle, que

---

chargé par lui de venir tous les jours s'informer de ma santé, et m'expliquer les raisons qui le forçaient à m'accuser. Ne pouvant, disait-il, mettre la Reine en scène sans s'exposer à boire un bouillon de Versailles, et peut-être pis encore ; imaginez-vous, me disait-il, s'il était prouvé que le Cardinal a eu les faveurs de la Reine on lui ferait perdre la tète sur un échafaud, après l'avoir martyrisé, etc.

Notre première entrevue en présence du Rapporteur et du Greffier a quelque chose de remarquable, et fera juger si le Cardinal me croyait coupable. Lorsque j'entrai dans la salle du conseil, il vint à moi, me prit par la main, et me dit : « Bonjour, Madame la comtesse, comment vous va ? » puis joignant les mains, les élevant au ciel, il s'écria : « ah ! que nous sommes malheureux ! » — Plusieurs fois après la séance terminée, le Cardinal et moi nous nous sommes écartés de ces messieurs pour nous parler particulièrement. Le Chevalier Dupujet, Lieutenant du roi de la Bastille, nous ayant aperçus dans cette intimité comme on ouvrait la porte, m'en a marqué son étonnement. Il ne manquera pas (dans le cas où ces messieurs voudraient le nier) d'en rapporter les circonstances. Dans beaucoup d'occasions M. Dupuis de Marcé nous a surpris à nous faire des signes d'intelligence ; comme il avait observé au Cardinal que cette conduite était répréhensible, et ne s'accordait point avec ses assertions, il se cachait de lui, et me faisait concevoir par ses signes le motif de sa contrainte.

l'on ait punie comme telle? Je me flatte que tout le monde répond pour moi ; c'est que le procès n'existait véritablement qu'entre la Reine et le Cardinal, et qu'ayant eu le funeste bonheur d'être leur confidente, ils ont respectivement trouvé convenable de mettre sur mon compte ce qu'ils ne voulaient pas prendre sur le leur. « Je ne connais pas cette femme de la Motte » a dit la Reine. — « Cette femme de la Motte m'a trompé » a dit le Cardinal, et le lâche troupeau partagé entre le Cardinal et la Reine, a été l'écho de ces abominables mensonges. — Mais, encore une fois, si la Reine ne m'a jamais connue, et si j'ai trompé le Cardinal, pourquoi a-t-on pris tant de précautions pour empêcher que le nom de la Reine fût jamais articulé dans la procédure? et pourquoi, lorsqu'après le jugement il a été question de recommencer le procès contre le Cardinal et de faire rendre plainte par le procureur général, pour fait d'attentat contre Sa Majesté ; pourquoi dis-je, la Reine a-t-elle reculé? pourquoi a-t-elle eu la petitesse de dire qu'elle se bornerait à dépouiller le Cardinal de son cordon, de ses charges, de sa liberté? c'est qu'elle ne pouvait pas lui arracher la vie, c'est qu'elle n'osait pas le tenter, c'est que toutes les infamies qui ne seront révélées qu'au moment où paraîtront ces mémoires, eussent été divulguées par l'instruction de ce second procès. Ce n'est pas pour empêcher qu'il ne fût prouvé que j'avais trompé le Cardinal que la Reine s'est opposée à cette seconde instruction, c'est pour cacher honteusement ses intrigues avec le Cardinal et moi, qu'elle s'est avilie au point de décliner la juridiction des tribunaux. Or, si de ces réflexions il résulte que plus la Reine a voulu me méconnaître, plus i est évident que je l'ai connue ; du moment où ce mensonge royal est avéré, celui que le Cardinal a fait en disant que je l'ai trompé est encore plus manifeste, et il doit paraître évident que J'AI SUBI LA PEINE du *prétendu* délit dont mes adversaires sont parvenus à me convaincre, pour dérober la trace de leurs crimes *réels!* Quand il pourrait être dans la volonté, est-il au pouvoir de la Reine de me dédommager, d'effacer ces horribles souvenirs, de soustraire à mes yeux, le jour, la nuit, à chaque instant de ma malheureuse existence, la présence difforme des ministres de sa vengeance? Au reste je me trompe peut-être; peut-être les ordres qu'ils avaient reçus étaient-ils moins affreux que ce qu'ils ont exécuté. Il semblerait qu'ils avaient reçu l'instruction secrète de m'étouffer entre leurs guichets; mais les monstres manquèrent leur coup; en sorte qu'au lieu d'une mort instantanée qui eût été le plus ardent de mes vœux, ils me donnèrent une mort lente dont je vois tous les jours les approches. Aplatie comme sous un pressoir entre ces portes infernales, poussées sur moi par la férocité des geôliers, je traîne dans les souffrances une existence dont je n'ai cessé de désirer la fin ; mais jamais aussi avidement que je le fais aujourd'hui, au moment où je suis vengée. Oui, je mourrai maintenant en paix ! j'ajouterais même avec plaisir, si j'osais me flatter que la lecture de mes mémoires a dissipé les impressions funestes que j'ai laissé trop longtemps s'enraciner, et à humecter l'œil du très petit nombre d'êtres sensibles que j'ai eu particulièrement en vue en prenant la plume.

Il me reste à unir mes accents à ceux du Roi prophète ; à adresser à mon souverain l'humble supplica-

tion qu'adressait David à Dieu ; à lui dire, les bras
levés vers lui :

Du fond de l'abîme j'ai dirigé mes cris vers toi,
O mon Roi ! O mon Roi ! exauce ma voix.

Oui ! Prince humain, Prince juste, Prince patriote,
détournez un instant, un seul instant votre attention
des intérêts immenses qui la réclament, qui la fixent ;
votre peuple vous pardonnera un moment de distraction en faveur du motif ; laissez tomber sur moi un seul
regard de bonté, accordez-moi une seule réflexion, ho-
norez d'un seul mouvement de bienveillance la plus
infortunée de vos sujettes. Elle a des droits à votre
compassion, Sire, par la raison même qu'on a cherché,
qu'on a réussi à l'en priver. Votre Majesté, ignore,
mais doit être instruite enfin des manœuvres insidieuses qui ont été mises en usage pour lui dérober
les terribles vérités consignées dans ces mémoires.

Je sais qu'à l'époque des interrogatoires ministé-
riels V. M. daigna ordonner que l'on mît sous ses
yeux toutes les minutes des dépositions ; j'étais sau-
vée, je triomphais si cet ordre eût été fidèlement exécuté ! mais que firent mes ennemis, Sire ! (et quelle
est *l'ennemie* qu'il faut mettre à leur tête ?) ils prétendirent que les originaux surchargés de ratures n'é-
taient pas présentables à V. M., leur substituèrent des
copies falsifiées dans lesquelles ils eurent soin d'altérer tous les faits, d'établir des preuves apparentes de
mon crime et de supposer jusqu'à l'aveu que j'en aurais fait ? mettant dans ma bouche des discours si indécents, si malhonnêtes, si révoltants, qu'après en
avoir parcouru une partie, V. M. cracha sur ces pièces

supposées en disant : « fi ! la vilaine ! je ne veux pas lire davantage. »

O sire ! c'est le plus juste des Rois que le démon de l'intrigue força ainsi à ce déni involontairement de justice ! Mais, Sire, vous savez dans votre sagesse que ce n'est pas la première fois que la religion des Princes a été surprise. Si l'on n'eût pas dérobé à V. M. la connaissance de tous les faits qni concouraient à ma décharge ; si le ministre même qui, dans ces temps détestés, jouissait de la portion la plus ample de votre confiance, ne se fût pas placé entre la vérité et Votre Majesté, vous eussiez su que M. de Vergennes remuait ciel et terre pour empêcher que mon mari n'allât déchirer le voile qui enveloppait les vrais coupables, et vous eussiez ordonné que cet infortuné que l'on voulait associer à mon opprobre, fût confronté avec mes oppresseurs.

Alors, Sire, la vérité eût triomphé ! alors les malheureux dont il est fait mention dans ces mémoires : le perfide Dupuis de Marcé, Laurencelle, et ses adhérents eussent frémi, et n'eussent jamais osé présenter des copies infidèles de procédures qui, si on ne les eût point falsifiées, en écrasant mes adversaires, eussent solennellement déposé de mon innocence.

Daignez, Sire, revenir sur vos pas ; daignez vous faire représenter les vraies minutes, si elles existent; si elles n'existent pas, la fraude de mes ennemis est constatée. Daignez ordonner dans votre bonté et votre justice que l'avocat Doillot mette sous les yeux de V. M. les écrits que je lui ai confiés, unique dépositaire de la vérité ; daignez ordonner à ce défenseur, visiblement subjugué, de déclarer pourquoi, muni de ces écrits, et de toutes les instructions que j'ai été capable de lui donner, il s'est permis de fabriquer des mémoires remplis d'invraisemblances, de mensonges et d'inepties, sans offrir un seul moyen de justification raisonnable ?

Peut-être, Sire, le jour de rétribution est-il arrivé — je ne dirais pas *peut-être* si j'étais certaine que ces mémoires paraîtront sous vos yeux augustes ; je m'écrierais alors : « Je suis vengée ! »

Dans cet espoir, auquel j'aime à me livrer, je me jette aux pieds de Votre Majesté ! Que mon approche ne vous épouvante point, Sire ! l'innocence ne peut être flétrie ; vous pouvez d'un seul mot me rendre l'honneur avant que je quitte vos genoux sacrés ; ordonnez seulement QUE L'ON REVISE MON PROCÈS !

Mon mari, Sire, est prêt à faire ce qu'il n'a cessé de demander, à se rendre à la conciergerie ; je l'y accompagnerai ; ordonnez qu'on nous en ouvre les portes ; que l'on produise devant nous TOUTES les personnes plus ou moins impliquées dans cette ténébreuse affaire.

Alors, Sire, Votre Majesté, prévenue de la première surprise faite à sa religion, sera heureusement en garde contre une seconde.

Alors, la vérité que sa justice et sa clémence cherchaient en vain, lors de la première instruction, lui apparaîtra triomphante ! alors, l'infortunée De Valois,

7.

tombant encore aux pieds de VOTRE MAJESTÉ, osera lui demander une dernière grâce : LE PARDON DE SES EN- NEMIS !

Londres, le premier Janvier 1789.

Signé :

COMTESSE DE VALOIS DE LA MOTTE.

FIN DE LA TROISIÈME PARTIE

PIÈCES JUSTIFICATIVES

MÉMOIRE

Sur la Maison de SAINT-REMY DE VALOIS, *issue du fils naturel que Henri II, Roi de France, eut de Nicole de Savigny, Dame Baronne de Saint-Remy.*

1er *Degré. Cinquième Aïeul.*

Henri II, Roi de France, eut de (1) Nicole de Savigny, qualifiée de Haute et Puissante Dame (2), Dame de Saint-Remy, de Fontette, du Châtellier et Noez, épousa Jean de Ville, Chevalier de l'ordre du Roi, et fit son testament le 12 Janvier 1590, où elle déclara « que le feu Roi Henri II avait fait don à *Henri Monsieur*, son fils, de la somme de 30,000 écus sol, qu'elle avait reçue en 1558. »

IIe *Degré. Quatrième Aïeul.*

Henri de Saint-Remy, appelé *Henri Monsieur*, est qualifié Haut et Puissant Seigneur, Chevalier, Sei-

---

(1) Histoire généalogique de la Maison de France, par le Père Anselme, Tome I. page 136.

Histoire de France, par le Président Hénault, troisième édition in-4°, page 315.

(2) Armes de la Maison de Saint-Remy de Valois, d'argent à une face d'azur, chargée de trois fleurs de lys d'or.

gneur et Baron du Châtellier, de Fontette, de Moez et
de Beauvoir; Chevalier de l'ordre du Roi, Gentilhomme ordinaire de sa Chambre, Colonel d'un Régiment de cavalerie et Gens de pied, et Gouverneur de
Château-Villain, épousa par contrat du 31 Octobre 1592,
passé à Essoye en Champagne, Dame Chrétienne de
Luz (1), qualifiée Haute et Puissante Dame, veuve de
Claude de Fresnay, Seigneur de Loupy, Chevalier de
l'ordre du Roi, et fille d'Honoré Seigneur Jacques de
Luz, aussi Chevalier du Roi et de Dame Michelle du
Fay, Seigneur et Dame de Bazoilles; mourut à Paris
le 14 Février 1621, et eut de son mariage le fils qui
suit :

IIIe *Degré. Trisaïeul.*

René de Saint-Remy, qualifié Haut et Puissant Sei
gneur, Chevalier, Seigneur et Baron de Fontette, Gentilhomme ordinaire de la Chambre du Roi, Capitaine
de cent hommes d'armes, mourut le 11 Mars 1663, et
avait épousé par contrat du 25 Avril 1646, passé à
Essoye, Jaquette Breveau, dont il eut entre autres enfants, le fils qui suit :

IVe *Degré. Bisaïeul.*

Pierre-Jean de Saint-Remy de Valois, qualifié Haut
et Puissant Seigneur, Chevalier, Seigneur de Fontette, Major du Régiment de Bachevilliers cavalerie, naquit le 9 Septembre 1649, fut baptisé à Fon-

---

(1) Les deux sœurs puinées, Marine et Madelaine de Luz,
épousèrent l'une François de Choiseul, Baron d'Ambouville;
et l'autre Benjamin de Sancière, Seigneur et Baron de Te-
nance.

tette le 19 Octobre 1653 ; épousa en premières noces Demoiselle Reine Marguerite de Courtois, et en secondes noces, par contrat du 18 Janvier 1673, passé à Saint-Aubin, diocèse de Toul, Demoiselle Marie de Mullot, fille de Paul de Mullot, Ecuyer, et de Demoiselle Charlotte de Chassus, mourut avant le 4 Mars 1714 ; et de son second mariage, eut un fils qui suit :

Ve *Degré. Aïeul.*

Nicolas-René de Saint-Remy de Valois, qualifié Chevalier, Baron de Saint-Remy et Seigneur de Luz, fut baptisé à Saint-Aubin-aux-Anges, diocèse de Toul, le 12 Avril 1678 ; servit le Roi pendant dix ans en qualité de Garde du Corps de sa Majesté, dans la Compagnie du Duc de Charost ; quitta le service pour se marier ; épousa par contrat du 14 Mars 1714, Demoiselle Marie-Elisabeth de Vienne, fille de Nicolas-François de Vienne, Chevalier, Seigneur et Baron de Fontette, de Noez, etc. ; Conseiller du Roi, Président, Lieutenant Général, Civil et Criminel, au Bailliage Royal de Bar-sur-Seine, et de Dame Elisabeth de Merille, mourut à Fontette le 3 Octobre 1759 ; et de son mariage eut deux fils : premier, Pierre-Nicolas-René de Saint-Remy de Fontette, né à Fontette le 3 Juin 1716, reçu en 1744 Cadet Gentilhomme dans le Régiment de Graffin, où l'on assure qu'il a été tué dans une occasion de guerre contre les ennemis du Roi ; et second, Jacques qui suit :

VIe *Degré. Père.*

Jacques de Saint-Remy de Valois, appelé d'abord de Luz, et ensuite de Valois, qualifié Chevalier, Baron

de Saint-Remy, naquit à Fontette le 22 Décembre
1717, et fut baptisé le premier Janvier 1718. Dans
l'acte de son baptême qui constitue son nom et son
état, son père présent, est appelé et qualifié « Messire
Nicolas-René de Saint-Remy de Valois, Baron de
Saint-Remy » et sa tante, qui fut sa marraine, y
est appelé « Demoiselle Barbe-Thérèse, fille de feu
Messire Pierre-Jean de Saint-Remy de Valois; » l'un
et l'autre y ont signé, Saint-Remy de Valois. Il
épousa dans la paroisse de Saint-Martin de Langres,
le 14 Août 1755, Marie Joffel, dont il avait déjà un fils
qui suit; et mourut *à l'Hôtel-Dieu de Paris* le 16 Février 1762, suivant son extrait mortuaire, où il est
appelé et qualifié « Jacques *de Valois, Chevalier, Baron
de Saint-Remy*. »

VIIe *Degré. Produisans.*

Jacques de Saint-Remy de Valois, né le 25 Février
1755, et baptisé le même jour dans l'église paroissiale
de Saint-Pierre et Saint-Paul de la ville de Langres,
reconnu et légitimé par les père et mère dans l'acte de
célébration de leur mariage du 14 Août de la même
année.

Jeanne de Saint-Remy de Valois, née à Fontette, le
22 Juillet 1756.

Marie-Anne de Saint-Remy de Valois, née aussi à
Fontette, le 2 Octobre 1757.

Nous *Antoine-Marie* d'Hozier de Serigny, Chevalier, Juge d'Armes de la Noblesse de *France ;* Chevalier, Grand-Croix honoraire de l'Ordre Royal de

Saint-Maurice de Sardaigne, certifions au Roi la vérité des faits contenus dans le Mémoire ci-dessus, dressé par nous sur titres authentiques; en foi de quoi nous avons signé le présent Certificat, et l'avons fait contresigner par notre Secrétaire, qui y a apposé les sceaux de nos armes. A Paris, le Lundi sixième jour du mois de Mai de l'an 1776 : *(signé)* D'HOZIER DE SERIGNY : *(plus bas)* par Monsieur le Juge d'Armes de la Noblesse de France. DUPLESSIS. *(Et scellé.)*

Nous soussigné, Juge d'Armes de la Noblesse de *France*, etc., certifions que cette copie du présent Mémoire est conforme à la minute conservée dans notre dépôt de Noblesse; en foi de quoi nous l'avons signée et l'avons fait contresigner par notre Secrétaire, qui y a apposé le sceau de nos armes. A Paris le Jeudi treizième jour de mois d'Octobre de l'An 1785. *Signé :* D'HOZIER DE SERIGNY.

Par Monsieur le Juge d'Armes de la Noblesse de France. Signé : DUPLESSIS.

N° II.

LETTRE DU CARDINAL
A LA REINE

21 Mars 1784.

MADAME,

La charmante Comtesse m'a fait part combien vous avez paru sensible au récit qu'elle vous a fait des petits services que je lui ai rendus — l'intérêt seul qu'elle inspire m'a engagé à saisir toutes les occasions de l'obliger; car certainement j'étais très éloigné de prévoir qu'elle serait un jour à même de vous parler de moi d'une manière à vous faire revenir des mauvaises impressions que mes ennemis vous ont toujours données de mon caractère. — Le hasard m'a donc mieux servi que toutes mes démarches, car vous savez tout ce que j'ai fait pour me procurer le moyen de vous parler un instant sans avoir jamais pu y réussir. Les personnes que je devais croire mes amis, et qui avaient votre confiance ont su profiter du désir que j'avais de faire cesser ma disgrâce, pour me faire faire des imprudences, de fausses démarches, afin de mieux réussir, et, sans une circonstance aussi extraordinaire que celle qui se présente aujourd'hui, j'aurais toujours passé à vos yeux pour un monstre, sans espoir de pouvoir jamais me justifier. Mais l'espérance commence à luire dans mon cœur — et j'ose croire que vous ne dédaignerez pas de m'entendre; que votre belle bouche prononce un oui, vous verrez votre esclave à vos pieds, et ce jour sera le plus heureux de sa vie.

N° III

LETTRE DU CARDINAL
A LA REINE

28 *Mars* 1784.

MADAME,

J'APPRENDS avec douleur que vous ne m'accorderez une entrevue particulière que lorsque je vous aurai

donné les preuves les plus authentiques qu'on vous en
a imposé. Vous me demandez par écrit un abrégé de
ma justification — quoique certain de la personne qui
vous le remettrait — je vous avoue que, ne sachant
pas encore le degré de confiance que vous lui accordez,
je ne voudrais pas exposer légèrement un écrit qui
renfermerait des anecdotes où votre Majesté serait
compromise. Comme il m'est impossible de me servir de la main d'un tiers, je dois (surtout d'après tout
ce qui m'est arrivé) être très circonspect. J'ose croire
que votre Majesté ne regardera pas cet acte de prudence comme un refus à ses volontés — j'attends des
ordres ultérieurs — et d'après la conversation que j'ai
eue avec la Comtesse, et dont elle vous fera part, j'espère que, pour éloigner tout ce qui pourrait tomber
entre des mains infidèles, vous me permettrez de vous
donner verbalement les détails que vous exigez de
moi. Je suis, en attendant vos dernières volontés, le
plus sincère et le plus attaché de vos sujets.

N° IV
LETTRE DU CARDINAL
A LA REINE

3 *Avril* 1784.

Je dois souscrire aux volontés de mon maître, et
me regarder trop heureux de la complaisance qu'il a
d'entendre parler de son esclave. La chère Comtesse
m'a mis au comble du bonheur en me disant que vous
désiriez me trouver innocent — oui! je le suis, et je
puis vous en donner les preuves les plus convain-
cantes. — Cette idée me cause une si grande joie que
tous les objets ne sont plus les mêmes pour moi —
vous reconnaîtrez à mon style que mon imagination

est exaltée — je voudrais vous peindre toutes les sensations que j'éprouve, mais mes idées se succèdent si rapidement qu'il m'est impossible de mettre aucune suite à ce que j'écris.—Ce moment de félicité m'a fait oublier toutes les peines que j'ai souffertes, et je pardonne d'autant plus volontiers aux autres, que je conçois les sacrifices qu'on peut faire pour mériter et conserver vos bontés. Je n'hésite plus à vous envoyer une partie de ce que vous demandez, me réservant de vous expliquer verbalement quel était le but de la Princesse Guéménée, laquelle vous a embrouillé l'histoire dans laquelle le Duc de Lauzun et le Prince de Luxembourg se trouvaient compromis — les découvertes que j'ai faites depuis m'ont fait connaître le caractère de ma charmante nièce. Je sais que c'est elle qui a le plus contribué à ma disgrâce, et qui m'a suscité des ennemis qui ont su l'entretenir ; elle en a été trop punie ; et le mépris qu'elle vous inspire me persuade que vous verrez aisément la fausseté de toutes les noirceurs qu'elle a imaginées pour me perdre.

Je reçois à l'instant un mot de la Comtesse qui me marque qu'elle part pour Versailles ; je lui envoie cette lettre, et demain je ferai partir un courrier qui lui remettra ce que vous désirez — c'est entendu. Votre fidèle esclave.

N° V
LETTRE DU CARDINAL
A LA REINE

4 Avril 1784.

Madame,

Lisez-moi avec attention, jugez du désir que j'avais

de rentrer en grâce pour avoir fait toutes les démarches que j'ai faites, et rendez justice à celui qui a tout
souffert sans l'avoir mérité.

Madame de Guéménée, pour m'ôter tout soupçon
que sa conduite pourrait faire naître et m'engager à
une confiance sans bornes, me dit qu'elle était presque
persuadée que vous aviez connaissance de différentes
lettres que j'avais écrites pour mettre obstacle à votre
mariage avec le Dauphin; que ces lettres avaient été
fabriquées chez Madame Dubarry, et ensuite montrées
par elle à Louis Quinze dans un de ces moments où
elle savait lui persuader tout ce qu'elle voulait : que
cette première découverte était le motif de la haine et
du mépris que vous aviez conçu pour elle et pour moi
— qu'on vous avait ensuite assuré que, pour me venger du peu de cas qu'on avait fait de mes avis, j'avais
écrit à l'Impératrice pour l'informer de votre liaison
intime avec le Comte d'Artois; que les termes n'étaient
nullement ménagés; que vraisemblablement le Chan-
celier, le Duc d'Aiguillon et la Dubarry avaient
enchéri sur les expressions ; les différents styles
montraient évidemment que ces personnages y avaient
travaillé. Voilà, me dit-elle, ce que j'ai appris. Si
effectivement ces écrits ont existé et que vous en soyez
l'auteur, vous ne devez jamais vous attendre à un pardon, et je me garderai bien de faire aucune démarche
pour vous le faire obtenir; mais si, au contraire, vous
n'avez été que l'agent dans cette affaire, et que la
Dubarry, à qui vous ne pouviez rien refuser (d'après
les services qu'elle vous avait rendus) vous ait engagé
à prêter votre nom pour faire cette méchanceté ; il me
sera facile, par les tournures que je donnerai, à concilier les choses; mais avant de faire une seule démar-

che, j'exige de vous un aveu sincère de tout ce qui s'est passé. Ce récit que j'abrège de beaucoup me mit dans un état que je ne saurais définir ; l'étonnement, l'indignation, la fureur s'empara de mes esprits et me fit vomir contre tous ces monstres un torrent d'épithètes qu'ils méritaient bien, mais que le respect m'empêche de répéter. Devenu un peu plus calme, je dis à Madame de Guéménée qu'il n'était pas possible qu'il ait jamais existé pareilles horreurs, que je n'en avais absolument aucune connaissance et que je ne pouvais me persuader que qui que ce soit ait été assez osé de se servir de mon nom pour donner des avis aussi faux et aussi délicats : Écoutez, me dit-elle, je ne crois pas que votre rôle soit étudié, ni que la découverte de ces monstruosités vous porte à des excès aussi violents, afin de me persuader que vous êtes innocent — je connais votre caractère, et vous êtes incapable de pareils détours ; mais le fait est que ces coupables écrits ont existé et que la Reine en a connaissance ; vous dire comment ? je l'ignore — il y va de votre intérêt de m'aider à découvrir les auteurs ; je pourrai vous en faciliter les moyens, mais un peu de patience. Le Prince de Guéménée qui survint, mit fin à cette conversation, et peu après je pris congé dans la crainte qu'il ne s'aperçût de mon émotion. Plusieurs semaines s'écoulèrent sans qu'il me fût possible de trouver l'occasion de renouer la conversation ; j'appris seulement en passant qu'il n'y avait rien de nouveau, et qu'on épiait le moment favorable pour une explication ; mais qu'il ne fallait pas brusquer les choses, et qu'il fallait beaucoup de ménagements pour mettre sur le tapis des anecdotes qui avaient occasionné bien des désagréments, et qu'un fin courtisan ne devait jamais rappeler des souvenirs désagréables,

que je pouvais compter sur le désir qu'on avait de me
servir, et vivre dans l'espérance de voir bientôt cesser ma disgrâce. Ces promesses flatteuses contri-
buèrent un peu à me rendre ma tranquillité; car depuis
l'époque de ma première entrevue je n'existais plus, et
je vous avoue que j'étais dans une si grande agitation
de toutes les machinations qui avaient été pratiquées
contre moi, que j'ai été tenté plusieurs fois d'aller
me jeter à vos genoux et vous supplier de m'entendre;
mais un peu de réflexion et la crainte d'un coup
d'éclat m'en ont détourné; l'espoir surtout que Madame
de Guéménée me donnait toutes les fois que je la ren-
contrais me faisait changer de résolution, au point
qu'elle parvint à me faire croire tout ce qu'elle voulut.
J'étais un dimanche soir avec le Prince de Soubise,
qui attendait sa voiture pour retourner à Paris, lorsqu'un valet de chambre de Madame de Guéménée vint
me dire de sa part d'aller chez elle pendant que vous
seriez au jeu, qu'elle avait quelque chose à me communiquer; je ne manquai pas de me rendre à son invitation. Le contentement que j'aperçus sur sa physio-
nomie en entrant dans son appartement fut pour moi
d'un bon augure — aussi ne fus-je point trompé; j'ai,
me dit-elle, de bonnes nouvelles à vous apprendre;
asseyez-vous et je vous en ferai part. J'ai vu la Reine
hier, et, par un bonheur auquel je ne devais pas m'attendre, la conversation est tombée sur vous sans que
cela vienne de ma part; j'ai saisi avec empressement
cette occasion pour lui dire qu'elle avait été cruelle-
ment trompée par tous les rapports qu'on lui avait
faits; que depuis votre disgrâce votre existence était la
plus malheureuse possible, et que, sans l'espoir que
vous aviez de vous justifier un jour, vous auriez déjà
quitté la cour et vous seriez retiré à Saverne. — Seci

que vous dites était vrai, a-t-elle répondu, il aurait cherché les moyens de se justifier, et, jusqu'à présent, je ne me suis pas aperçue qu'il ait fait la moindre démarche pour y parvenir. Cette réponse me donna une ouverture à lui rapporter notre conversation à laquelle j'ajoutai plusieurs autres circonstances qui ne pouvaient que lui persuader la fausseté des faits qu'on lui avait rendus; mais je me suis aperçue par sa réponse qu'il fallait plus d'une séance pour la persuader, c'est pourquoi je n'ai pas jugé devoir pousser les choses plus loin, ni proposer une explication, dans la crainte de tout gâter.

J'ai un moyen infaillible, et, si vous me secondez, je ne doute nullement du succès de l'entreprise. — Il y a quelque temps qu'elle désire un petit chien blanc épagneul; je sais que cette race se trouve assez communément dans la Haute-Alsace; si vous pouvez, par les connaissances que vous y avez, me procurer ce petit animal, je lui en ferai le cadeau, me réservant de lui dire qu'il vient de vous, lorsqu'il en sera temps. — J'eus le bonheur de me procurer ce char_ mant petit chien que vous avez tant caressé, et pour lequel vous aviez pris tant d'attachement. Madame de Guéménée ne manqua pas de m'en instruire, en m'assurant qu'elle vous avait dit qu'ayant appris le désir que vous aviez d'avoir un petit chien alsacien, j'avais fait toutes les recherches possibles pour en découvrir un, et qu'ayant réussi, je le lui avais apporté avec un nom arabe qui signifiait fidèle et malheureux; que ce récit, bien loin de diminuer les caresses du petit malheureux n'avait fait que les augmenter; qu'elle en tirait le meilleur augure, et qu'elle espérait qu'avant peu je serais obligé de changer le nom de mon représentant.

Je ne savais de quelles expressions me servir pour
lui marquer ma reconnaissance ; elle s'aperçut de l'excès de joie qu'elle me causait, elle en profita pour me
demander une somme assez considérable à emprun-
ter ; j'aurais donné toute ma fortune ; je me crus trop
heureux d'être utile à une femme à qui j'avais tant
d'obligations. La facilité qu'elle avait rencontrée
l'engagea à me faire d'autres demandes que je ne pus
refuser ; elle savait toujours les accompagner d'espérances, de promesses flatteuses, et en même temps de
difficultés qu'elle saurait vaincre, le tout afin de gagner du temps. Mais mes finances étant très dérangées par les emprunts que j'avais été obligé de
faire pour elle, et, voyant que mes ressources
étaient épuisées, puisque j'avais été forcé de la refuser plusieurs fois, elle s'imagina que, pour mas-
quer toutes ses iniquités et ses mensonges, elle n'avait
d'autre parti à prendre que de me perdre entièrement
dans votre esprit. — Elle savait que la Princesse de
Marsan m'avait parlé de votre petit chien, en me disant qu'elle serait bien aise de me voir rentrer en
grâce, que je devais compter sur votre indulgence
puisque vous aviez accepté ce qui venait de moi ; la
crainte que je ne découvre la vérité lui fit imaginer
un moyen bien sûr pour me rendre odieux. Vous savez les démarches imprudentes que j'ai faites ! c'était
son ouvage, et, dans le moment où je croyais me
rendre à vos ordres elle vous persuadait que c'était
une témérité condamnable de ma part, que je n'agis-
sais ainsi que pour vous compromettre, et que j'étais
de complot avec deux ou trois autres personnes qu'elle
vous nomma. Croyant que son ouvrage était imparfait,
elle voulut y mettre la dernière main et me donner le
coup de grâce ; pour y parvenir il fallait commencer

par m'expliquer les raisons de mon peu de succès ; elle est fertile en expédients ; les ressources de son imagination sont infinies ; j'étais subjugué, je crus tout.

Vous deviez donner une fête au petit Trianon, mais l'époque était encore éloignée ; je préparai pendant cet intervalle toutes les choses nécessaires à mon déguisement. — Ce jour si désiré étant arrivé, et suivant les instructions de ma chère nièce, je me glissai dans le jardin où je ne tardai pas à être entouré et poursuivi comme un hibou qui se serait introduit dans ce bois enchanté ; les acclamations de Monsieur l'Abbé et autres épithètes très mortifiantes, me firent voir clairement que j'avais été choisi pour servir de jouet à toute l'assemblée. Désespéré d'avoir été éconduit de cette manière, je me retirai avec la rage et le désespoir dans le cœur, bien déterminé à me venger lorsque j'en trouverais l'occasion. — Cette scène me fit une si grande révolution, que j'en fus très malade. L'auteur de ma disgrâce profita encore de ma position malheureuse pour faire courir le bruit que j'étais somnambule et que mes courses nocturnes dans le parc étaient la cause de mon indisposition ; elle employa tous les moyens pour me tourner en ridicule, et pour me créer des ennemis qui n'ont cessé de me persécuter.

Voilà des événements que vous avez toujours ignorés et qui vous feront voir combien j'ai été la dupe de ma bonne foi. Quant à la disparition de votre petit chien je vous dirai ce que j'en ai appris, ainsi que beaucoup d'autres histoires qu'on m'a prêtées et auxquelles je n'ai jamais eu aucune part, n'ayant cherché depuis ces époques malheureuses qu'à saisir toutes les occasions

de vous donner des preuves de mon respect, et de mon
sincère attachement.

Voilà des détails bien longs, et qui m'ont fait oublier
l'heure ; j'espère cependant que mon courrier arrivera
assez à temps pour remettre ma lettre. J'attends la
Comtesse avec grande impatience. Dieu veuille qu'elle
m'apporte de bonnnes nouvelles — toujours fidèle et
malheureux.

Nº VI

LETTRE DU CARDINAL
A LA REINE

10 *Avril* 1784.

MADAME,

JE conçois aisément que, d'après tout ce qui s'est
passé, ce serait une contrariété dans votre conduite
envers moi si l'on vous voyait m'accorder ouvertement,
et aussi promptement une protection que vos alentours vous ont persuadée que je ne méritais pas ; ce
serait sans doute donner l'alarme à tous mes ennemis,
qui ne manqueraient pas de se réunir dans cette occasion ; mais tous leurs efforts seront bien inutiles,
si mon cher maître a le désir de pardonner à son esclave. Souveraine aussi puissante que respectée, vos
volontés seront toujours des lois auxquelles vos alentours seront trop heureux de souscrire. Si cependant
vous avez des raisons particulières pour garder des
ménagements jusqu'à une certaine époque, je me con-
formerai à tout ce qui pourra vous plaire, et j'éloigne-

rai de tout mon pouvoir tout ce qui pourrait troublei
la tranquillité et le bonheur de mon cher maître. J'ose
espérer que, pour dédommager votre esclave soumis
de toutes les contrariétés qu'il sera forcé d'éprouver,
vous voudrez bien le mettre encore à même de baiser
cette belle main, et entendre cette charmante bouche
prononcer son pardon.

N° VII

LETTRE DE LA REINE
AU CARDINAL

28 Avril 1784.

J'ai lu avec indignation la manière dont vous avez
été trompé par votre nièce ; je n'ai jamais eu aucune
connaissance des lettres dont vous me parlez, et je
doute qu'elles aient jamais existé. Les personnes
dont vous vous plaignez ont effectivement contribué
à votre disgrâce ; mais les moyens qu'ils ont employés
étaient bien différents de ceux que vous supposez. J'ai
tout oublié et j'exige que vous ne me parliez jamais
de rien qui ait rapport au passé. Le récit que la Comtesse m'a fait de la conduite que vous avez tenue avec
elle, m'a fait beaucoup plus d'impression que tout ce
que vous m'avez écrit ; j'espère que vous n'oublierez
jamais que c'est à elle à qui vous devez votre pardon,
ainsi que la lettre que je vous écris. Je vous ai toujours
regardé comme un homme très inconséquent et très
indiscret ; cette opinion m'engage nécessairement à
beaucoup de réserve, et je vous avoue que ce n'est que
par une conduite tout opposée à celle que vous avez

tenue que vous pourrez gagner ma confiance et mériter mon estime.

N° VIII

LETTRE DU CARDINAL
A LA REINE

6 Mai 1784.

Oui ! je suis le plus heureux mortel qui existe —
mon maître me pardonne — il m'accorde sa confiance
et pour comble de bonheur il a la bonté de sourire à
son esclave, et de lui faire publiquement des signes
d'intelligence. Ces faveurs inattendues m'ont causé
une si grande émotion que j'ai craint, pour un instant,
qu'on en soupçonne le motif par les réponses extraordinaires que j'ai faites ; mais j'ai été bientôt rassuré
lorsque j'ai vu qu'on attribuait ma distraction à tout
autre motif ; — aussi ai-je pris un air d'approbation
afin de détourner du véritable objet. — Cette circonstance est pour moi un avertissement qui m'engagera
désormais à diriger mes démarches et mes réponses
d'une manière plus prudente.

Je sais apprécier toutes les obligations que j'ai à la
charmante Comtesse; dans quelque position que je
me trouve, je saurai reconnaître ce qu'elle fait pour
moi. C'est entendu — tout dépend de mon maître —
la facilité qu'il a de faire des heureux fait désirer à
son esclave les moyens de suivre ses traces et d'être
l'écho de ses volontés.

N° IX

LETTRE DE LA REINE
AU CARDINAL

19 *Mai* 1784.

Je ne peux blâmer le désir que vous avez de me voir ;
je voudrais, pour vous faciliter les moyens, lever tous
les obstacles qui s'y opposent ; mais vous ne voudriez
pas que je fisse des imprudences pour abréger une chose
que vous devez être persuadé d'obtenir dans peu. Vous
avez des ennemis qui vous ont beaucoup desservi auprès du *ministre ;* la Comtesse vous dira la significa-
tion de ce mot, dont vous vous servirez à l'avenir ; leur
expulsion ne peut que vous être avantageuse ; je sais les
révolutions et les changements qui doivent arriver, et
j'ai calculé toutes les circonstances qui amèneront infailliblement les occasions que je désire. En attendant
soyez très circonspect, discret surtout, et, comme on
ne peut prévoir tout ce qui peut arriver, soyez réservé
et très concis dans ce que vous m'écrirez désormais.

N° X

LETTRE DE LA REINE
AU CARDINAL

23 *Mai* 1784.

On m'a parlé de vous hier de manière à me faire
croire qu'on soupçonne quelque intelligence ; je ne

puis concevoir ce qui a pu donner lieu à cette ouverture ; quelle que soit l'attention, elle n'a point été
satisfaite ; je vous en préviens afin d'être sur vos gardes
et d'éviter toute surprise. J'irai cette semaine à T — n.
J'y verrai la Comtesse et je lui communiquerai un
projet qui vous fera sûrement plaisir.

***

N° XI

LETTRE DU CARDINAL
A LA REINE

2 Juin 1784.

La Comtesse a mal compris ce que je lui ai dit relativement à la prière que je lui faisais de vous demander une entrevue ; je serais très injuste, et vraiment
indiscret de solliciter cette faveur, d'après les obstacles
qui s'y opposent et dont vous avez bien voulu me faire
part. Voilà précisément ce que je lui ai dit en plaisan-
tant, ne croyant nullement qu'elle vous en ferait part :
Charmante Comtesse, vous êtes bien aimable, et
vous méritez sans doute l'attachement qu'on a pour
vous. Que vous êtes heureuse ! vous verrez demain
mon cher maître — vous serez à ses pieds — tandis que
son fidèle esclave vit dans une contrainte continuelle,
privé du seul et unique plaisir qu'il aurait de le voir,
l'admirer, l'adorer et jurer à ses pieds que son respect,
son attachement, son amour ne finira qu'avec sa vie.
Vous pouvez mettre le comble à tous mes vœux —
cela dépend beaucoup de vous — écoutez moi — je serais au désespoir que mon maître imagine que toutes
mes démarches n'ont pour but que l'ambition et le

désir de me venger de mes ennemis. La prière que je
lui ai faite de me recevoir, a pu lui faire naître de pareils soupçons ; pour les faire cesser et lui persuader
que je n'ai d'autre but et d'autre désir que de lui
plaire, dites-lui que je consentirais bien volontiers
de passer pour toujours dans l'esprit du public, pour
un homme disgracié et qui l'a bien mérité s'il voulait
m'accorder les faveurs qu'il vous fait. — Cet aveu est
aussi sincère que le désir que j'ai de voir mes
vœux accomplis. — La Comtesse a beaucoup ri de cette
idée, et s'est bien promis de vous en amuser ; la manière dont elle vous a rapporté notre conversation est
sans doute ce qui a donné lieu aux reproches que vous
me faites. Mon crime est bien pardonnable — aussi
je compte beaucoup sur votre indulgence ; vous êtes
si bonne, si empressée à secourir les malheureux, que
votre esclave ne peut se persuader que vous le priverez
encore longtemps d'embrasser vos genoux.

N° XII

LETTRE DU CARDINAL
A LA REINE

12 *Juin* 1784.

Le sauvage est enchanté ; il vient de me raconter
avec enthousiasme le signe d'intelligence et de bonté
qu'il a reçu du maître. Pour le contrarier, j'ai cherché à lui faire entendre que c'était à la Comtesse et
non à lui à qui cela s'était adressé — il était furieux.
Vous voyez combien on est jaloux de vous plaire,
et de mériter un de vos regards. Depuis ce moment le

sauvage est heureux, et je suis persuadé qu'il n'y a rien au monde qu'il n'entreprenne pour mériter votre estime et votre protection ; il espère que vous vous apprivoiserez avec sa figure et que ses qualités vous le feront trouver plus supportable.

J'espérais recevoir de vos nouvelles avant de partir ; mais la Comtesse vient de me dire que la toilette, et l'étiquette du jour ne vous avaient laissé aucun moment de libre. Je suis très content du ministre ; je ne désespère pas de le voir un jour mon médiateur.

N° XIII

LETTRE DU CARDINAL
A LA REINE

29 Juillet **1784.**

Mon adorable maître, permettez que votre esclave vous exprime la joie qu'il ressent des faveurs que vous lui avez accordées. Cette rose charmante est sur mon cœur — je la conserverai toute ma vie — elle me rappellera sans cesse le premier instant de mon bonheur. — En quittant la Comtesse, j'étais si transporté que, sans m'en apercevoir, je me suis trouvé à l'endroit charmant que vous aviez choisi. Après avoir traversé la charmille, je désespérais de reconnaître la place où votre esclave chéri s'est précipité à vos pieds. Destiné sans doute à n'éprouver dans cette belle nuit que des sensations heureuses, j'ai retrouvé ce joli gazon que ces jolis petits pieds avaient un peu foulés

Je m'y suis précipité comme si vous y aviez encore
été, et j'ai baisé avec autant d'ardeur l'herbe sur laquelle vous étiez encore assise, que cette belle main
qui m'a été livrée avec cette grâce et cette bonté qui
n'appartient qu'à mon cher maître — j'ai eu beaucoup
de peine à quitter ce lieu enchanté. — J'y aurais sûrement passé la nuit si je n'avais craint de causer quelque inquiétude à mes alentours qui savaient que j'étais
sorti. Rentré chez moi, je n'ai pas tardé à me mettre
au lit. J'ai eu beaucoup de peine à m'endormir ;
l'imagination frappée de votre adorable personne m'a
causé pendant le sommeil les sensations les plus déli-
cieuses. Heureuse nuit ! vous avez été le plus beau
jour de ma vie. Adorable maître — votre esclave ne
peut trouver d'expressions pour peindre sa félicité.
Vous avez vu hier son embarras, sa timidité, son silence — effets naturels de l'amour le plus pur ; vous
seule dans l'Univers pouviez produire ce qu'il n'a jamais éprouvé. Je crois quelquefois avoir fait un rêve
agréable ; mais rapportant toutes les circonstances de
mon bonheur, me rappelant ce son de voix enchanteur
prononcer mon pardon, je me porte à des excès de
joie accompagnés d'exclamations qui, si elles pouvaient
être entendues, feraient croire au dérangement de mon
cerveau. — Voilà mon état, je le trouve bien heureux,
et je désire le conserver toute ma vie.

Je ne partirai pas que je n'aie reçu de vos nouvelles.

N° XIV

LETTRE DE LA REINE
AU CARDINAL

9 Août 1784.

Je crois avoir trouvé l'occasion et le prétexte que le maître désire — je lui ai fait part dernièrement des craintes de son esclave et des dangers 'auxquels il s'expose surtout d'après les soupçons que son assiduité a fait naître — une découverte le perdrait à jamais par les tournures qu'on donnerait à la chose et, malgré l'autorité du maître, il se trouverait forcé de sacrifier son esclave pour ne pas être compromis par des propos qui ne finiraient jamais. Nous sommes quelquefois forcés de donner notre confiance à des alentours qui profitent souvent des circonstances pour nous engager à faire des inconséquences que nous n'apercevons pas d'abord ; leur but est d'avoir des armes qu'ils savent tourner contre nous pour conserver leur empire, et nous mettre dans l'impossibilité d'agir selon nos désirs : voilà la position du maître. Contrarié dans ses vues, dans ses projets, dans sa conduite même, il voit mais trop tard le danger qu'il y a de se livrer sans réserve, surtout aux méchants qui savent tirer parti de tout. Ne sachant pas encore la raison des ménagements qu'il doit avoir, ni la nature de ses confidences, je ne puis lui donner aucun conseil ni chercher les moyens d'éviter tout ce qui pourrait lui être désagréable. C'est entendu. Je dois donc me borner à lui indiquer le moyen de faire venir ouvertement son esclave, sans que le *ministre*, les P. les V. les B. etc. puissent faire aucune réflexion sur cette démarche. Ce premier pas fait, rien ne sera plus facile que de continuer des visites qui seront naturelles d'un côté, et sans conséquence de l'autre.

Vous avez dans ce moment une jeune personne qui travaille sous vos yeux — je sais que ses ouvrages vous ont plu et que vous désirez lui être utile. Elle a fait part de vos bontés à un ecclésiastique son parent à qui elle a beaucoup d'obligations ; celui-ci est venu me consulter et me demander s'il pouvait espérer obtenir une place qui était vacante et qui me serait demandée par vous. Instruit de toutes les particularités, je lui ai fait dresser un mémoire qui sera remis à la petite avec toutes les instructions nécessaires; vous trouverez la requête dans le fond de votre corbeille et vous jugerez par ce qu'elle contient qu'il faut nécessairement faire venir l'esclave pour recevoir les ordres du maître. Cette démarche naturelle et l'empressement de souscrire à ses volontés lui fournira sans doute l'occasion de montrer son indulgence et d'oublier insensiblement le passé.

La Comtesse restera jusqu'à jeudi, afin de pouvoir me rapporter votre décision ou vos ordres.

M. B. S. T : C. B. c'est entendu.

N° XV

LETTRE DU CARDINAL
A LA REINE

13 *Août* 1784.

Il y a un proverbe qui dit qu'un bonheur ne va

jamais sans un autre — ma triste aventure vous prouvera qu'il est faux. Ne soyez point effrayée, apprêtez-vous au contraire à bien rire et à vous moquer de moi à la première rencontre. Après le bonheur le plus parfait, je regagnais furtivement le passage en question, lorsque, passant près d'une charmille, un bruit assez considérable m'a fait croire que c'était quelqu'un qui voulait me surprendre ; effrayé au suprême degré je n'ai fait qu'un saut pour me mettre hors de prise. Ma précipitation m'ayant empêché de prendre les précautions ordinaires, et ayant encore moins observé que la pluie avait rendu le terrain très glissant, je me suis trouvé, sans trop savoir comment, au beau milieu du fossé. Le sauvage qui m'attendait de l'autre côté ne voyant dans ma chute plaisante qu'un excès de maladresse de ma part, s'est mis à rire aux éclats, se tenant les côtes et faisant des contorsions que je n'avais jamais vues chez lui ; quelques mots significatifs ont calmé pour un instant son rire immodéré, et il m'a aidé à sortir promptement du bourbier où j'étais enfoncé. Vous connaissez le sérieux du sauvage ; auriez-vous jamais cru qu'après lui avoir dit le sujet de ma peur, il se serait mis à rire tout de nouveau? non sans doute ! Eh bien, le voilà parti, se tordant, se roulant sur l'herbe, et ne pouvant proférer une seule parole. Ne voyant aucun mouvement de l'autre côté, j'ai attendu avec assez de patience la fin de cette gaieté extraordinaire — devenu un peu plus calme, je lui ai dit assez sérieusement qu'il ne m'arriverait jamais de le conduire avec moi, puisque, dans un moment aussi délicat, il se conduisait avec autant de folie que d'indiscrétion. — Ne me condamnez pas sans m'entendre, m'a-t-il répondu ; écoutez-moi : un lapin, ou quelque perdrix vous ont

fait peur ; vous avez cru avoir à vos trousses toute
la clique, et, sans faire la moindre réflexion, vous
êtes venu faire le plongeon pour vous soustraire à
leur vue. Mettez-vous à ma place — n'ayant rien
aperçu, ni entendu qui ait pu donner lieu à cette retraite précipitée, mon premier mouvement a été de
rire. Vous me racontez votre frayeur — je devine
le motif qui y a donné lieu — je vous examine, je
vous vois rempli de boue, et votre culotte déchirée
d'un bout à l'autre — qui diable y tiendrait ? — Je
regarde. — Je vois la vérité de son récit ; nos yeux
se rencontrent, et nous faisons chorus. Tout allait
bien jusque-là, à cela près d'une culotte déchirée, et
d'une mascarade assez dégoûtante — mais la découverte de mon pouce démis, a remis un peu de sérieux
dans notre marche. — Rentré chez moi, le sauvage a
fait l'office de chirurgien ; grâce à son baume, je souffre beaucoup moins aujourd'hui. — La Comtesse que
j'ai vue ce matin, me voyant avec une main empa-
quetée, m'a naturellement demandé ce qui m'était arrivé. Quoique certain des plaisanteries qu'elle ne
manquerait pas de me faire, je lui ai raconté ma tri-
ple aventure. Elle en a tant ri qu'elle a été forcée de
me quitter pour passer dans un autre appartement ;
les marques qu'elle avait laissées dans le salon (de son
rire immodéré) m'ayant fait craindre une nouvelle
ondée, je me suis retiré sans la revoir. — Cette charmante rieuse ne manquera pas de vous raconter ce
qu'elle appelle ma maladresse ; mais j'espère pour
cette fois que sa gaieté n'aura pas le même résultat.

N° XVI

LETTRE DE LA REINE
AU CARDINAL

15 *Août* 1784.

J'ai reçu hier soir le paquet avec l'instruction et les réflexions que tu me fais sur Calonne ; je sais qu'il n'est pas homme à laisser échapper l'occasion de se faire valoir aux dépens de qui il appartiendra ; mais je sais aussi que, quand je lui aurai recommandé une chose quelconque, il y aura égard et ne cherchera pas à me contrarier. L'objet dont tu me parles relativement à la Comtesse n'a aucun rapport avec celui-ci ; je te fais gré de ta demande vis-à-vis de lui, mais le fait est qu'à cette époque je ne connaissais la Comtesse que de vue, et pour en avoir entendu parler par Madame qui s'intéressait à elle ; l'éloge qu'elle m'en fit et la circonstance du deux de février a fait tout le reste. Un ministre est souvent forcé de faire un mensonge et une injustice surtout lorsqu'il est certain de l'impunité ; il ignorait dans ce moment l'intérêt que je prenais à elle, et je ne suis pas étonnée qu'il se soit servi de mon nom ou de celui du *ministre* afin d'éviter toutes autres sollicitations de ta part. Au surplus comme c'est une affaire majeure, et qui exige de mûres délibérations, nous prendrons toutes les mesures nécessaires afin de ne rencontrer aucun obstacle, et en même temps faire revivre la sentence du docteur. Tout est au mieux : adieu.

N° XVII

LETTRE DE LA REINE
AU CARDINAL

16 *Août* 1784.

Une remarque qui m'a été faite hier avec un air de curiosité et de soupçon, m'empêchera d'aller aujourd'hui à T —; mais ne me privera pas pour cela de voir mon aimable esclave. Le ministre part à R —; il reviendra fort tard ou pour mieux dire dans la matinée; j'espère pendant son absence me dédommager de l'ennui et des contrariétés que j'ai éprouvées depuis deux jours. Des imprudences m'ont conduite à ne pouvoir éloigner sans danger des objets qui me déplaisent et qui m'obsèdent; ils m'ont si bien étudiée, et je sais si peu feindre et dissimuler qu'ils n'attribuent mon changement qu'à une discrétion qui leur paraît condamnable; il est donc bien essentiel d'être sur ses gardes afin d'éviter toute surprise.

La question hardie qu'on m'a faite, me persuade qu'on a abusé de ma confiance et de ma facilité et qu'on a profité des circonstances pour mettre des entraves à mes volontés; j'ai un moyen de m'en instruire, mais je veux auparavant te consulter. Comme tu joueras le principal rôle dans le projet que j'ai formé, il faut nécessairement que nous soyons aussi bien d'accord sur cet objet, que nous l'étions vendredi dernier sur le S —. Cette comparaison te fera rire sans doute, mais comme elle est juste et que je désire t'en donner des preuves ce soir avant de parler de choses sérieuses, observe exactement ce qui suit : prends le costume d'un commissionnaire, un paquet à la main, et promène-toi à onze heures et demie sous les piliers de la chapelle : j'enverrai la comtesse qui te servira de guide et te conduira par un petit escalier dérobé dans un appartement où tu trouveras l'objet de tes désirs.

N° XVIII

LETTRE DE LA REINE
AU CARDINAL

6 *Août* 1784.

Depuis la démarche que j'ai fait faire à la Comtesse auprès du président d'Aligre, pour votre affaire des Quinze-Vingts ; je soupçonne (d'après son étonnement) qu'il aura cherché à approfondir le motif qui m'a fait agir, et que, n'ayant rien pu découvrir, il en aura parlé à certaines personnes qui sont sensées n'ignorer rien et qui peut-être dans cette occasion auront dissimulé leur étonnement afin de faire voir qu'ils ont toujours ma confiance. La gêne dans laquelle je me trouve par le redoublement de leurs assiduités, les propos continuels dont je suis assaillie, les regards inquiets et curieux lorsque je réponds à une question, tout enfin me persuade qu'ils soupçonnent notre intelligence, et qu'ils emploient tous les moyens d'en avoir la certitude.

Ce matin le *ministre* m'a parlé de toi avec un air de bonté qui me fait croire qu'il a reçu quelques avis ; comme ce n'est pas la première fois que cela est arrivé et que je n'ai jamais manqué d'en instruire et de consulter les personnes qui je crois en étaient les auteurs, le tout afin de m'enchaîner davantage, je ne manquerai pas de leur faire part de mon étonnement, avec des circonstances qui me feront juger si mes soupçons sont bien ou mal fondés.

Tu as bien raison de me dire que je suis dans un bois, entourée de tout ce qu'il y a de plus dangereux et de plus venimeux sur la surface du globe ; mais enfin il faut hurler avec les loups jusqu'à ce qu'on les ait muselés. Pour le *ministre* je connais ses grosses finesses et son faible pour moi ; eux connaissent sa brutalité, et la valeur de son premier coup de boutoir, c'est ce qui me rassure : ils savent que, dans des circonstances plus délicates que celle-ci, j'ai enchaîné le lion, et lui ai fait voir et croire tout ce que j'ai voulu.

Tu sais ce qui m'empêche de me débarrasser de mes sangsues ; aide-moi à découvrir et à leur ôter les moyens de me nuire, tes désirs seront bientôt satisfaits.

Je t'attends ce soir à la même heure et au même endroit ; j'espère avant cet heureux moment savoir tout du *ministre*.

J. T. R. T. B. A. V. C. S. Adieu.

N° XIX

LETTRE DE LA REINE
AU CARDINAL

18 *Août* 1784.

Je t'écris à la hâte pour te prévenir qu'il m'est impossible de te recevoir ce soir ; je suis plus instruite que je ne voudrais, et, quoique furieuse de la scène que je viens d'avoir avec la P —, je veux cacher mon ressentiment et porter la dissimulation à la dernière période ; je sais que la colère n'est bonne à rien, c'est pourquoi je prends le parti qui convient, quoique contraire à mon inclination. Je ne quitterai pas le *ministre* que je ne l'aie mis au point que je désire ; cet objet rempli, je saurai trouver un abri, et si la bombe éclate je trouverai le moyen de faire rejaillir les éclats sur ceux qui y auront mis le feu. Ne pars que demain à une heure et ne manque pas de te promener ce soir dans l'allée de T. — Comme je ne doute pas (d'après ce qui m'a été dit) qu'on fait épier toutes tes démarches, il est essentiel de les embarrasser, et de les mettre dans l'impossibilité de réaliser leurs soupçons.

La Comtesse restera ici demain afin de pouvoir te faire savoir ce qui se sera passé ; compte sur mon attachement, et sois persuadé que je saurai traiter comme je le dois des ingrats qui sont devenus tes ennemis parce que tu ne m'as pas été présenté par eux. De la discrétion surtout ; je compte sur la Comtesse comme sur moi-même.

N° XX

LETTRE DU CARDINAL
A LA REINE

21 *Août* 1784.

JE serais injuste, d'après la confiance que vous m'accordez sur les événements présents, si je ne suivais pas le plan de conduite que vous me tracez — soyez assurée que je sacrifierai tout pour la tranquillité, et le bonheur de mon cher maître; telle circonstance qui puisse arriver pendant mon absence (qui est devenue nécessaire) il se rappellera de ma bonne foi, de mon zèle à le servir, et de mon amour le plus tendre. Je ne suis pas superstitieux; cependant, te dirai-je que j'ai des pressentiments que je crains de voir réaliser; plus je réfléchis aux confidences que tu m'as faites, plus je vois de possibilité à un raccommodement. Les absents ont toujours tort. Une fois arrivé à S.— on trouvera mille moyens de me desservir — je ne serai pas là pour me défendre — la calomnie soutenue par des lettres anonymes qui voleront de tous côtés seront les armes dont se serviront mes ennemis — et puis viendra à leur appui le beau F —. Ce n'est pas, te dira-t-on, un homme ambitieux; il est jeune, aimable, il n'aspire qu'au bonheur de vous plaire; mais — le C — c'est un R — é dont les affaires sont très dérangées, et qui n'est susceptible d'aucun attachement qu'autant que son intérêt et son ambition sont satisfaits. Voilà, je suis sûr, une partie de leurs entreprises et des propos qu'ils vous tiendront; si cela ne suffit pas, pour vous déterminer, ils auront recours aux derniers expédients — je vous avoue c'est là où je les crains le plus — ce serait une scélératesse sans exemple; mais d'après leur peu de délicatesse et le soin extrême qu'ils ont eu à soustraire et conserver ces écrits, il est évident qu'ils ne l'ont fait que dans l'intention d'en faire un mauvais usage. Cependant, d'après toutes les réflexions que j'ai faites, je crois qu'avec de la résolution, appuyée par l'autorité, on pourrait les forcer à une restitution. Si ce moyen est dangereux, il en est un autre qui me paraît infaillible et qui cadre parfaitement bien avec leur caractère intéressé — je t'en ferai part dans ma première lettre. — Depuis cette découverte mon esprit travaille sans cesse pour trouver le plus prompt et le meilleur expédient; et je t'avoue que je reviens toujours à mon premier avis.

Je partirai le jour de la fête, et ne paraîtrai à V — qu'autant que je recevrai un ordre particulier. Je vais en attendant m'occuper du grand objet. Le paquet partira demain dans la nuit; les précautions que je prendrai éviteront toute confidence qui pourrait devenir dangereuse, et si par malheur il arrivait quelque surprise, le porteur ne pourra donner aucun indice, ni aucun signalement.

N° XXI

LETTRE DU CARDINAL
A LA REINE

24 Août 1784.

LE courrier est parti hier à minuit et demi, la Comtesse te dira comment je m'y suis pris pour faire

remettre le paquet ; j'ai donné toutes les instructions
nécessaires pour l'arrivée et le départ de mes deux
courriers ; par ce moyen j'aurai de tes nouvelles au
moins une fois par semaine, et, s'il arrivait quelque
chose d'extraordinaire, j'aurais toujours une personne de confiance prêté à partir — tous mes équi-
pages sont prêts. Demain est le jour fatal où je me
sépare de tout ce que j'ai de plus cher. Cette réflexion
me fait frissonner, et me donne une tristesse que je
ne puis surmonter ; cependant je sais que mon absence est nécessaire ici, et ma présence indispensable
là-bas. Je crois que je suis jaloux, c'est une terrible
maladie ; le personnage en question me trouble la
cervelle et me fait redouter mon départ. Aie un peu
pitié de moi, cherche à me rassurer, et persuade-toi
que je ne survivrais pas à une infidélité. Adieu — aie
soin de ta santé, sois heureuse, et pense quelquefois
à ton esclave.

N° XXII

LETTRE DE LA REINE
AU CARDINAL

8 Septembre 1784.

*Il est bien étonnant que le courrier ne soit pas encore
de retour, cela me donne des inquiétudes, d'autant plus
que j'ai demandé l'expédition la plus prompte ; si, à la
réception de cette lettre, il n'était pas encore arrivé, dé-
pêche sur-le-champ un courrier avec le billet que tu trou-*

veras ci-joint, dis-lui verbalement à qui il faut qu'il le remette.

Ton départ a fermé la bouche à tout le monde ; soit discrétion ou politique, on n'a pas prononcé ton nom, on redouble d'attention, et l'on cherche à me faire oublier la scène, ainsi que le motif qui y a donné lieu. Le conseil que tu me donnes est impraticable, on ne m'a jamais dit que l'on possédait, je l'ai seulement soupçonné par la conduite, les reproches, et les propos que j'ai entendus ; je suis bien persuadée que, telle chose qui arrive, ils ne s'exposeront jamais à faire parvenir dans les mains du ministre aucun écrit ; mais j'aurai toujours des inquiétudes de savoir en leur possession des objets qui pourraient troubler ma tranquillité ; je suis très décidée à prendre un parti ; mais j'ai tant fait de sacrifices pour tous ces gens-là, le ministre m'a si souvent accusée d'inconstance et de légèreté, qu'il me faut absolument un prétexte valable auprès de lui ; ce n'est pas qu'il les aime ni les estime, au contraire, mais il prétend que c'est par rapport à moi, et qu'il en coûte toujours infiniment d'avoir de nouveaux favoris ; voilà une économie bien placée. — Adieu — je pars demain pour T-n où je resterai quelques jours afin d'être plus libre de voir la Comtesse. Tu ne m'avais pas dit que le sauvage resterait à Paris ; c'était bien inutile.

Nº XXIII

LETTRE DE LA REINE
AU CARDINAL

8 Septembre 1784.

Vous avez dû recevoir un paquet que je vous ai envoyé, je suis surprise de n'en avoir pas encore reçu la réponse ; vous devez juger de mon inquiétude par ce qu'il renferme, j'espère qu'à l'avenir vous mettrez plus d'exactitude.

Nᵉ XXIV

LETTRE DU CARDINAL
A LA REINE

13 Septembre 1784.

Le maître verra par le paquet que je lui envoie que son objet est rempli et que son billet est devenu inutile. Le courrier qui a précédé celui-ci était chargé d'une lettre assez longue relative à ses alentours. — D'après les plus profondes réflexions de l'esclave, il croit que le maître peut sans danger suivre le conseil qu'il lui donne, car après tout il est le maître. J'ai fait remettre à la Comtesse une petite fiole pour vous. — Elle renferme une liqueur avec laquelle on peut écrire sans que cela paraisse, et qui étant montrée au feu ou à la lumière devient noire et disparaît ensuite ; dans le cas de quelques particularités, laissez vos lignes un peu écartées, afin de pouvoir écrire entre, avec cette liqueur. J'ai vu avant-hier la personne en question, sa réponse m'a l'air d'une défaite honnête — il doit revenir dans la semaine pour me dire ses dernières volontés ; s'il refuse, j'ai une autre personne en vue. — La Comtesse vous communiquera ce qui m'est interdit sur cette feuille.

T. C. E. T. M. A. B.

Nᵒ XXV

LETTRE DU CARDINAL
A LA REINE

De Saverne, 23 Septembre 1784.

Si l'esclave est assez heureux de contribuer à la réussite du grand objet que le maître a entrepris, il croit qu'un rapprochement sera très essentiel avant l'exécution ; le voile le plus épais devant cacher à jamais l'auteur du projet — il faut mettre de l'impossibilité, pour remonter à la source, afin de jouir doublement des avantages et des ressources contre les événements. J'ai parfaitement senti la dernière réflexion — il n'y a rien de stable dans le monde. — D'après cette vérité la politique du maître est bien vue — car, dans le cas d'une révolution, il est sûr de trouver un appui qui saura faire valoir ses droits et empêcher le triomphe de ses ennemis. Partagé entre la crainte et l'espérance, ma position est des plus cruelles, et mon existence malheureuse; — cependant quand je fais réflexion sur le passé, et que je mets en considération le degré de confiance du maître — je vois l'injustice de mes craintes; l'espérance de me voir bientôt dans ses bras fait renaître ma joie et me rend ma sécurité.

Nᵒ XXVI

LETTRE DU CARDINAL
A LA REINE

22 Octobre 1784.

Le désir que j'ai d'être utile à la Comtesse, et de lever tous les obstacles qui s'opposent encore à une ré-

ception publique me fait mettre en usage tous les moyens possibles pour remplir ces deux objets — le maître en jugera par la démarche que j'ai fait faire à un de mes protégés — si la réussite des sollicitations pourra servir de prétexte aux désirs mutuels et aplanir toutes difficultés. — L'Abbé de Sefarges doit céder sa place de maître de l'oratoire à l'Abbé de Phaff, originaire Allemand, et qui a ses parents à Bruxelles, près de l'Archiduchesse. — Comme il existe une difficulté que vous seule pouvez lever — je lui ai conseillé d'aller à Bruxelles, d'employer tous les moyens auprès de l'Archiduchesse afin de l'engager à lui donner une lettre de recommandation pour vous. Comme cette affaire ne peut se traiter sans moi, puisque je fournis les fonds, ce sera un double motif pour me faire appeler — j'avais imaginé un moyen pour accélérer et éviter un refus — mais comme cela aurait pu vous compromettre et faire naître des soupçons, je n'ai pas été plus avant — c'est entendu. — Vous conviendrez que les événements se succèdent si rapidement de part et d'autre qu'il y aurait du danger à trop s'avancer. Cette réponse politique pour un esprit ambitieux m'étonne d'autant plus, que les époques dont on parle sont encore bien éloignées — je prévois beaucoup de difficultés pour amener cela à bien. — C'est entendu — je serai toujours prêt à exécuter scrupuleusement les ordres du maître ; le plus agréable sans doute serait d'être rappelé près de sa divine personne.

N° XXVII

LETTRE DE LA REINE
AU CARDINAL

12 Décembre 1784.

Si j'avais suivi la maxime qui dit : en tout ce que tu fais hâte-toi lentement, l'acsident qui est arrivé à ta dernière lettre n'aurait pas eu lieu. L'empressement, l'avidité de lire m'ayant fait approcher la lettre trop près de la lumière, le feu y a pris, et, malgré ma célérité à l'éteindre, je n'ai pu en sauver qu'une partie ; à bon entendeur salut. Le premier paquet était parti, lorsque le courrier est arrivé ; comme le temps pressait, je n'ai pu répondre au sujet de l'Abbé. Si j'avais été prévenue, je lui aurais évité un voyage inutile. Nous sommes convenues de ne jamais accorder à qui que ce soit aucune demande de ce genre ; certainement l'Abbé ne fera pas exception à la règle ; d'ailleurs quand bien même ce projet aurait pu avoir lieu, il est sensé que l'objet n'aurait pas justifié la démarche. La position où je me trouve amènera infailliblement une occasion plus favorable. L'expédition la plus prompte abrégera l'exil de l'esclave : je crois que c'est entendu.

N° XXVIII

LETTRE DE LA REINE
AU CARDINAL

27 Janvier 1785.

Si je n'avais pas voulu mettre du mystère dans l'emplette du bijou, je ne vous aurais certainement pas employé pour me le procurer. Je n'ai pas coutume de traiter ainsi avec mes joailliers, et cette manière de procéder est d'autant plus contraire à ce que je me dois, que deux mots suffisaient pour me mettre en possession de l'objet : je suis surprise que vous ayez osé me proposer un pareil arrangement; mais qu'il n'en soit plus question : c'est une bagatelle qui m'a fait faire quelques réflexions dont je vous ferai part avant peu. La Comtesse vous remettra votre papier, je suis fâchée que vous vous soyez donné tant de peine inutilement.

N° XXIX

LETTRE DE LA REINE
AU CARDINAL

19 Janvier 1784.

Comment ! de la vanité avec moi; hé mon ami, doit-on se gêner, chercher des tournures, et manquer de confiance au point où nous ensommes ? Sais-tu que ta discrétion et ta fausse gloire t'ont valu la lettre que tu as reçue, et que sans la Comtesse qui m'a tout conté, j'aurais attribué ce prétendu arrangement à un tout autre motif; heureusement tout est éclairci. La Comtesse te remettra l'écrit et t'expliquera le motif de la tournure que j'ai prise; comme je suis censée ignorer la confidence que tu lui as faite, ainsi que la marque de confiance que tu lui donneras, en lui faisant voir nos arrangements particuliers, c'est une raison plus que suffisante pour la rassurer et lever toutes difficultés. Tu garderas cet écrit, et ne le remettras qu'à moi.

J'espère, malgré mon incommodité, te voir avant la fête; j'attends la Comtesse demain; je lui dirai si je pourrai recevoir de mon esclave l'objet qui a failli nous brouiller.

N° XXX

LETTRE DE LA REINE
AU CARDINAL

6 *Juillet* 1785.

Vos craintes sont mal fondées; le refroidissement et l'éloignement que vous croyez qu'on a pour vous ne sont nullement l'effet de l'inconstance; interrogez-vous vous-même. J'ai grand désir de vous parler; les démarches que je vous fais faire doivent vous le prouver. Le *ministre* est revenu de la chasse beaucoup plus tôt que je ne l'attendais; il était encore avec moi, ainsi que Madame F., lorsque je vous ai envoyé la personne de confiance. Ne partez pas aujourd'hui, trouvez-vous à dix heures chez la Comtesse, et croyez que personne ne désire plus que moi l'explication que vous demandez.

N° XXXI

LETTRE DE LA REINE
AU CARDINAL

19 *Juillet* 1785.

JE crois vous avoir dit que j'ai disposé de la somme que je destinais pour l'objet en question et que vraisemblablement je ne remplirais les engagements qu'à mon retour de Fontainebleau. La Comtesse vous remettra trente mille livres pour les intérêts. La privation du principal doit être prise en considération, et ce dédommagement les tranquillisera.

Vous vous plaignez, et je ne dis mot : c'est une circonstance bien extraordinaire ; le temps vous apprendra peut-être le motif de mon silence. Je n'aime pas les gens soupçonneux, surtout lorsqu'ils ont aussi peu raison de l'être. J'ai un principe dont je ne me départirai jamais. Votre dernière conversation est bien contraire à ce que vous m'avez dit antérieurement. Réfléchissez-y, et si votre mémoire vous sert bien, vous jugerez, en comparant les époques, ce que je dois penser de pressantes sollicitations.

N° XXXII

LETTRE DE LA REINE
AU CARDINAL

12 *Février* 1785.

D'APRÈS tout ce que j'ai entendu dire de l'homme extraordinaire dont tu parles, je ne peux le regarder que comme un charlatan ; ce peut être une prévention de ma part, et je sais par expérience qu'on ne doit jamais juger personne sur le rapport des autres ; mais j'ai beaucoup de raisons pour ne pas céder à tes instances. Je ne suis pas superstitieuse, et l'on m'en fait difficilement accroire ; mais comme ces sortes de gens ont quelquefois des choses qui vous étonnent et vous disposent par là à voir et croire tout ce qu'ils vous disent, je ne suis point dans une position à de pareilles épreuves ; d'ailleurs, il serait très difficile, et même impossible, de le recevoir aussi mystérieusement que je le voudrais, et tu sais les précautions que j'ai à prendre dans ce moment. La Comtesse m'a beaucoup fait rire en me racontant la dernière scène ; cela tient du prodige, et me donne le plus grand désir de voir le grand Cophte. Cependant, si j'en crois la Comtesse, il faut être bien innocent pour voir les mystères de ce grand homme ; mais à juger d'après les circonstances de tous ses apprêts, je crois qu'il te regarde, ainsi que la Comtesse, comme deux innocents, et vous traite comme deux dupes. Ne te fâche pas de ma franchise, je te promets d'en juger par moi-même.

Le *ministre* me quitte le moins qu'il peut ; je n'en devine pas encore la raison, mais cela ne tardera pas. Je n'ai pas heureusement affaire à un Egyptien comme ton Cagliostro, qui devine le passé, prédit l'avenir ; il n'a pas le talisman qui fait parler les bijoux ; aussi je suis tranquille, et ne crains pas l'indiscrétion du mien.

Pardonne mes folies ; il m'arrive si rarement de me divertir depuis quelque temps, que tu seras sans doute charmé de m'avoir fourni l'occasion de m'égayer un instant.

FIN

PARIS
Imprimerie
MAROT & Cie
6, r. St-Lazare
—
1887